"十四五"时期国家重点出版物出版专项规划项目

高速铁路基础研究与技术创新丛书

通信与列控系列

真空管磁浮高速飞行列车车地无线通信技术

本丛书编委会　总主编
刘　留　艾　渤　编　著
刘　琪　主　审

中国铁道出版社有限公司

2025年·北　京

内容简介

本书为“高速铁路基础研究与技术创新丛书”之分册。本书基于真空管磁悬浮列车车地无线通信相关研究成果和真空管磁悬浮列车车地通信实际需求，论述了真空管磁浮列车车地无线通信系统，包括车地通信特点、通信业务需求、信道特性、无线接入架构技术、物理层无线接入技术和车地通信资源管理技术等。

本书适合从事真空管磁悬浮列车车地通信研究的人员参考，也可供高等院校相关专业的研究生、本科生以及对真空管磁悬浮列车车地通信、信道建模、资源管理技术等方向感兴趣的读者参考。

图书在版编目(CIP)数据

真空管磁浮高速飞行列车车地无线通信技术 / 刘留，艾渤编著. — 北京 ：中国铁道出版社有限公司，2025. 1.
(高速铁路基础研究与技术创新丛书). — ISBN 978-7-113-31382-1

Ⅰ. U238

中国国家版本馆 CIP 数据核字第 2024C7Y031 号

书　　名：真空管磁浮高速飞行列车车地无线通信技术
作　　者：刘　留　艾　渤

策　　划：朱敏洁
责任编辑：朱敏洁　　**编辑部电话：**(010)51873134　　**电子邮箱：**zhuminjie1105@163.com
封面设计：高博越　崔丽芳
责任校对：安海燕
责任印制：高春晓

出版发行：中国铁道出版社有限公司(100054，北京市西城区右安门西街 8 号)
网　　址：https://www.tdpress.com
印　　刷：北京联兴盛业印刷股份有限公司
版　　次：2025 年 1 月第 1 版　2025 年 1 月第 1 次印刷
开　　本：787 mm×1 092 mm 1/16　**印张：**13.5　**字数：**271 千
书　　号：ISBN 978-7-113-31382-1
定　　价：98.00 元

序

我国高速铁路起步晚、发展快、后劲足，经过几代人的不懈努力，通过原始创新、集成创新、引进消化吸收再创新，成功地走出了一条符合中国国情路情、具有中国特色的自主创新之路。我国已系统掌握各种复杂地质和气候条件下高速铁路建造成套技术；在工务工程、列车运行控制、牵引供电、动车组等高速铁路核心技术方面实现自主化；形成了复杂路网条件下处理跨线运行的运营管理成套技术，构建了人防、物防、技防三位一体的主动安全保障机制。我国已成为全球高速铁路运营里程最长、在建规模最大、运营速度最快、技术体系最全、运营和管理经验最丰富的国家。我国高速铁路技术已走在世界前列，成为推动世界高速铁路发展的重要力量。

为贯彻落实中共中央、国务院《交通强国建设纲要》，推进国铁集团《新时代交通强国铁路先行规划纲要》的落地，系统总结、梳理我国高速铁路各领域前沿理论和技术，向我国乃至世界高速铁路科研工作者和工程技术人员提供一套前沿性的参考书，中国国家铁路集团有限公司铁道出版社公司特组织编著出版“高速铁路基础研究与技术创新丛书”。

丛书以习近平新时代中国特色社会主义思想为指导，以国家自然科学基金课题、国家基金委-国铁集团高铁联合基金课题、国家“973”课题、国家重点研发计划课题等科研成果为支撑，从高速铁路前沿研究、补短板技术、核心技术、技术发展趋势等方向组织选题，涵盖动车组、供电、通信与信号、列控与检测、工程勘察与设计、智能建造、运营与管理、现代信息技术、安全和维护等领域，规模为100册，是全面系统论述我国高速铁路基础研究与技术创新成就的大型系列原创性科技著作。

丛书力求突出制高点、原创性、权威性、全覆盖特色。丛书各册内容以作者团队长期从事高速铁路科学研究的成果为依托，多数成果居于国内领先水平甚至世界先进水平，多种成果荣获国家科学技术奖一等奖、二等奖，国家技术发明奖一等奖、二等奖，茅以升科学技术奖，詹天佑铁道科学技术奖，铁道科技进步奖等奖项，丛书内容体现了我国当今最新、最前沿以及展现未来发展趋势的高速铁路相关研究成果和应用技术。丛书包括动车组、供电、工程施工与组织等十个系列，基本实现高速铁路各领域全覆盖。

丛书由编委会总负责。编委会阵容强大，认真负责。编委会各成员都是长期从事我国高速铁路科研、技术、生产和管理的一流专家学者，是所从事领域的翘楚，其中包括高速铁路及其相关领域的四位院士。编委会多次开会商讨丛书的体系、内容特色、作者条件及质量保障机制；分工负责，精心审订和修改各册编写提纲；多次遴选选题，先从150多个选题意向中遴选出100个选题，后又剔除了内容特色不太鲜明的8个选题，还对10多个选题提出了较大的改进意见，补充了8个关键技术和弥补技术空白的选题；最后邀请专人对各册内容进行审定，从而保证了各册内容的正确性和先进性。

2021年年底，国家新闻出版署经过严格评审，"高速铁路基础研究与技术创新丛书"(100册)成功入选"'十四五'时期国家重点出版物出版专项规划——重大出版工程"。这是对本丛书项目的认可，也是对编委会、作者和编辑等人员前期工作的认可，更是一种鞭策。我们相信，本丛书的出版，将助力于《交通强国建设纲要》的贯彻落实，推动我国乃至世界高速铁路事业的发展，也将为铁路领域的科研工作者、工程技术人员、管理人员，以及高校相关专业师生提供一套高水平、原创性、权威性、全覆盖的大型高铁科技精品著作。

中国工程院院士

"高速铁路基础研究与技术创新丛书"编委会主任 卢春房

2022年2月

前　　言

本书为“高速铁路基础研究与技术创新丛书”之分册，按丛书要求，力图体现真空管磁悬浮列车理论及技术的前沿性和原创性特色。

当前，在轮轨高铁快速发展的同时，被誉为“第五种交通工具”的下一代超高速高铁——真空管磁悬浮列车进入人们的视野。真空管磁悬浮列车采用磁悬浮列车技术，在密闭管道中将空气抽取掉以实现接近真空的低气压环境，从而实现列车全天候在无轮轨阻力、低空气阻力、低噪声模式下超高速运行。真空管磁悬浮列车安全、高效地运行需要可靠和稳定的无线通信系统支撑和保障。相比传统的高铁，真空管磁悬浮列车运行主要有两个特点：极高的运行速度（运行速度超过 1 000 km/h）和特殊的运行环境（密闭、受限狭长的管道）。这两个特点给真空管磁悬浮列车的车地无线通信带来了新的挑战，对稳定性和可靠性要求更高。

现阶段，国内外对于真空管磁悬浮列车的研究，还主要集中在磁悬浮方案的确定、真空管道与磁悬浮技术相结合等“让车先跑起来”的层面。据已公布的研究成果看，对于真空管磁悬浮列车车地通信技术的研究几乎处于空白的阶段。从现有轨道交通车地无线通信技术看，虽然 LTE、毫米波、最新的 WLAN 标准（IEEE 802. 11n，IEEE 802. 11ac 等）、5G 等宽带无线通信技术可支撑现有轨道交通（时速 500 km 以下）的列车运行控制安全类数据传输（包括运行控制、牵引控制、在途监测等），但并不支持超高速移动场景（1 000 ～ 4 000 km/h），无法有效应对真空管磁悬浮列车车地通信中严重的多普勒效应及频繁越区切换等问题。为了解决上述问题，本书基于真空管磁悬浮列车车地无线通信相关研究成果，从真空管磁悬浮列车车地通信实际需求出发，从多个角度和层面对真空管磁悬浮列车车地无线通信进行了详细的研究与分析，主要论述了真空管磁浮列车车地无线通信系统，包括车地通信特点、通信业务需求、无线接入架构技术、物理层无线接入技术和车地通信资源管理技术等。

本书内容基于中央高校基本科研业务费专项资金（2018JBZ102），北京市科技新星计划交叉学科合作课题(Z191100001119016)，北京市自然科学基金(L201012)和中国铁路郑州局集团有限公司2021年科技研究开发计划(2021D7)的研究成果。本书凝练了北京交通大学宽带无线移动通信研究所无线信道组近年来积累的关于真空管磁悬浮列车车地无线通信关键技术的经验和成果。

现有轨道交通系统研究主要针对时速500 km以下的高速移动场景，本书针对时速1 000 km以上真空管磁悬浮列车车地通信系统，从新的视角、基于新的方法开展相关研究，包括基于真空管磁悬浮列车通信分析情况，通过设计遏制多普勒结构的漏波系统从根源上避免多普勒效应；基于传播图理论研究了无线电波在真空管道内的信道传播特性；基于集中式云接入架构的移动小区实现免切换；在RRU端设置缓存，利用“错峰”思想突破前程链路容量限制。将超高速移动状态转化为“低速”甚至“静止”状态，解决超高速移动通信空口、接入和承载方面的问题。

本书作者为北京交通大学宽带所无线信道组成员。北京交通大学宽带所无线信道组是国内最早开展高速铁路宽带无线信道测试的研究团队，同时也是国内外最早开展真空管磁悬浮列车车地无线通信研究的团队之一。主要成果包括：深入分析了真空管磁悬浮列车车地通信的特殊性；深入分析研究了真空管磁悬浮列车车地通信需求特征；深入对比了现行轮轨铁路和真空管磁悬浮列车车地无线通信架构；初步研究了基于漏泄波导系统辐射的电波覆盖真空管磁悬浮列车的可行性，利用HFSS仿真软件得到了初步的仿真结果；基于传播图理论研究了基于无线自由波接入的真空管道信道特性；初步研究了基于C-RAN架构的移动蜂窝技术，研究了云处理端内部通过一种基本的光交换结构来实现光开关的切换最终实现小区移动的原理。

在本书的编著过程中，得到了北京交通大学电子信息工程学院韩柏涛、张嘉驰、王凯、段相龙、裘陈成、刘叶、刘美鹭的帮助，在此表示由衷的感谢！

由于编著者水平有限，书中难免存在不足之处，恳请读者批评指正。

编著者

2024年3月

目　　录

第1章 绪 论

十几年来，中国高速铁路在产业化能力、科技创新、路网建设等方面取得了巨大的成就。在引进、消化、吸收、再创新的基础之上，中国高铁实现了自主创新，形成了完整的高铁移动装备体系，并以此为基础自主研制了复兴号列车，中国高速铁路建设取得的成绩已达到前所未有的高度。截至2024年底，全国铁路营业里程达16.2万km，其中高速铁路4.8万km，已经形成世界上最庞大的高速铁路网络，为国民经济的发展和社会进步增添新动力。

1.1 真空管磁悬浮列车概述

当传统高铁在中国快速发展的同时，有“第五种交通工具”之称的超高速高铁——真空管磁悬浮列车也渐渐进入人们的视野。真空管磁悬浮列车通过在地上或地下建立密闭管道，用真空泵抽取空气令管道内部处于真空或部分真空的状态，使磁悬浮列车在低机械摩擦、低气动阻力、低噪声、无车载电源模式下运行，可以实现时速超过1 000 km的轨道运输。当前轮轨高铁的进一步提速、发展主要受到三个因素限制，分别是列车车轮与铁轨之间的机械摩擦力、气动阻力和气动噪声。实际数据表明，当列车速度超过400 km/h时，气动阻力将占列车整体牵引力的80%以上，极大地制约了列车的进一步提速，且造成大量的能量浪费。另一方面，随着列车速度的不断攀升，高速运行的车体与空气摩擦形成的气动噪声也将随着速度的不断提升呈几何级数级增长，对周围的生态环境造成了极大的影响。在上述因素的制约下，同时权衡高铁安全性、运行速度、经济效率、运输效率、能量效率等因素，当前轮轨高铁可以达到的最高速度为600 km/h。所以，空气介质和轮轨摩擦力是限制当前高速铁路进一步提速的关键因素，因此有必要在新一代轨道交通技术中突破介质限制。真空管磁悬浮列车通过在真空管道内部以无轮轨摩擦阻力、低空气阻力、低气动噪声模式超高速、全天候运行，旅客的乘坐时间将大幅缩短。届时，真空管磁悬浮列车作为运输体系的一部分，可以为全球带来无数好处。例如真空管磁悬浮列车可以让人们在更短时间内在全球主要城市之间进行更远距离的通勤，同时还能促进旅游业的发展。并且真空管磁悬浮列车基于磁悬浮技术，运行在接近真空的低气压环境中，运行时产生的噪声远小于传统轮轨高铁，减少了对周边环境和住户的影响，提升了旅客的乘坐舒适度。

1.1.1 磁悬浮技术发展概况

真空管磁悬浮列车的基础是磁悬浮技术，磁悬浮技术最早在 1907 年由美国的史密斯提出。1937 年德国的肯珀获得了第一项由直线电机驱动磁悬浮列车的专利，德国成了世界范围内最早发展磁悬浮列车的国家。后来德国研发了 TR 系列磁悬浮列车，经过近 50 年的努力，技术上已趋成熟。1979 年 TR05 实现载人运行，运行速度达到 100 km/h。1998 年研发了 TR08 型列车，并于 2001 年和上海市合作建立了上海磁悬浮列车示范运营线。2009 年推出的 TR09 在试验线上最高测试速度达到 550 km/h。日本的磁悬浮研究开始于 20 世纪 60 年代，1972 年日本基于电动悬浮原理研制出 ML100，试验速度可达 60 km/h。1979 年日本推出采用低温超导技术的 ML500，最高运行速度可达 517 km/h，后来推出的 L0 型磁悬浮列车，在 2015 年的测试中，运行速度达到了 603 km/h。

我国磁悬浮技术研究整体起步较晚，20 世纪 80 年代着手磁悬浮列车原理的研究。1989 年国防科技大学研制出我国第一台小型磁悬浮原理样车，并于 1991 年研制出我国第一辆磁悬浮列车原样；1994 年西南交通大学推出第一辆常导低速磁悬浮样车，并于 2000 年研制了高温超导磁悬浮列车。2012 年，我国首列可投入商业运营的中低速磁浮列车“追风者”在中车株洲电力机车有限公司下线，我国由此成为世界上第四个能够自主研制中低速磁悬浮列车的国家。2020 年中车青岛四方机车车辆股份有限公司研发的时速 600 km 磁悬浮试验样车成功试跑，并于 2021 年下线，标志着我国掌握了高速磁浮成套技术和工程化能力。2021 年，西南交通大学启用了高温超导高速磁浮工程化样车及试验线。2023 年 3 月 31 日，由中车长春轨道客车股份有限公司自主研制的国内首套高温超导电动悬浮全要素试验系统完成首次悬浮运行，该系统可以实现自悬浮、自导向、自稳定。

1.1.2 真空管磁悬浮列车发展概况

磁悬浮技术的不断发展是真空管磁悬浮列车得以实现的基础，而利用管道来运输乘客和货物的概念由来已久。早在 1799 年，英国工程师乔治·梅德赫斯特就萌生了利用管道运输货物的想法。1812 年，他发表了关于大气铁路的理论计算文章，论证了在铁轨上方架设直径数米的管道，通过气压差来快速运送货物和乘客的可行性，并且他还构想了另一种大气铁路的形式，即在铁轨下方铺设一根长管，管道内有器件与列车相连，器件在气压差的驱动下运动，这也直接推动了第一个气动铁路的发展。到了 19 世纪后期，美国发明家艾尔弗瑞德·依莱·比奇提出了真空管道与压缩空气相结合的新思路，并致力于纽约地铁气动运输系统的建设。由于当时没有内燃机，也没有电力驱动的发动机，所以他设计的地铁采用气动传输，利用真空风机产生的气动压力作为动力，来推动车辆在隧道中前进，由比奇设计的气动地铁于 1870 年 2 月 26 日投入运行，这也是美国的第一条地铁。再后来出现了利用真空管道运输的思想，在 1904 年，现代火箭之父罗伯特·戈达德提出了真空管道运输的设想。

1910 年,他提出了一种“真空管道超级铁路”的构想,并提出在美国纽约与波士顿之间建立一条“真空管道超级铁路”,这种超级铁路在真空密封的隧道内运行,如果建成,从纽约到波士顿只需 12 min。但是受限于当时的技术条件,这也只停留在设想阶段。随着磁悬浮的出现,将真空管道和磁悬浮技术结合起来的想法也逐渐出现。20 世纪 30 年代,德国科学家赫尔曼·肯佩尔提出将磁悬浮列车放置在真空管道中运行,并设想列车的速度可达到 1 800 km/h。但是因为系统核心基础的磁悬浮技术一直没能突破,所以这个想法一直未能实现。

1.1.2.1 真空管磁悬浮列车国外发展概况

20 世纪 90 年代初,美国的机械工程师达里尔·奥斯特对真空管道运输进行了深入的研究,提出了打造真空管道运输系统的构想。1997 年,奥斯特获得了真空管道运输的专利,并在专利申请书中最早使用了“真空管道运输”(evacuated tube transportation,ETT)的名称。他还设计了一个可容纳 6 人的“太空舱”,当“太空舱”穿过直径 1.5 m 的真空管道时,速度可达到 6 500 km/h,6 h 就可环游世界,而成本只有高速公路的 1/4。同年奥斯特成立了致力于开发真空运输项目的公司 ET3。按照 ET3 公司的设想,真空管道运输是一个类似胶囊一样的运输容器,它通过真空管道进行点对点传送。

进入 21 世纪以来,国内外越来越多的研究者开始关注真空管道交通运输。2003 年,欧洲开始开发 Pipenet。Pipenet 是一个小口径真空管,使用线性同步电机和磁悬浮以高达 2 000 km/h 的速度移动货物。原型系统长 100 m,直径 1.25 m,并于 2005 年在意大利建成。2013 年,“Hyperloop Alpha”白皮书发布。2016 年,SpaceX 公司开始连续举办超级高铁设计大赛,2019 年 7 月,来自德国慕尼黑工业大学的“TUM 超级高铁”团队在 1.6 km 长的真空管试验线上创造了 463 km/h 的试验速度。2017 年 5 月 12 日,美国超级高铁公司 Hyperloop One 在内华达州的测试场地测试管道中完成了首次 Hyperloop 全系统测试,在 5.6 s 内加速到了 113 km/h,并于 2020 年 11 月进行了首次载人试验,最高速度为 172 km/h。2020 年 12 月欧盟委员会提出了“可持续和智能移动战略”,该计划的目标之一是“评估监管行动的必要性,以确保超级高铁等新技术和概念的安全性”。2021 年 1 月,美国非传统和新兴交通技术委员会提交了“超级高铁标准审查”,其范围是评估超级高铁标准化活动的现状,从而为制定系统组件的初步框架以及相关法规和技术标准铺平道路。2022 年,加拿大技术中心搭建了真空管磁悬浮列车的多功能测试平台,引起了更多人对这一新兴交通技术的研究兴趣。同年 3 月,美国超级铁路交通技术公司(hyperloop transportation technologies,HTT)和意大利威尼托地区签署协议,为 2026 年冬季奥运会制定了研究、选择、规划和实施可持续高速解决方案的时间表,随着这份协议的签署,意大利成为世界上第一批建造超级高铁技术的国家之一。同年 8 月,加拿大的 TransPod 公司表示开始初步建设从卡尔加里发射到埃德蒙顿的真空管道,通过其推出的 Fluxjet 列车不到 45 min 即可到达,计划在 2035 年之前用于公共交通。同年11 月,美国隧道公司 The Boring Company 宣布开始测试全尺寸 Hyperloop 系统。

1.1.2.2 真空管磁悬浮列车国内发展概况

2004 年，20 余名学者在成都举办了“高速真空管道运输”研讨会，与会学者论证了低真空高速轨道交通的必要性和可行性。2014 年，西南交大建成半径为 6 m 的环形真空管磁悬浮列车试验线，模型列车测试速度达到 50 km/h。2017 年，中国航天科工三院联合国内外 20 多家科研机构正式启动“真空管磁悬浮列车”项目研发。目前，除了 HTT 和 Hyperloop One，中国航天科工三院是世界上第三家公开表示正在开发时速高达 1 000 km 运输系统的公司。2018 年，真空管磁悬浮列车研发提案被提出，同年 12 月，中国工程院启动了重大咨询研究项目“低真空管道超高速磁悬浮铁路战略研究”，对低真空磁悬浮管道交通方式开展战略性、综合性和前瞻性研究。2019 年 9 月，国务院印发的《交通强国建设纲要》中明确提到，要合理统筹安排低真空管(隧)道高速列车等技术储备研发。2021 年，国务院印发《国家综合立体交通网规划纲要》，提出要研究推进超大城市间高速磁悬浮通道布局和试验线路建设。2021 年 4 月，中国航天科工三院联合山西省政府与中北大学，立项筹建低真空管道磁悬浮高速飞车山西省实验室。2022 年 10 月 15 日，成功进行了真空管磁悬浮列车系统的首次测试，试验线利用超导磁悬浮技术、低真空管道技术和超导同步直线电机技术最终实现最大速度 1 000 km/h“近地飞行”，是国内首条完全自主知识产权的磁悬浮试验线，也是目前世界上最快的地面交通工具试验项目。2023 年 1 月 14 日高速飞车山西省实验室完成了超高速低真空管道磁浮交通系统全尺寸试验线(一期)首次超导航行实验并取得成功，本次试验是国内首次全尺寸超导航行试验，验证了高动态超导磁体、大功率多重变流器、耐高压集成模组、高激振悬浮构架、高精度定位测速、密闭空间管道无线通信、全过程安全控制、高精度轨道智能巡检等关键技术，初步验证了真空管磁悬浮列车系统总体方案的正确性和工作的协调匹配性。这是首次构建面向工程化应用的超高速低真空管道磁浮交通系统的研制及工程体系，并首次提出解决超高速低真空管道磁浮交通系统力学、动力学问题等基础科学理论。项目完成后将实现超高速低真空管道磁浮交通系统全尺寸悬浮推进演示验证，突破系统集成、低真空、高动态超导磁体、大功率多重化牵引变流等一系列关键核心技术，初步构建形成超高速低真空管道磁浮交通系统综合研究体系、试验体系、标准体系和产品配套体系。

2016 年，西南交通大学超导与新能源研究开发中心建立了一辆侧面悬挂的磁悬浮原型车，该车在密封真空管中的环形轨道上运行。在第一阶段调试中，抽掉了管道中 99%的空气，并在常压下磁浮实验车最大瞬时速度达到了 87.5 km/h。当真空管道压力降至 5 kPa 时，该系统实现了 160 km/h 的最高运行速度。2018 年，西南交通大学承担搭建了“多态耦合轨道交通动模试验平台”，可以在长达 1 500 m 的真空管道里，通过对不同低气压环境下的模拟，开展不同磁悬浮模式比例模型车运行测试，时速有望达到 1 500 km。同年，西南交通大学开始搭建时速 400 km 级的真空管道高温超导磁悬浮高速试验平台，该线路全长 140 m(双线)，最高实验速度可达 430 km/h。在此基础上，2020 年 5 月，西南交通大学启动了“多态耦合轨道交通动态试验平台”项目。2023 年 5 月 6 日，成渝(兴隆湖)综合性科学中心建设全面启动，含多态耦合轨道交通动模试验平台。该平台将建设长 1 620 m、设计最高试验速度 1 500 km/h 的高架真空管道高温超导磁浮交通综合性研究试验平台，旨在系统性突破多比例模型、连续变化低气压状态、多种轨道模式下高速及超高速轨道交通磁轨关系、流固耦合关系等轨道交通领域多学科综合交叉的重大基础科学问题与关键核心技术，引领真空管道超高速轨道交通科技发展，带动新制式轨道交通成套技术与重大装备制造以及新材料的研发应用等关联产业发展，助力“交通强国”战略的深入实施。

真空管磁悬浮列车是一项复杂的系统，我国应在前端原创高铁技术的基础上，发挥优势，突破限制传统轮轨高铁速度提升的理论极限，推进轨道交通运输的自主研发和科技创新，加快开展真空管磁悬浮列车为代表的变革性高铁技术研究与工程示范，为其提供坚实的技术理论支撑，这对确保我国在轨道交通技术领域的领先地位具有非常重要的意义。

1.2 真空管磁悬浮列车车地无线通信特点

真空管磁悬浮列车安全和高效地运行，需要可靠和稳定的无线通信作为支撑。与轮轨高铁相比，真空管磁悬浮列车的车地之间的通信数据量更大，同时实时性要求更高。一方面，列车运行、安全监控、维护等实时运行控制信息需要传送到地面上，以满足路网对真空管磁悬浮列车实时状态的监测与控制；另一方面，以旅客为主体的移动多业务信息，也需要在车地之间实时交互。真空管磁悬浮列车需要建立一个能完整覆盖列车、控制中心、站台等基础设施的稳定的、可靠的、可扩展的通信网络，保证超高速列车上所需各项应用数据的准确传输。

由于真空管磁悬浮列车极高的运行速度（运行速度超过 1 000 km/h）和特殊的运行环境（密闭、受限狭长的管道），使得与传统轮轨高铁和磁悬浮列车运行场景差别较大，可以利用高移动性和全封闭的真空管壁这些特性来促进系统设计和提高系统性能。真空管磁悬浮列车宽带无线通信主要特点以及主要问题如下：

1. 真空管电波的特殊传播环境

与传统隧道场景不同，真空管磁悬浮列车通常需要运行在金属材质密闭狭长管道内，该密闭空间可能架设在户外、地下甚至海底，这与传统轮轨/磁悬浮高铁的信道特性明显不同，从而为无线信号创造了独特的传播环境。

(1)穿透损耗导致无线自由波无法直接覆盖

轮轨高铁运行场景包括高架桥、郊区、山区、隧道等丰富的环境，真空管磁悬浮列车则完全运行在封闭受限的狭长金属管道内，电磁波在受限狭长环境中的耦合传播特性，与传统轮轨高铁开阔环境中的电波传播特性截然不同。如果采用传统的无线自由波接入，管道旁基站和车厢内部乘客无线链路需要经历两次重大衰落——金属管道和车厢体。虽然在真空管磁悬浮列车车体中应用创新材料可以降低穿透损耗，但为了保证车内气压，真空管磁悬浮列车会非常重视车厢密封性，可能会导致比传统轮轨高铁更高的穿透损耗，传统轮轨高铁不同材质车体的穿透损耗参考值见表 1-1。为了保证真空管道密封性与稳定性，管道内壁材料一般为金属，为了平衡成本、气密性和结构坚固性，真空管道一般会采用多层材料结构，会对无线信号造成极大衰减。两次重大衰落将导致接收端信号信噪比急剧下降。

表 1-1　不同车型穿透损耗参考值

车　型	列车材质	2 GHz 损耗/dB
普通列车	铁质	14
庞巴迪列车	不锈钢	22
部分动车	中空铝合金	16
京津城际	铝合金	20
阿尔斯通中空	铝合金	22

注：表中值仅供参考，实际值受入射角、多径信号等多种因素影响。

该环境可以用“模态传播”的概念来分析无线电波在管中的传播特性，利用波导传播在高频下具有潜在的低损耗这一特点。根据这一理论，高阶模随着收发距离的增加逐渐衰减消失，只剩下低阶模。在较低频率下，多模传播占主导地位的天线附近区域的衰减较高。由于模式的减少，多输入多输出（massive input massive output，MIMO）的信号子空间信道矩阵衰减，导致 MIMO 信道的容量下降，即锁孔效应。此外，如果采用漏泄波导进行无线覆盖，则泄漏波传播耦合特性将完全不同。由于全封闭的金属壁，近场辐射特性和辐射功率密度的空间分布将受到很大影响。

（2）真空管无线频段使用相对自由

同频干扰是当前铁路无线通信中的一个严重问题。然而，在封闭金属真空管的场景中，管中的频谱空间相对不受外部环境的影响。因此，用于管中无线通信的频率和带宽不再受到限制。基于此，可以无限制地选择频带和带宽，以避免用户信号的干扰，从而确保操作信号的无线传输的稳定性。此外，还可以不受限制地采用频/空分复用技术来增加传输容量。并且，如果选用漏波系统进行接入覆盖，由于车体穿透损耗的隔离，频段和带宽的选择约束将更低。

（3）真空管磁悬浮列车车地通信环境的可预知性

在公众移动通信系统中用户运动是随机的，传统轮轨高铁的车地通信环境也是随机的，而真空管磁悬浮列车在确知的管道内行驶，利用先进的列控系统，其运行状态（实时速度与位置）是可知的，可为真空管磁悬浮列车宽带接入通信系统提供先验信息。利用列车状态信息设计网络体系结构可解决快速切换问题。并且，真空管磁悬浮列车宽带接入系统容量是可预知的，根据载客容量等信息可预先获得无线接入的容量，为通信设计提供先验信息。

2. 真空管磁悬浮列车的极高运行速度

真空管磁悬浮列车极高的运行速度会对真空管内的无线电波传播以及蜂窝小区之间的切换带来许多全新的问题。

(1)严重的多普勒效应

超高移动性将产生极大的多普勒效应，信道将急剧变化。目前，长期演进(long term evolution，LTE)系统所支持终端的最大移动速度为 350 km/h，面向高铁设计的 LTE-R 系统最高支持 500 km/h 的移动速度，最新的 5G 支持终端的最大移动速度也为 500 km/h，而列车速度高达 1 000～4 000 km/h，远远超出现有无线通信系统的支撑极限。因此，现有移动通信系统无法有效支撑真空管磁悬浮列车的车地通信。当列车速度达到 1 000 km/h 时，信道冲激响应将迅速变化，经历快速衰落变化。因此，由于大的多普勒频移和扩展，时间选择性增强。例如，如果载波频率为 3.3 GHz，则在 1 000 km/h 的速度下，最大多普勒频移为 3 055 Hz，而以 10 km/h 的速度移动的行人的频移仅为 30.55 Hz。并且当前的大多数无线通信系统被设计用于数百赫兹量级的多普勒频移。由于高多普勒频移，将出现发射机和接收机之间的载波频率偏移。然而，即使对于没有多普勒频移的系统，由于无线收发器中振荡器的不稳定性，也可能出现小的载波频率偏移。因此，在诸如 OFDM 的多载波系统中，大的多普勒频移将破坏子载波之间的正交性，并引入载波间干扰。载波间干扰将严重降低同步器的性能并增加系统误码率。此外，由于多普勒频移在管道中是确定的，多普勒消除技术可以被应用于通信系统以减少多普勒频移影响。并且终端的移动速度将随时间变化，导致了时变多普勒扩展和非平稳衰落系数。

(2)绝对的频繁切换与群切换

当从一个蜂窝小区移动到另一个蜂窝小区时必须要保证持续的通信连接。真空管磁悬浮列车超高的移动速度，导致切换的间隔时间非常短，因此必须将单次切换时间最小化。当前使用 GSM-R 系统的高速列车的切换时间约为 300 ms，并且需要两个小区的信号重叠时间为 6 s。这些要求将“硬”切换限制为最高时速 400 km，这对于真空管磁悬浮列车是不可接受的。因此，有必要使用“软”切换并且使列车连续连接到两个具有适度重叠的相邻蜂窝小区。此外，当列车以 333 m/s(1 200 km/h)的速度行驶时，通信系统的小区半径必须尽可能长(>330 m)，以使最大小区重选时间为 1 s。并且由于列车上乘客地理位置的集中性，聚集的乘客一般通过车载中继站和地面通信。因此，当列车穿越覆盖小区边缘时，列车上集中的乘客将发生用户的群切换，同时极高的运行速度将导致绝对的频繁切换，出现“信令风暴”现象，这会大大增加移动中继器切换的负荷。

真空管磁悬浮列车安全、高效地运行需要可靠和稳定的无线通信系统支撑和保障。在真空管道中，由于列车极大的运行速度和特殊的运行环境，车地通信的稳定性和可靠性要求更高。然而，现有无线通信体制(包括 4G 和 5G)支持的最高移动速度不超过 500 km/h，无法有效应对真空管磁悬浮列车车地通信中严重的多普勒效应及频繁越区切换等问题。因此，针对真空管磁悬浮列车车地无线通信关键技术的研究，深层次分析多普勒和越区切换等现象的关键原因，形成真空管磁悬浮列车车地无线通信关键问题的有效解决方案，具有重要的科学意义和应用价值。

第2章 真空管磁悬浮列车通信业务需求分析

真空管磁悬浮列车是一种新型轨道交通技术，可实现磁浮列车在接近真空的低压管道内以低机械摩擦、低空气阻力、低噪声模式全天候超高速运行。真空管磁悬浮列车将磁悬浮技术与真空技术结合起来，通过将管道内的空气抽到接近真空的状态，使得其中运行的物体的空气阻力大幅度减小，并且通过磁悬浮技术将列车悬浮在空中，同时克服了轮轨的摩擦力与空气的阻力，不但减小了列车运行时的噪声，还大幅提升了列车的速度，实现了旅客的快速出行。保障真空管磁悬浮列车安全运行的关键是列车地面无线通信系统，一方面，安全类数据（包括列车运行控制、牵引控制、在途监测等数据）需要在车地间实时双向通信，并满足“低延时高可靠”的传输要求；另一方面，列车上用户的移动性多媒体服务需求也在不断增长，这类非安全类数据需要满足“大容量高移动”的传输要求。本章基于现有轨道交通车地通信系统综合承载业务需求，结合真空管磁悬浮列车的特点，对真空管磁悬浮列车车地通信综合承载业务需求以及高速场景下现有无线移动通信体制的通信性能进行了分析，从而为真空管磁悬浮列车的宽带接入提供先验知识。

2.1 列车车地通信业务需求分析

真空管磁悬浮列车需要建立一个能完整覆盖列车、控制中心、站台等基础设施的稳定的、可靠的、可扩展的通信网络，保证真空管磁悬浮列车上所需各项应用数据的准确传输。真空管磁悬浮列车所需的通信应用服务可以分为关键应用、性能应用和业务应用三类。

关键应用：涵盖真空管磁悬浮列车安全运行所需通信需求，这些通信需求要求最高的安全完整性等级（safety integrity level，SIL）以使与设备故障相关的风险降到最低。SIL是国际标准中定义的一种离散性等级，用来衡量安全相关系统成功执行规定的安全功能的概率。概率越高则安全完整性等级越高。安全完整性等级分为4个级别：SIL1、SIL2、SIL3和SIL4。其中SIL4最高，SIL1最低。由于传输的是列车位置、速度和移动授权信息，因此所需带宽较低。这种情况下最重要的是时延要求：要求时延小于5 ms，最差情况下时延抖动小于1 ms。这类通信通常使用不需要重传的用户数据报协议包来最小化时延抖动。

性能应用：包括改善列车运行质量所需的所有应用，与目前的高速铁路通信非常相似。

这些应用的安全完整性等级为 SIL2，因为列车的安全性不依赖于它们。改善列车运行质量所需的所有应用最重要的是支持自动驾驶的车载 4K 实时视频监控系统。为了实现自动驾驶，需要对车厢前后和车厢内区域进行视频监控。在自动驾驶的路况识别方面，视频监控可以被认为是一个关键应用(SIL4)，但在真空管磁悬浮列车的超高速移动的情况下，很难满足关键通信系统的时延要求，因此它们通常被视为 SIL2。

业务应用：车上乘客还希望通过互联网进行商务和娱乐，如车载视频会议、在线游戏、聊天、直播等。这些电信服务只专注于乘客，不涉及安全因素。相关服务通常由电信运营商提供。例如给予列车增强现实窗口，使得乘客虽然在一个封闭的管道中，却能从车窗看到真实的外部景色。所支持的应用主要包括面向乘客的车厢内无线互联网以及面向站台乘客的无线互联网。

尽管高速列车、城市轨道交通、轻轨、磁浮列车等轨道交通采用了不同的无线通信技术，但认为车地间传输的数据类型基本相同。如图 2-1 所示，轨道交通车地通信综合承载业务可以分为安全类和非安全类两大类。

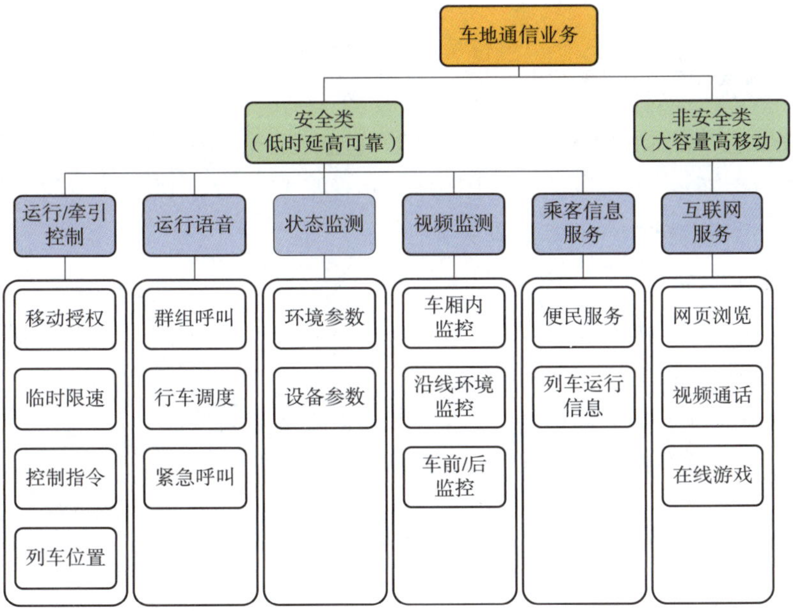

图 2-1　车地通信业务分类

真空管磁悬浮列车车地通信综合承载业务分类与现行轨道交通基本相同，但不同于传统轮轨高铁的开阔环境，真空管磁悬浮列车运行场景为密闭真空管道，且列车运行速度极快，对车地无线通信传输实时性和可靠性提出了更高的要求。第一，需要保证对管内与车厢内环境参数(如气压、温度)实时监测以确保车内乘客的安全；第二，超高的运行速度要求安全类数据(如列车位置信息)做到极低的端到端延时和切换延时；第三，真空管道为密闭环境，为保障行车安全，需要对列车外部及管道沿线实时视频监控，因此对吞吐量要求更高。

此外，真空管磁悬浮列车在列车长度和载客容量上与传统轨道交通区别较大。各类现行轮轨交通和真空高铁的载客容量见表 2-1。

表 2-1 载客容量对比

列车类型	型　号	载客量/人
轨道交通	A 型车	1 800～2 500
磁悬浮列车	TR08	959
高速铁路	CR400BF	576
真空管磁悬浮列车	XP-1	10
	T-flight	16
	Quintero One	28～40

目前已发布的真空管磁悬浮列车型中，由于真空管道的限制，车厢长度和载客量相比现行轮轨列车都大幅减少。基于已有各类型轮轨列车对车地传输性能的要求，考虑真空管磁悬浮列车极快的运行速度、特殊的运行场景以及载客容量，对真空管磁悬浮列车综合承载业务传输指标具体分析如下。

2.1.1 安全类数据

安全类数据主要是指列车运行的相关数据，包括：运行/牵引控制；运行语音通信；列车运行状态监测与诊断；用于视频监控的图像传输，包括支持自动驾驶的实时高清视频传输，列车中的安全闭路电视监控；乘客信息服务。

安全类数据业务传输的主要性能要求如下：

低时延：保证真空管磁悬浮列车运行速度 1 000 km/h 条件下列车定位、速度信息和列车控制信息的实时同步。

高可靠：保证车地通信链路的稳定性，可实现无终端连续传输。

可维护：通信系统各设备可实时诊断，保证系统平稳运行。

冗余容错：系统部分设备故障时，冗余设备能够及时支持系统的持续运行，而不至于系统中断崩溃。

真空管磁悬浮列车与地面之间需通过无线信道进行传输的数据可分为如下几类。

1. 列车运行控制

列车运行控制系统是保障列车安全、高效运行的关键。真空管磁悬浮列车采用了磁浮技术，其列车控制系统设计可以参考现行上海磁悬浮列车控制系统。真空管磁悬浮列车运行在密闭真空管道内，其运行控制系统可实现全程实时控制列车运行，除了列车发生故障或者管道出现泄漏时才需人工干预。列车运行控制系统是一个复杂的分布式控制系统，如图 2-2 所示。主要由位于控制中心的中央控制系统、与牵引区段对应的分区控制系统及位于列车上的车载控制系统三大部分组成。其中分区运行控制中心与车载运行控制中心通过车地无线通信系统双向传输数据。真空管磁悬浮列车将被设计为以运控设备发送的移动授权为行车依据，自动控制列车运行。在列车自动运行模式下，列车的正常运行根据预先准备好的时间表进行(包含列车驾驶所需的必要命令)。为了能顺利完成列车移动授权、运行状态控制以及安全防护等信息在车地之间双向稳定传输，车地无线通信系统需要提供透明、可靠且高冗余度的传输通道。地面分区运行控制系统设备需要向列车传输移动授权、临时限速信息、时钟同步状态、运营调整指令等信息；列车运行控制系统需要向地面传输列车移动相关的信息(如列车识别号、列车头/尾部位置、列车速度等信息)。

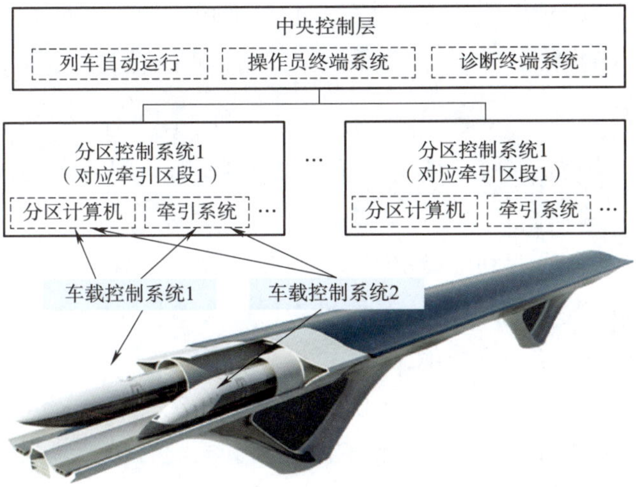

图 2-2　真空管磁悬浮列车运行控制系统

图 2-2 中，每个分区控制系统都对应一个牵引区段，分区控制系统中包含分区计算机、牵引系统等设备。当列车行驶在某一牵引区段时，牵引系统接收两类信息，分别来自分区计算机和列车。第一类是分区控制系统通过以太网发送给牵引系统的列车运行控制命令信息，主要包括列车运行和监控所需要的数据，例如牵引控制系统的运行状态、速度—位置曲线等。第二类是牵引系统直接通过车地无线通信系统接收的来自车载运行控制系统的磁极相角信息，使牵引供电系统完成牵引功率闭环控制。

地面分区运行控制系统与列车间传输的信息编码长度都较短，数据量不大，所以列车控制系统通常对带宽要求不高。真空管磁悬浮列车运行控制系统的最小带宽保证 1 Mbit/s (包含牵引系统所需的列车定位信息)即可，考虑到同时会有两辆列车运行在单个小区内，则单个小区上下行带宽要求至少为 2 Mbit/s。列车运行控制系统与列车的运营安全息息相关，各项业务需求和优先级最高，对于数据传输的可靠性和延时要求极高。当列车以 1 000 km/h 速度行驶时，需要保证误码率小于 10^{-6}，端到端传输延迟不得大于 40 ms。但对于分区运行控制系统中的牵引系统而言，实时且精确的列车定位信息是列车实现自动驾驶的基础，同步直线电机控制和列车间隔控制也需要这类定位信息。

2. 牵引控制系统

牵引控制系统通过与运行控制系统进行双向信息传输，接收来自地面的控制指令信息与列车运行状态信息，然后基于既定的控制算法，结合列车当前运行状态，根据地面运行中央控制中心的要求，以直线同步电机为控制对象，自动控制真空管磁悬浮列车牵引力大小，完成列车从启动加速到恒定速度的控制过程，实现列车减速、停车等多种运行操作，令真空管磁悬浮列车按照既定的速度曲线高速、安全、舒适地运行。上海磁悬浮运营速度为 430 km/h，真空管磁悬浮列车运行速度超过 1 000 km/h，为确保对牵引力的实时控制，上海磁浮列车牵引控制系统要求无线通信系统的传输延迟应不大于 5 ms，根据传输延迟与速度的反比关系，真空管磁悬浮列车牵引控制系统无线通信系统的传输延迟应不大于 1 ms。

3. 运行语音通信

运行语音通信支持列车司机与铁路行车调度控制中心之间通话，也支持列车司机、维修作业人员、控制中心以会议模式相互通话(群组呼叫)。系统需要支持列车广播功能，实现控制中心对车内乘客的紧急呼叫和广播；在紧急情况下，车内乘客也可以通过拨动车厢内的紧急呼救按钮，建立与中心防灾调度员的通话。运行语音通信每一路带宽要求为 32 kbit/s，考虑单小区内 10 路通话并发(单呼、组呼和大小三角通信)，故小区内并发通话所需要的总带宽要求为 320 kbit/s，考虑一定冗余量，则系统带宽要求为 500 kbit/s。运行语音通信系统和列车的安全运行相关，因此，它对传输的可靠性和安全性的要求比一般业务更高，因此通道层要求独立、高可靠性及冗余的信道。该业务优先级仅次于列控业务，端到端传输延迟要求不大于 40 ms，数据误码率小于 10^{-5}。

4. 视频监控

传统驾驶模式下，通常只在列车车厢内设置摄像头以使列车司机可以及时获取列车内情况。而真空管磁悬浮列车具有很高的自动控制和防护特性，由控制中心实现车辆控制及调度。因此为保证车辆的安全运行，列车车头前部、内部以及列车外部的真空管道沿线图像都需要实时传输到控制中心。特别是在真空管磁悬浮列车出现故障或真空管道发生泄漏时，列车需要执行蠕动模式运行、进入待规避线等特定操作，蠕动模式指的是全自动运行模式下，当车辆发生网络故障或信号与车辆牵引/制动接口故障时，由控制中心人工远程操作后，采用备用接口在信号系统的防护下直接控制车辆的牵引制动系统低速运行至站台的运行模式。进入待规避线指的是在特殊情况下，例如前方轨道发生事故，真空管磁悬浮列车可以进入一个安全区域，即待规避线，等待下一步指令。这些操作都需要在视频监控的辅助下由控制中心完成。同时增加车厢内的摄像头数量，以便车门旁的乘客通过紧急电话、紧急手柄和火灾烟雾探测装置将事故现场的视频图像主动推送至闭路电视中，提高应急处置效率。

与现行高速列车多节车厢结构不同，真空管磁悬浮列车单列车只有一个车厢，整体长度不超过 36 m(参考“T-flight”型列车)，因此在真空管磁悬浮列车乘客车厢内可设置 2 个摄像头。为了对列车外部的真空管道环境进行实时、全面的监控，至少在列车外部设置 6 个摄像头。视频监控系统从高清晰度电视摄像头、位于列车上的高清串行数字接口摄像头(用于列车运行)、位于运行轨道旁的摄像头(用于轨旁设备状态监测)实时捕获 720 P 或 1 080 P 的高清视频图像。车厢内外 8 台摄像头捕获视频的帧率为每秒 25 帧，压缩率为 1∶50(使用 H.264/MPEG-4 压缩算法)。每台摄像头的上行传输速率为 2 Mbit/s，因此 6 台摄像头的上行传输速率达 16 Mbit/s(包含乘客应急求助报警所需带宽)。上行业务占据了视频监控服务的大部分带宽，下行业务主要是为了实现控制中心对闭路电视的控制，占用带宽较少，大约需要 500 kbit/s。可见，该业务的信息主要是视频信息，数据量较大，要求大带宽、高质量的实时数据通道，减少重传，降低时延。车地通信网络信息传输时延应小于 150 ms，数据误码率应小于 10^{-3}。

5. 运行状态监测与诊断系统

列车运行状态监测业务是指列车运行状态实时监测系统通过一定数量的传感器采集列车关键参数并传递至地面监测中心分析处理。这些参数包括电流、电压、气压和轴温等基本参数，还有列车悬浮架、涡流制动、车载发电与供电等系统的关键参数。同时，系统记录并存储设备运行过程中的故障信息，如时间、位置、相关参数的当前值及其变化。这些数据需要由车地无线通信系统发送给地面系统进一步分析和处理，为列车检修提供信息和数据，从而缩短检修时间，节约维修成本。列车运行状态监测业务主要包括五个环节：信息采集、信息传输、信息显示、信息处理分析和信息发布。运行状态监测系统需要将监测数据从列车实时传输至地面设备，故主要是上行业务。考虑到其他应用信息的传输预留，上行业务带宽应不小于 1 Mbit/s。该业务要求低速可靠传输，传输优先级仅次于列控数据，端到端传输延时要求小于 50 ms，数据误码率小于 10^{-3}。

6. 乘客信息服务

乘客信息服务系统以计算机系统为核心，依托多媒体网络技术，以车载显示终端为媒介向乘客提供语音、数据和视频信息。提供的信息包括出行须知、天气预报、政府公告、时间、出行参考等实时动态的便民信息。同时，系统也向乘客传递换乘时间、列车当前时速、列车时刻表等列车运行相关信息。系统主要是下行业务，需要从控制中心传输高清数字视频和大量文字信息到运行列车上。列车运行过程中，需要保证视频播放无卡顿，文字传输不中断。乘客信息服务系统一般采用广播的形式向小区内所有在线列车下发一路高清数字视频信息，多媒体直播视频编码格式一般为 MPEG-4，带宽为 2 Mbit/s，若单小区在线列车为 2 列并为其他信息考虑带宽预留，下行业务带宽需求为至少 8 Mbit/s。乘客信息服务主要是为乘客提供多媒体信息服务，传输优先级最低，并且对信息传输延时要求不高，端到端数据延时要求不大于 300 ms。但为了保证下发的直播视频流畅播放，对传输误码率有较高要求，数据误码率需要控制在 10^{-6} 以内。

2.1.2 非安全类数据

非安全类数据主要是指乘客多媒体服务数据。对于商业用户来说，主要需求是浏览网页、处理电子邮件等吞吐量和实时性要求不高的业务；对于普通用户来说，主要应用需求则是实时的网络应用程序（即时游戏、视频通话、在线聊天），这类应用需要较大的带宽和较高的实时性。同时，列车上的用户需求具有下行吞吐量远大于上行吞吐量的特点，对于商业用户，下行带宽的吞吐量约为上行吞吐量的 4 倍，普通用户则可达 9 倍。

5G 网络单用户吞吐量可达 1 Gbit/s，整列车的用户吞吐量可以表示为 5G 网络下单用户的平均吞吐量、列车的载客量、5G 终端渗透率、用户附着率、并发率的乘积。假设整列车定员为 15 人，在进行数据传输时，5G 终端渗透率为 80%，则单列车 5G 终端用户数为 12 人。5G 支持 0.1～1 Gbit/s 的传输速率，在进行全缓冲业务时，用户激活附着比为 70%（即 70%用户会进行业务），用户业务并发率为 10%，则单用户平均吞吐量要求为 7～70 Mbit/s，整列车乘客吞吐量为 84～840 Mbit/s。在列车会车时，需求吞吐量将翻倍。

2.1.3 车地无线通信需求

城市轨道交通、高速铁路、真空管磁悬浮列车（38 GHz 无线电系统）的车地通信需求见表 2-2。

表 2-2 车地无线通信需求分析

关键参数	列车类型		承载业务						总计
			OCS	PWM	OVC	TOMS	CCTV	PIS	
传输速率	轨道交通	上行	200 (kbit/s)/列		32 (kbit/s)/路	100 kbit/s	6 000 kbit/s	100 kbit/s	6 720 kbit/s
		下行				—	50 kbit/s	8 000 kbit/s	8 570 kbit/s
	高速铁路	上行	200 (kbit/s)/列		32 (kbit/s)/路	200 kbit/s	4 000 kbit/s	100 kbit/s	4 820 kbit/s
		下行				40 kbit/s	8 000 kbit/s	8 000 kbit/s	8 274 kbit/s
	磁浮列车	上行	200 (kbit/s)/列		32 (kbit/s)/路	200 kbit/s	4 000 kbit/s	100 kbit/s	4 820 kbit/s
		下行				40 kbit/s	2 kbit/s	8 000 kbit/s	8 274 kbit/s
	真空管磁悬浮列车	上行	1 000 (kbit/s)/列		32 (kbit/s)/路	1 000 kbit/s	16 000 kbit/s	100 kbit/s	18 600 kbit/s
		下行				40 kbit/s	500 kbit/s	8 000 kbit/s	10 040 kbit/s
误码率	轨道交通		10^{-6}	10^{-6}	10^{-2}	10^{-3}	10^{-3}	10^{-6}	—
	高速铁路		10^{-6}	10^{-6}	10^{-3}	10^{-6}	10^{-3}	10^{-3}	
	磁浮列车		10^{-6}	10^{-6}	10^{-5}	10^{-3}	10^{-3}	10^{-6}	
	真空管磁悬浮列车		10^{-6}	10^{-6}	10^{-5}	10^{-3}	10^{-3}	10^{-6}	
端到端时延/ms	轨道交通		100		100	300	300	300	—
	高速铁路		100		100	150	150	300	
	磁浮列车		160	5	40	150	150	300	
	真空管磁悬浮列车		40	1	40	50	150	300	

表 2-2 分析了真空管磁悬浮列车车地无线通信的性能需求指标。车地无线通信传输性能可以根据某些特征来描述，例如各链路(上行链路/下行链路)上传输数据的数量和类型，也可以根据一些关键性能指标来描述，例如端到端传输延迟、传输周期、丢包率或误码率。丢包率或误码率可以用来确定 QoS。根据表 2-2 可得各类轨道交通车地通信总带宽需求。城市轨道交通上、下行总带宽需求分别为 6.7 Mbit/s、8.5 Mbit/s；高速铁路上、下行总带宽需求分别为 4.8 Mbit/s、8.2 Mbit/s；真空管磁悬浮列车上、下行总带宽需求分别为 4.8 Mbit/s、8.2 Mbit/s。预测真空管磁悬浮列车上、下行总带宽需求分别为 9.8 Mbit/s、17.6 Mbit/s，可见相比较现行轮轨交通，预测真空管磁悬浮列车对车地通信带宽的要求更高(主要是闭路电视和乘客信息服务业务)。真空管磁悬浮列车运行速度极快，对运行相关数据传输实时性、可靠性要求较高。因此预测运行相关数据延时需求远小于现行轨道交通，尤其是列车位置信息，预测位置信息延时需求不大于 1 ms。另外，真空管磁悬浮列车运行在密闭真空管道中，相比传统轨道交通开放运行场景，其运行状态监测数据需要更及时地传输到控制中心，预测延时需求不大于 50 ms，仅次于运行控制数据。

2.2 现有轨道交通无线通信技术分析

2.2.1 现有轨道交通车地无线接入

无线接入方式是车地无线通信的另一个关键问题，无线宽带接入可为车地通信提供大带宽业务(如实时视频)。目前通信架构普遍对无线接入采用“双链路”方案：第一条链路是列车内用户的接入；第二条链路是列车与主干网的接入。在列车安装列车接入终端(train access terminal，TAT)，TAT 通过车顶天线接入通信主干网，并将主干网发送的数据转发给车内用户。地面设备可通过车顶天线(与 TAT 相连)与列车实现无线接入，目前列车(通过车载中继)与主干网接入的方式主要可以分为三类：卫星接入、基于公共蜂窝网络接入、铁路专用无线接入。卫星接入和基于公共蜂窝网络的接入方式主要应用于传统铁路和高速铁路。铁路专用无线接入需要在地面部署专用设备实现列车无线接入，主要可分为漏泄电缆接入、基于 Wi-Fi 或全球微波接入互操作性(world interoperability for microwave access，WiMAX)的接入、光载无线通信(radio over fiber，RoF)接入等方式。其中漏泄电缆接入、基于 Wi-Fi 和 WiMAX 的接入方式主要应用于地铁、轻轨等城市或城际轨道交通。上海磁浮列车采用了 RoF 接入方式。

1. 卫星接入

卫星接入方式具有覆盖范围大、适合于大量移动终端业务的宽带连接、受速度影响小等特点。2010 年 12 月，法国在 TGV-East 线路上首次推出了车载互联网服务系统，该系统基于一种双向卫星解决方案。需要注意的是，卫星通信接入可以为列车提供良好的 GPS 实时定位功能，便于列车的实时监控和管理，并且工作频带宽、数据容量大、可靠性高、覆盖范围广，且由于没有安装专用基础设施，因此支出成本低。卫星通信网络覆盖方案如图 2-3 所示。

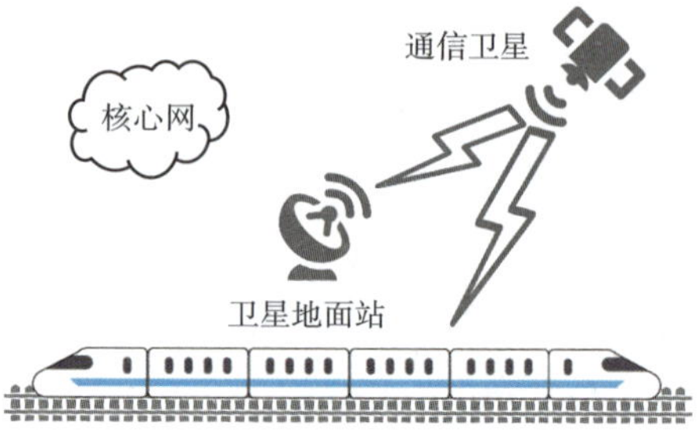

图 2-3　卫星通信网络覆盖

但卫星网络覆盖方案对高速铁路通信产生若干限制：

(1)卫星和接收天线之间的任何障碍对信号传播产生影响，导致数据传输不可靠。

(2)由于星地之间传输距离较远，并且卫星运动速度快，天线需要高的天线增益和非常窄的波束宽度，以实现对卫星的精确跟踪。

(3)在非视距区域(non line of sight，NLoS)区域，例如隧道、高层建筑、崎岖山脉等信号空白区，缺乏卫星覆盖，可导致信号中断。因此，需要与其他接入技术组合，以确保通信不出现中断。可以在地面上安装一个天线，以便恢复卫星信号并在非视距区域重新分配，在特殊情况下允许切换到其他技术，如 Wi-Fi、WiMAX、WLAN 或蜂窝网络(4G/5G)。

因为基于卫星通信的宽带无线接入网络局限性较大，特别是难以在密闭的空间内达到良好的信号覆盖，因此提供的宽带多媒体服务质量较差；卫星通信固有延迟可达 500～600 ms，无法满足实时通信的要求，难以给用户提供理想的高速率数据传输体验；卫星接入方式还具有通信时延大、成本高昂、带宽受限等缺点。因此卫星通信并不适用于真空管磁悬浮列车。

2. 基于公共蜂窝网络接入

现有的蜂窝网络接入技术发展较为成熟，在多个国家得到广泛应用。公共蜂窝网络覆盖方案通常基于在陆地上部署的若干公共蜂窝网络。不同的移动网络运营商中可集成多个链路，在某个运营商未能提供其良好覆盖时，另一个运营商可以管理未覆盖区域。在没有覆盖的情况下，可以使用“间隙填充”解决方案，类似于卫星覆盖方案。

基于公共蜂窝网络的接入方式具体又可以分为三种：移动终端直接与蜂窝基站连接方式、车载直放站方式和车载中继站方式，如图 2-4 所示。目前一些基于公共蜂窝网络的接入方案已应用于高速铁路、城市轨道交通。基于宽带码分多址(wideband code division multiple access，WCDMA)制式的通用移动通信系统(universal mobile telecommunications system，UMTS)网络架构方案在武广高速铁路上投入使用。基于 LTE 制式网络架构方案在京津城际铁路上投入实验，并且对蜂窝网络的接入方案，选择利用已有设施，可大大降低实验成本。但是蜂窝网络的基站通常与铁轨距离较远，而且天线也没有专用于列车运行线路覆盖，因此基于蜂窝网络的接入方式通常不能保证服务质量。

其中 UMTS 接入方案直接采用现有 UMTS 网络架构，进行“基带处理单元(baseband

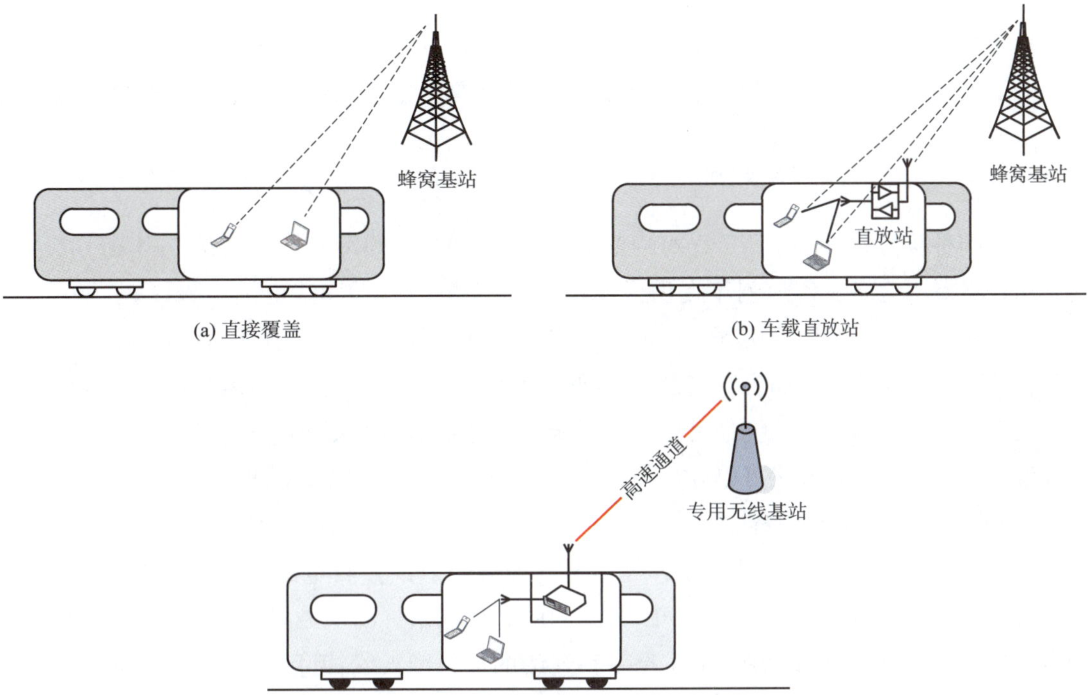

图 2-4　现有轨道交通的车地无线接入架构

unit，BBU）＋射频拉远单元（remote radio unit，RRU）”分布式高铁线状覆盖，系统架构如图 2-5 所示。分布式组网的优势同样适用于高铁覆盖，BBU 集中放置和维护，降低站址获取难度，RRU 光纤拉远，适合高铁的线状覆盖。这种方式分离了基站的基带处理单元和射频单元，基带处理单元集中放置于 BBU 中，通过光纤拉远实现射频单元 RRU 的灵活安装。RRU 只有射频放大的功能，同一个 BBU 可配置多个 RRU，由于逻辑上这些 RRU 都在一个 BBU 范围内，无线资源也是共享的，因此只需基于变化场景相应分配各 RRU 的功率，当列车行驶路过某一个 BBU 的所有 RRU 时，就无须执行越区切换。

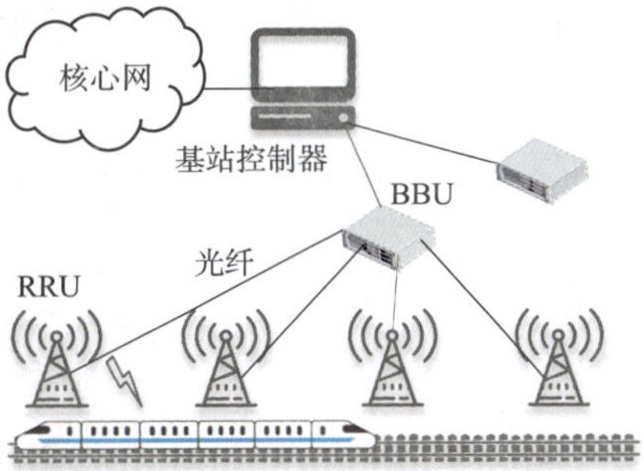

图 2-5　UMTS 网络架构

通过使用现有蜂窝网络架构，UMTS 通过采用现存的系统硬件和软件配置，避免了带宽的重新分配，减少了工作量。同时通过扩大小区覆盖范围可以一定程度上降低越区切换频率，并降低真空管磁悬浮列车超高运动速度对通信质量的影响。但是由于真空管磁悬浮列车站间距离一般较长，UMTS 方案需要在真空管道沿线设置大量成本高昂的基站设备，导致较高的成本。同时为了保证安全性，真空管磁悬浮列车运行间距较远，导致大量没有列车位于其覆盖范围内的设备闲置，存在明显的“潮汐效应”，造成这些设备的频谱资源和处理能力极大的浪费。为了对真空管磁悬浮列车进行覆盖，各大运营商必然会在真空管道沿线设置安装密集网络，造成投资重复，这也必然会对真空管磁悬浮列车安全类数据的传输稳定性形成影响。

3. 铁路专用无线接入

上述两种接入方式都是基于已有通信设施（卫星和公共蜂窝网络），铁路专用无线接入则是利用铁路专用地面设备为列车提供无线接入，这类方案包括漏泄电缆接入、基于 Wi-Fi 或 WiMAX 的无线接入和 RoF 接入。这类无线接入方案可以满足日益增长的宽带需求，但由于需要在长距离的铁路沿线部署专用设备，因此成本较高。为了降低成本，需要权衡无线覆盖范围和最小支持带宽以实现系统最优化。同时也需要考虑系统可靠性、安全性和授权频段需求等因素。铁路专用接入方式可以分为漏泄电缆、WiMAX、Wi-Fi 以及 RoF 接入这四种。

（1）漏泄电缆与漏泄波导

漏泄电缆是一种利用同轴电缆外导体上的开缝辐射或接收电磁波，从而与外部空间进行无线通信的传输媒介，主要应用于闭域空间的无线通信。漏泄波导与漏缆类似，漏泄波导管也是一种电磁波传输媒介，其本质是一种连续的加长型天线，可用于地铁隧道覆盖。通过波导管开具的槽孔，波导管内传输的电磁波可以辐射到外部空间，与此同时，外部空间的电磁波也可以耦合到波导管内，其网络覆盖方案如图 2-6 所示。利用漏泄波导管覆盖管道与漏缆布设方式相同，但与漏缆相比，漏泄波导管传输频带更宽，传输损耗更小。经过漏泄波导传输信号辐射场覆盖均匀，不会相互干扰，衰减较小，多适用于 450 MHz～2.4 GHz 以上的频带。漏泄波导对地形的适应性强对无线通信体制的约束较小，被广泛用于数字化、大容量的移动车辆的通信线路，例如铁路汽车等。近年来，漏泄电缆可以用作 WLAN 的天线。

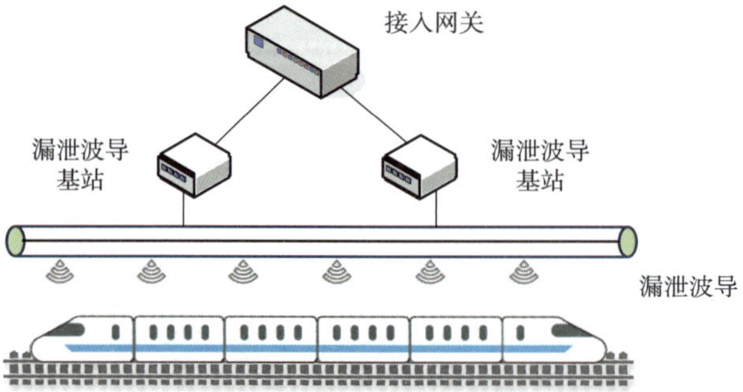

图 2-6　漏泄波导网络覆盖

目前西班牙马德里地铁和日本东京至大阪的列车上均搭建了基于漏泄波导的通信架构，用于无线信号的传输。国内天津地铁 2 号线中 21.6 km 的地下线和 0.3 km 的敞开段，3 号线中 21.7 km 的地下线和 0.5 km 的敞开段均使用漏泄波导进行无线传输，大大降低了工程成本。

因为漏泄波导方案对地形和空间的要求较小，尤其适合于狭窄密闭空间内的无线通信（如隧道），安装要求不高。真空管磁悬浮列车在密闭金属管道中运行，且列车顶端与管道内壁距离较近，与现有地铁或高铁在隧道中运行环境相似，可以考虑通过漏泄波导近场覆盖实现真空管磁悬浮列车车地通信。但它也有一些缺点：一是漏泄波导开槽尺寸特殊，会产生“开阻带”效应导致明显的多普勒效应，造成大量电波损耗；二是金属管道对近场辐射影响较大，电磁波会在金属管壁以全反射形式传递，与传统的隧道环境覆盖特性有很大差别；三是漏泄电缆工作频率是固定的，因此系统的可扩展性相对较差。有文献针对东京到大阪区段新干线高速列车提出一种基于漏泄电缆的通信架构，并进行了相关测试，测试结果显示吞吐量可达 768 bit/s。漏泄电缆方案尤其适合于狭窄密闭空间内的无线通信，因此在城市轨道交通中应用较多。漏泄电缆接入方式在上海轨道交通 1 号线、2 号线和 3 号线二期等 450 MHz 专用调度无线通信系统中得到应用。漏泄电缆接入方式需要在沿线铺设漏泄波导，降低成本是该方案实施的关键。此外，漏泄波导系统工作频率是固定的，因此系统可扩展性相对较差。

（2）WiMAX

WiMAX 是一种提供“最后一公里”宽带接入的无线通信技术。该方案网络架构主要由核心网、路旁网和车内网构成，如图 2-7 所示。

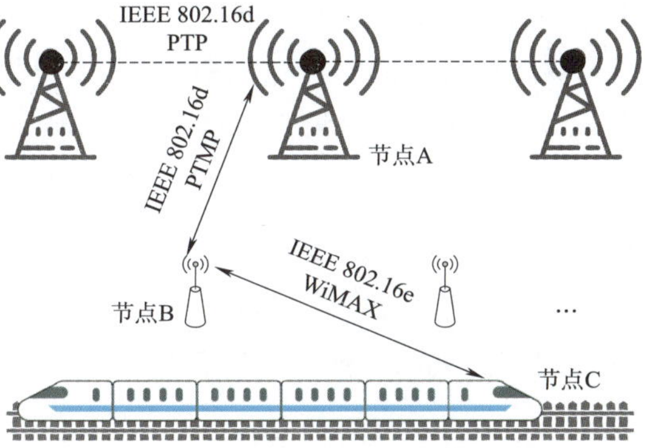

图 2-7　WiMAX 网络架构

①车内网络

车内网络的主要对象是 C 型节点设备，该设备设计为具有至少三个接口：一个 MS WiMAX 接口；一个以太网接口，用于连接到其他的 WAN 网络；一个 IEEE 802.11g 无线接口，可接入无线传感器网络或客户互联网。节点 C 通过来自应答器设备的输入信号在线访问位置信息。

②路旁网络

沿轨道侧等距离设置一组 B 型节点。这种类型的节点有两个 WiMAX 接口。一个是 BS IEEE 802.16e，该接口与每个列车中的 C 型节点进行动态连接；另一个是 WiMAX 接口，其与 A 型节点上的一个 WiMAX 接口进行通信。

③核心网

A 型节点有三个 WiMAX 接口，其中两个负责形成 IEEE 802.16d 基于拓扑的结构骨干网络；另一个接口以 IEEE 802.16d 无线点对多点方式连接到 B 型节点。

WiMAX 编码机制灵活，其关键技术包括 OFDM 技术、OFDMA 技术以及多天线技术，可以根据实际不同的无线环境，选择不同的调制方式。WiMAX 的数据传输覆盖范围广，不仅提高了频率利用率，而且可靠性高，能够实现无缝覆盖。同时，WiMAX 在 MAC 层中定义了 QoS 保障机制和一个加密子层，可根据通信质量和用户需求的不同，在加密的前提下，实现带宽资源的动态分配调整，确保信息的安全传输。但 WiMAX 技术不适用于高速移动场景下信号无线覆盖的情况，会加剧多普勒频移，系统资源管理负荷上升，不能实现用户在移动过程中无缝无损切换，应用于真空管磁悬浮列车时存在严重的越区切换问题。传统 WiMAX 系统中射频小区的覆盖范围与真空管道沿线地形环境，轨旁基站间隔一般设置为 0.5～5 km。由于真空管磁悬浮列车运行速度为 1 000 km/h，因此会导致极其频繁的越区切换，这会对网络性能造成很大影响。WiMAX 不支持速度超过 120 km/h 的移动接入，仅能满足城市轨道交通的需求。目前 WiMAX 技术在铁路通信中应用较少。

(3) Wi-Fi

Wi-Fi 是一种使用 2.4G UHF 或 5G SHF ISM 射频频段作为无线局域网，允许电子设备连接进来的技术。Wi-Fi 作为 WLAN 的重要组成部分，以 2.4 GHz 为工作频段，最大速度能够上升至 54 Mbit/s，能够满足日常网络带宽的要求。Wi-Fi 技术不需要铺设过多的线路，因此极大程度地降低了基础建设的成本，被广泛应用在各种类型的场所。内布拉斯加大学研究了在移动铁路环境中使用 Wi-Fi 网络的可行性，深入运用计算机模型和模拟支持的理论研究，结果显示，Wi-Fi 接入导致切换机制的管理困难，尽管系统的总体吞吐量降低，但如果提供覆盖范围，它仍然可以支持铁路应用。针对这一问题，信令供应商已经建立了几个专有解决方案，使 Wi-Fi 网络可以为列车的乘员、铁路工人提供实时的互联网访问，从而提高了铁路运输的效率和安全性。

基于 Wi-Fi 的车地接入方案广泛应用于城市轨道交通列车自动控制系统和宽带业务。由于良好的性能和对一定移动性的支持，Wi-Fi 技术可以应用于列车与核心网的无线接入。现有高速列车 Wi-Fi 的是利用沿线的 3G、4G 基站信号转换成为 Wi-Fi 信号，但由于真空管磁悬浮列车时速太快，在每个基站范围内停留时间过短，以至于在进行与新基站建立新连接时，列车已经驶出了基站信号有效覆盖范围，倘若为了扩大覆盖范围，必须在铁路沿线多建基站，加强信号。同时由于真空管磁悬浮列车运行间距很远，当列车位于覆盖范围之外的地方，这些设备的频谱资源都在处于闲置待机状态，造成极大的浪费，所以，Wi-Fi 技术对于真空管磁悬浮列车的应用有待提高。

(4) RoF 接入

有文献提出一种基于 RoF 专用于高速列车场景的接入方案。该接入方案由控制中心与若干 RRU。控制中心和等距离设置在轨道旁的 RRU 通过光纤环相连，并根据切换执行时间，于两者之间预留一段合适的无线覆盖重叠区。“经典”蜂窝网络在高速移动情况下会带来频繁切换问题，导致吞吐量显著降低。基于 RoF 的通信系统则有效地解决了这个问题。上海磁悬浮列车在上海机场和城市中心之间运行(长度约 30 km)，速度可达 500 km/h。上海磁悬浮列车采用基于 RoF 的无线接入技术的通信系统，该系统依赖于光纤链路和沿列车轨道部署的无线电基站。在 3.5 GHz 和 5.8 GHz 的全双工模式下吞吐量分别可达 4.16 Mbit/s。

2.2.2　轨道交通行业的无线通信网络制式

除了前文所述的无线接入方式，随着轮轨交通的不断发展，为了确保列车运行安全、改善旅行舒适度以及提供旅行多媒体网络服务，列车需要利用无线通信技术与地面建立宽带通信链路。目前，应用于轨道交通行业的无线通信网络制式主要有：陆地集群无线电(terrestrial trunked radio，TETRA)、铁路移动通信系统(global system for mobile communications-railways，GSM-R)、无线局域网(wireless local area network，WLAN)、长期演进 LTE、38 GHz 无线电系统(应用于上海磁悬浮列车)等，此外一种具有自主知识产权的超高速移动通信系统(enhanced ultra-high throughput，EUHT)也可应用于轨道交通。表 2-3 对各无线通信技术的系统关键参数及可承载业务进行了总结对比。

表 2-3　主要无线通信技术对比

无线通信技术	下行速率；上行速率/(Mbit/s)	工作频段/MHz	承载业务
TETRA	0.028 8；0.028 8	806～866	列车运行语音和数据业务
GSM-R	0.172；0.172	885～934	列车运行语音和数据业务
LTE-R	50；10	450	列车控制、多媒体调度、视频监控、列车远程监测、线路基础设施监测、移动票务、铁路物联网、应急通信
WLAN	12；12	2 400、5 000	满足乘客上网，提供运营信息、紧急信息、应急抢险信息、车载闭路电视、列车状态及故障数据
LTE-M	50；10	1 785～1 805	信号系统、车载视频监控系统图像回传、乘客信息系统节目源下发、列车运行状态监测系统、列车无线调度系统、紧急文本传送等
38 GHz 毫米波	8；4	37 100～38 500	列车控制指令信息、列车定位信息、诊断数据及旅客信息，在途语音服务

1. TETRA 技术

数字集群系统 TETRA 起初主要应用于列车运行语音和列调业务，同时也应用于应急业务，经过发展后可专用于车辆远程控制和维护。在城市轨道交通中，TETRA 主要应用于列车运行语音系统和有轨电车车辆自动定位系统。例如，重庆地区的轨道交通系统应用Dimetra数字集群通信系统，为轻轨提供语音通信业务和数据业务。由于TETRA基于第二代移动通信系统，带宽非常有限，因此无法支持大带宽业务（如高清图像和视频信息）。此外，超高频频谱现在已过载，进一步限制了TETRA发展。

2. GSM-R和LTE-R技术

TETRA系统主要应用于城市轨道交通，GSM-R则是专门为干线铁路运输通信设计。GSM-R和LTE-R是基于GSM和LTE的面向铁路领域的专用无线通信系统，可在车地间传递信号和运行语音信息。GSM-R在铁路通信领域已相当普及，全球已有38个国家将GSM-R应用于铁路运输系统中。但是GSM-R存在以下几点缺陷：一是公共网络对GSM-R产生的干扰日益增强；二是较窄的带宽限制了其系统容量，导致GSM-R无法承载大带宽的数据业务；三是开发周期长，成本高。相比GSM-R，LTE在容量和性能方面更具优势，全球第一个铁路LTE系统在朔黄重载铁路中得到应用。

3. WLAN技术

WLAN作为宽带城域网接入技术之一，通过无线多址信道进行几十米到几百米的短距离信息传输，因其价格低廉、带宽速率高而飞速发展。WLAN可用于速度为250 km/h的高速率与局部覆盖的无线通信网络。

WLAN的组网方式有两种，一种是自组织网络模式，也被称为无组织网络拓扑。在该网络架构中，每个节点均是独立的个体，可以实现节点之间直接通信，是一种单跳的对等网络。组网结构灵活，适合用户少、范围小的临时组网。另一种是基础结构网络，在该网络结构中有一个中心节点AP，多个节点不能直接通信，只能与AP直接通信或者节点之间经AP中继通信，适用于接入网中用于发送和接收真空管磁悬浮列车的代理基站和本列车内的所有基站服务信息。

WLAN网络覆盖方案因其适用范围小，局限性较大，常作为卫星通信方案中覆盖盲区的备选方案。如果单独用WLAN技术作为真空管磁悬浮列车全线覆盖方案，需要安装大量节点提供全线信号覆盖，并且需要对系统进行干扰评估与改造评价。因此，该策略不仅没有在根本上改善无线通信的接入，反而会大大增加工程复杂度与成本。

目前，城市轨道交通车地通信普遍使用WLAN标准制式，例如IEEE 802.11a/b/g/n。但由于WLAN固有的一些特点，使得这种技术应用于城市轨道交通车地通信存在一些局限性。首先，WLAN使用的是免费开放频段，工作频率为2.4 GHz，而很多设备都工作在这一频段，不可避免会对车地通信造成干扰。第二，WLAN不是为高速移动场景设计的，因此WLAN应用于车地无线通信系统中会带来问题，例如切换和服务质量问题。第三，WLAN无法设置优先级，不能确保给优先级较高的业务更大带宽或更低延时，因此WLAN无法满足综合承载多种不同优先级业务的通信需求。

4. 38 GHz 毫米波无线通信技术

上海磁悬浮列车在车地通信中采用了 38 GHz 毫米波无线通信技术，工作频率为 37.1～38.5 GHz。毫米波波长极短，有利于射频设备获得较强的方向性，增强系统抗干扰能力。此外，毫米波固有带宽大，35 GHz 附近可利用带宽可达 16 GHz。该技术为磁浮列车提供了车地双向通信链路，实时传输列车运行控制数据、牵引磁轮角数据、诊断数据及旅客信息数据。磁浮列车车地通信系统的基本性能可以达到在传输带宽 16 MHz 和时延小于 5 ms 时列车运行控制数据传输差错率小于 10^{-5}。

5. EUHT 技术

EUHT 是一种高移动通信系统，可以满足未来移动通信系统高可靠、低时延、高移动性等需求。EUHT 支持 6 GHz 以下频段，并具备拓展到毫米波频段的能力。峰值吞吐率可达 3.48 Gbit/s，支持 500 km/h 的移动速度，空口延迟低于 1 ms，端到端延迟低于 10 ms。在国家科技重大专项支持下，EUHT 技术持续研发超过 10 年，申请获得国内国际核心技术专利超过 200 项，发布国家标准 2 项，行业标准 2 项，完成包括处理器、基带、射频在内的全套 EUHT 系统核心芯片研发和量产，并在高铁、地铁、车联网、工业互联、固定无线宽带等多个领域大规模商业应用。EUHT 技术设计上具有简洁、灵活、高效的特点，技术性能上具有高可靠、低时延、大容量和高速移动适应性等优势，空口时延小于 1 ms，上下行峰值速率为 13 Gbit/s 和 32 Gbit/s，并且能在 500 km/h 的高移动速度下保持高性能。

6. 5G-R

3GPP(the 3rd generation partnership)组织在其已有的 4G 标准的基础上，从应用场景、系统性能、网络架构、网络部署等方面给出了下一代移动通信系统 5G 新空口(new radio，NR)的标准雏形。5G NR 共定义了三大应用场景，包括增强移动宽带(enhanced mobile broadband，eMBB)、大规模物联网(massive machine type of communication，mMTC)及低时延高可靠连接(ultra-reliable low latency communication，URLLC)。其中，eMBB 主要实现 0.1～1 Gbit/s 的用户体验速率以及数十 Gbit 每秒峰值速率，URLLC 业务指标主要涵盖用户面时延与可靠性两部分。5G NR 将高铁场景纳入了主要的部署场景。

现有的 4G、GSM-R 等公共运营或工作的移动通信系统均无法在超高速(>500 km/h)移动条件下工作。

表 2-4 显示了国内外现有的主要高速列车类型及其所采用的车地通信关键无线技术，从表中统计的数据可以看出，现有的国内外高速列车运行平均速度仅为 300 km/h，个别列车最大运行速度可达 500 km/h，对于其车地无线通信制式仅考虑了时速 500 km 以下的车地通信情况，并无法有效支持真空管磁悬浮列车的运行需求。2020 年 8 月，国铁集团发布《新时代交通强国铁路先行规划纲要》，明确提出：“加强 5G 通信网络、大数据、区块链、物联网等新型基础设施的建设和应用，丰富应用场景，延伸产业链条，统筹推进铁路新一代移动

通信专网建设,构建泛在先进、安全高效的现代铁路信息基础设施体系”。根据行业的初步预测,2025 年将实现 5G-R 和 GSM-R 的并行发展,2030 年实现 5G-R 对 GSM-R 的替代。基于 900 MHz 频段的 5G-R 研究也在推进中。

表 2-4　现有高铁无线通信系统

高速列车	国家	(平均/最大)时速/km	关键无线技术
TGV-POS(SNCF)	法国	320/574.8	ETCS-2/Satellite
CRH380A&AL (China Railway Corporation)	中国	300/487.3	GSM-R
AVE Class 103 (RENFE)	西班牙	310/403.7	GSM-R(ETCS-2)
ICE 3 class 403, 406 (Deutsche Bahn, Nederlandse Spoorwegen)	德国	330/368	GSM-(LCX),R Radiating Wi-Fi cable
ETR 500 (Trenitalia)	意大利	300/362	Radiating GSM cables,GSM-R Wi-Fi
KTX-I	韩国	300	ATC,Wi-Fi
Eurostar(GNER,SNCF)	法国 西班牙 英国	300/334.7	Wi-Fi,WiMAX, ETCS-2
N700 Shinkansen (JR West, JR Central, JR Kyushu)	日本	275/332	LCX
Acela(Amtrak)	美国	240/265	Wi-Fi,GSM-R
Pendolino	芬兰	250	Flash-OFDM,WiMAX

2.2.3　无线通信对真空管磁悬浮列车移动性的支持

在移动性方面,有文献明确了 5G 支持的最高移动速度为 500 km/h。在时延方面,5G NR 采用了全新的空口技术,相比 LTE 有以下优点:一是有更短的子帧结构和更短的传输时间间隔,可快速收发数据;二是调度单位更短,最小为 0.125 ms,而 LTE 时域最小调度单位为一个子帧,固定为 1 ms;三是调度更灵活;四是网络协作普遍。因此,在高速列车运行场景下,5G NR 的控制面时延目标为 10 ms,用户面为 1 ms,并且支持高速移动情况下的高可靠性连接。此外,5G 高铁通信系统可实现控制面/用户面分离,即在进行不同频段融合时保留高可靠、具有更优传输特性的低频频段来保证网络的移动性能,同时向高频频段延展带宽来承载巨大的数据业务,保证用户信息的传输带宽。

在超高速运动环境下的无线通信将经历快衰落信道,接收信号存在严重的多普勒效应,必须采用有效的技术克服多普勒效应,以保证可靠传输。此外,快速时变信道下的多普勒频移估计、频率同步与协作编码与传输、越区切换控制、移动中继、资源管理等技术都将影响高速移动环境下的宽带无线通信系统的性能。

学术界对于高速移动场景(速度 500 km/h 以下)下无线通信关键技术开展了大量的研

究并取得了一系列成果，而针对超高速（速度超过 1 000 km/h）环境下的车地无线通信接入，现有的研究成果存在几个方面不足：(1)已有研究成果鲜有支持移动速度达到并超过 1 000 km/h，并且，缺乏通过优化现有通信制式结构来支持超高移动性的方案；(2)传统移动通信技术对于无线通信系统移动性的支持，大多从发端物理层帧结构优化设计和接收端信号处理方法两个方面进行改进，但这类方法往往以牺牲系统传输容量为代价。对于频繁越区切换问题，通常采用简化切换流程、优化测量参数、拉长小区等方法来减少切换次数。真空管磁悬浮列车是一种全新场景下的超高速交通运输方式，这些传统改进方法和技术思路已无法满足超高速运行的列车车地无线接入需求。

LTE 和 5G 技术是当前以及未来 10 年蜂窝无线通信的主流技术，由于 WLAN 主要是面向室内热点无线接入所设计的，仅支持低速移动，这里不做考虑。

LTE 系统下行和上行解调依靠小区参考信号（CRS）和用户终端（UE）特定数据解调参考信号（DMRS），如图 2-8 所示，在 LTE 上行帧结构中每时隙（0.5 ms）配置一个解调参考信号，因此协议规定 LTE 系统支持终端最高移动速度为 350 km/h。对于 5G 系统，3GPP TR38.913 中明确了 5G NR 在高速移动场景下支持最高 500 km/h 的移动速度的需求指标，并在 TSGRAN 第 81 会议中讨论了不同 DMRS 配置对应的吞吐量，其中 5 kHz 的子载波间隔用于高速（低于 500 km/h）运动环境。

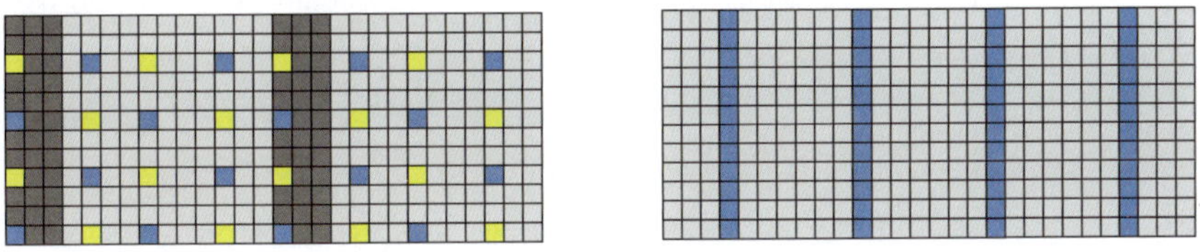

(a) LTE下行导频图案　　(b) LTE上行导频图案

图 2-8　LTE 系统导频图案

EUHT 是一种具有高可靠性、低时延、支持高移动性等需求的未来超高速无线通信系统，图 2-9 是其帧格式。根据公布的资料，通过恰当的配比帧格式，EUHT 支持的最大移动速度是 500 km/h。

从现有的无线通信系统对于移动性的支持来看，LTE、5G 和 EUHT 由于物理层导频、训练符号图案和帧结构的设计限制，对于终端最大移动速度的支持不超过 500 km/h，因此，这类通信技术将不能直接用于真空管磁悬浮列车车地通信。

无线移动通信从 20 世纪 90 年代开始全面发展以来，在技术和产业上已经有着丰富的理论与实践积累。对于真空管磁悬浮列车运行的超高速移动场景，不必重新设计一个全新的无线通信系统，而是直接利用已有的无线通信技术，可以通过特殊的通信耦合结构以及系统设计，来遏制超高速移动带来的严重多普勒效应和解决极其频繁的越区切换问题，实现真空管磁悬浮列车车地超高速移动接入。

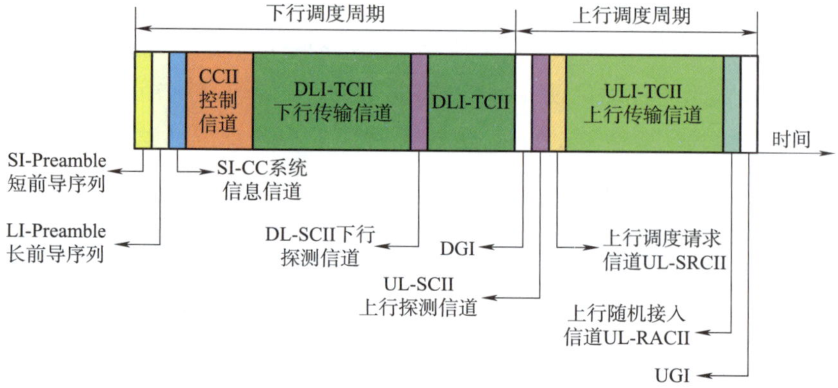

图 2-9　EUHT 空口帧结构

真空管磁悬浮列车从管道线路、牵引、制动方式、运行时速、运行控制、运行环境等方面，和已有的轨道交通技术存在较大差异。更重要的是，无论是面向列车运行数据，还是乘客的通信数据，超高速度对车地无线通信业务在实时性、传输带宽等方面提出了更为苛刻的要求，针对超高速场景基于新的条件从新的角度和新的方法来研究真空管磁悬浮列车车地通信问题，对于真空管交通的加速发展具有深刻的意义和价值。

第 3 章 真空管磁悬浮列车无线信道传播特性研究

真空管磁悬浮列车封闭金属管和超高终端速度的独特场景给真空管磁悬浮列车的车地无线通信系统的建模、设计、分析和评估带来了许多挑战。与传统隧道场景不同，真空管磁悬浮列车通常需要运行在金属材质管道密闭狭长通道，从而为无线信号创造了独特的传播环境。本章基于真空管磁悬浮列车的特殊运行环境，对真空管的信道进行分析，为真空管磁悬浮列车的车地通信提供一些理论支持。

3.1 真空管磁悬浮列车信道环境特点

真空管磁悬浮列车的信道环境有如下特点：第一，真空管的信道环境可近似为一个波导，所以从波导传播的角度来看，“模态传播”的概念可以用来分析无线电波在管中的传播特性。第二，由于列车在管道中运行时，狭长的管道大部分切面空间都被车体填满，无线信号在隧道内传播的质量受到严重影响。第三，由于轨道、墙壁等物体的反射导致管内存在多径，这种不同时间到达的多径将产生时变的多普勒扩展和非平稳衰落，进而产生子载波的重叠，因此会引入载波间干扰严重降低同步器性能，并增加系统误码率。第四，超高移动性将产生极大的多普勒效应，信道将急剧变化。

根据波导传播理论，高阶模随着收发距离的增加逐渐衰减消失，只剩下低阶模。因此，我们有两个传播区域和一个断点，可以通过计算来区分这两个区域。在较低频率下，多模传播占主导地位的天线附近区域的衰减较高。当我们通过断点时，损耗变小，并且只有主模的传播。

不同模态的衰减损耗 α_{mn} 可通过以下模态分析公式计算：

$$\alpha_{mn}=\frac{2}{a}\cdot\left(\frac{mc}{2af}\right)^2\cdot \mathrm{Re}\left[\frac{1}{\sqrt{\varepsilon-1}}\right]+\frac{2}{b}\cdot\left(\frac{nc}{2bf}\right)^2\cdot \mathrm{Re}\left[\frac{\varepsilon}{\sqrt{\varepsilon-1}}\right] \tag{3-1}$$

式中 f——频率，Hz；

a,b——管内自由区域的尺寸，m；

m,n——模式的指数；

ε——管壁的复介电常数，定义为

$$\varepsilon=\varepsilon_r-\mathrm{i}\sigma\lambda\frac{\mu_0 c}{2\pi}$$

其中 ε_r——相对介电常数,F/m,

λ——波长,m,

σ——墙壁的导电常数,S/m,

c——真空中的光速,m/s。

在墙壁上使用具有高导电性的钢(表 3-1),可以将传播损失计算为

$$L_{nm}=8.68\times\alpha_{mn} \tag{3-2}$$

表 3-1 真空管道和列车材料特性

对象	材料	相对磁导率	导电性/(S/m)	长度/m	直径/m
管道	钢	1～100	0.2×10^7	1 000	4
管道列车	碳纤维	1	10^6	33	3

因此,对于高频率和大的管道直径,有数百个模式(m,n)在靠近天线的区域以高损耗传播。当衰减随着模型阶数($m+n$)的增加而增加时,远离天线,只有低阶模式(1,1)传播,损耗很低。这两个区域可以区分为定义一个“断点”。可以根据以下公式计算断点:

$$\mathrm{BP}=\frac{D^2}{\lambda} \tag{3-3}$$

图 3-1 所示为地铁隧道下的路径损耗测量,在图 3-1 中可以看到在直径为 4 m 的地铁圆形隧道内,在 2.5 GHz、5.7 GHz 和 24 GHz 不同频率下的测量示例。不同频率下的 BP 和路径损耗见表 3-2。隧道壁由介电常数 $\varepsilon_r=5$ F/m 和低电导率($\sigma=10^{-3}$ S/m)的混凝土制成。从表 3-2 中可以看出,断点位置和传播距离随着频率的增加而增大,路径损耗随着频率的增加而减小。因此,在隧道等受限环境中使用高频传播效果更好。

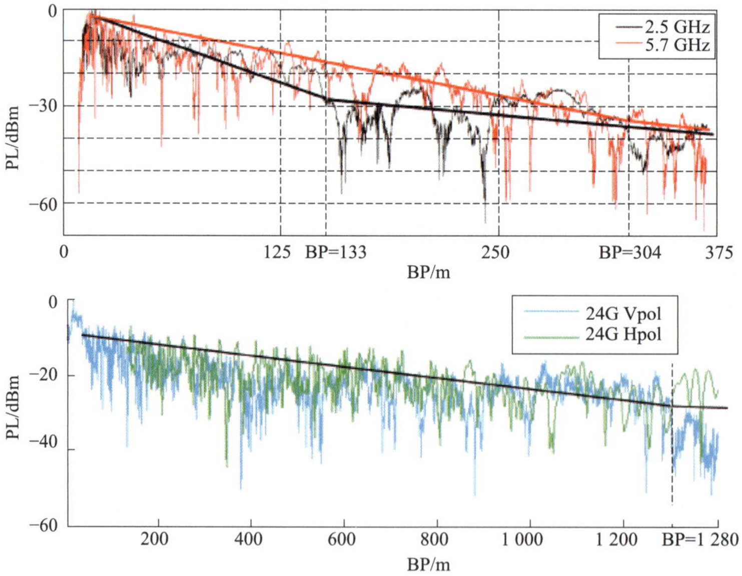

图 3-1 地铁隧道下的路径损耗测量

表 3-2　混凝土隧道中不同频率下的断点和路径损耗

频率/GHz	BP/m	断点前每 100 m 的路径损耗/dB	断点后每 100 m 的路径损耗/dB
2.5	133	21.0	5.2
5.7	304	10.5	4.1
24	1 280	6.3	3.9

在金属真空管中，由于管壁的介电常数和导电性，损耗有望更低。图 3-2 呈现了使用传播仿真平台对管道直径 4 m。直线长度 1 000 m 和弯道长度 3 000 m 的两次仿真结果。基站天线的频率为 2.5 GHz，发射功率为 0 dBm。

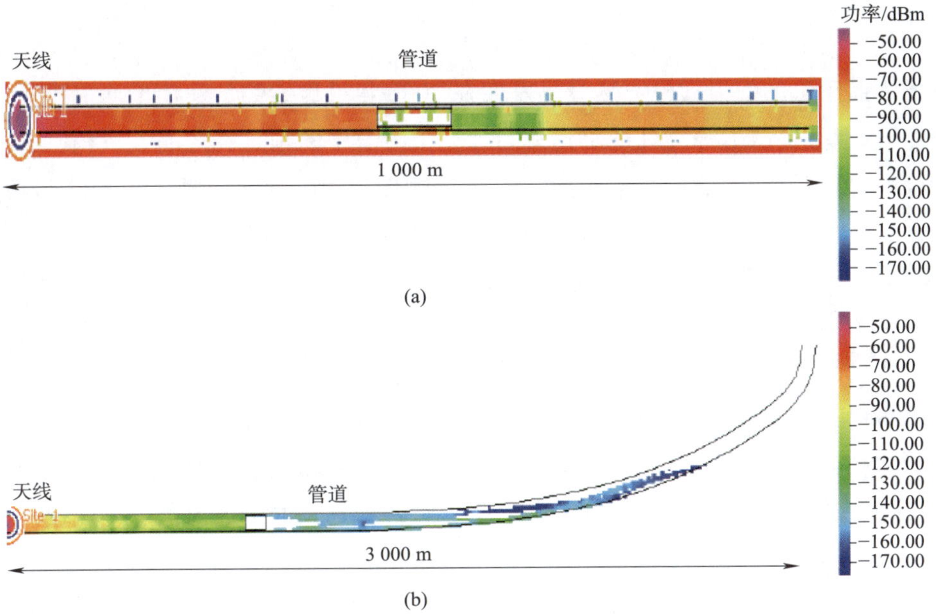

图 3-2　24 GHz 下管道内损耗仿真结果

在直线隧道中可以看到从断点（133 m）到列车（500 m）的接收功率－60 dBm 变为－75 dBm，因此损耗为 4 dB/100 m，与在地铁隧道里相似。在弯曲隧道中可以看到由于列车的遮挡效应，信号具有很高的衰减（50 dB）。

超高移动性产生高多普勒频移，将出现发射机和接收机之间的载波频率偏移。因此，在诸如 OFDM 的多载波系统中，大的多普勒频移会破坏子载波之间的正交性，并引入载波间干扰，严重降低同步器的性能并增加系统误码率。

对传播信道特性的准确表征和建模有助于对先进的传输技术进行有效评估，是真空管磁悬浮列车无线通信系统设计和性能分析的先决条件。尽管真空管道的形状类似于隧道，且目前已有大量针对隧道场景的性能分析研究，但列车的超高速移动使得现有针对隧道的研究结果很难应用于真空管道情况。

目前，在信道建模方面已经提出了多种方法，例如经典的统计模型。该方法基于来自实际传播场景的测量数据，并通过统计方法从数据提取关键信道参数。这种方法需要大量的实测数据，因此测量活动的实施是面临的主要挑战。对于非测量的建模方法，分为确定性方法和随机性方法。确定性建模方法主要由射线跟踪和传播图理论组成，而随机性建模可以进一步分为基于几何的随机模型(geometry-based stochastic model，GBSM)和非几何随机模型(non-geometrical stochastic model，NGBSM)。

3.2 基于传播图理论的真空管磁悬浮列车信道分析

基于传播图论的信道建模方法最早发表在2006年维也纳数学建模论坛上，它将无线电波传播经历的反射、散射等物理现象建模为计算机科学中的顶点和边的关系，利用频域传递函数的级联，得到最终的信道传递函数。通过将朗伯(Lambertian)漫散射模式与传播图信道建模方法结合起来，计算每条传播路径的增益，可以提高模型的精度。目前，适用于真空管道的通信系统开发仍处于初步阶段，无线信道建模对于通信系统设计和优化具有重要意义。

确定性信道模型需要基于特定传播环境和天线配置的详细信息，每个可能的传播路径的信道增益、相位和时延可以通过仿真获得。确定性仿真包含了诸如建筑物、地面、树木等传播环境的细节，因此确定性模型具备对物理意义刻画的准确性。作为两种典型的确定性模型，射线跟踪模型和基于图的模型被广泛用于对各种场景的传播信道进行建模。例如，有文献提出了一种基于几何的确定性模型，用于对太赫兹波段的传播信道进行建模。与射线跟踪方法类似，传播图信道模型通过彻底搜索连接发射机和接收机的传播路径来生成信道冲激响应。这种建模方法可以通过模拟环境的几何形状来执行，例如，散射的分布、移动性和可见性。传播图模型可以使用封闭形式的表达式以低计算成本实现高建模精度。

在传统的传播图信道建模理论中，当电磁波入射到散射表面上时，反射波的振幅被认为在所有方向上都是各向同性的。但该反射模式与实际测量的散射和反射原理不一致，会影响该模型的准确性。为此，Degli-Esposti通过分析测量活动的结果，提出了典型建筑的远场漫反射模式。在此基础上，Vitucci提出了一种将信道建模方法与朗伯散射模式相结合的半确定信道建模方法。相应的仿真结果表明，与传统方法相比，这种半确定信道建模方法可以得到更准确的结果。因此，本节采用这种半确定信道建模方法来研究真空管道场景下的无线信道特性。

3.2.1 传播图理论和朗伯散射模型

一般来说，发射天线(Tx)端发射的电磁波在环境中传播时，不可避免地会经历反射、散射、折射和衍射。此时传播环境可以被抽象为传播图，作为有向图的特殊情况，其中顶点表示发射机、接收机和散射，而边表示顶点之间的传输函数。

图 3-3 展示了包含四个发射机、三个接收机和四个散射体的传播图示例。

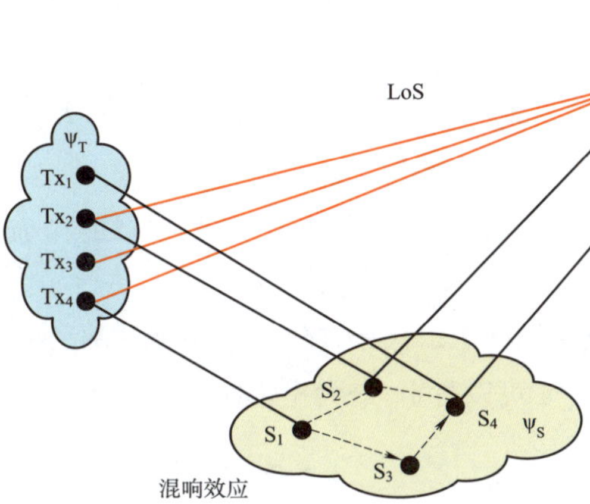

图 3-3　四个发射机、三个接收机和四个散射体的传播图示例

该实例中 $\Im=(V,E)$，其中 V 和 E 分别表示顶点集和边集。顶点集 V 还可以划分为发射天线(Tx)集 $V_T=\{Tx_1,\cdots,Tx_4\}$，接收天线(Rx)集 $V_R=\{Rx_1,Rx_2,Rx_3\}$ 和散射体集 $V_S=\{S_1,\cdots,S_4\}$。根据不同的传播场景边集可以分为四类，即，Tx 至 Rx 边 $E_D=\{e_{ij}|e_{ij}\in V_T\times V_R\}$，Tx 至散射体边 $E_T=\{e_{ij}|e_{ij}\in V_T\times V_S\}$，散射体至 Rx 边 $E_R=\{e_{ij}|e_{ij}\in V_S\times V_R\}$，散射体至散射体边 $E_S=\{e_{ij}|e_{ij}\in V_S\times V_S\}$。这四种边集包含视距和非视距两种典型传播场景。Tx 至 Rx 边 E_D 为 LoS 情况，而其余的边集(E_T、E_R 和 E_S)构成 NLoS 情况。传播路径的传输函数 $A_e(f)$ 可按下式计算：

$$A_e(f)=g_e(f)\mathrm{e}^{-\mathrm{j}2\pi\tau_e f+\mathrm{j}\phi} \tag{3-4}$$

式中　g_e——路径增益；

τ_e——传播时延，s；

ϕ——$[0,2\pi)$的均匀分布表示随机相位。

基于上述表达式，电磁波路径的传输函数可以通过多个传递函数在频域中的相乘来表示。具体而言，在基于图论的建模方法中具有 LoS 和多个反射分量(即混响效应)的信道传输函数在时间 t 处可以表示为

$$\boldsymbol{H}_{N_T\times N_R}(t,f)=\boldsymbol{D}_{N_T\times N_R}(t,f)+\boldsymbol{T}_{N_T\times N_R}(t,f)[\boldsymbol{I}_{N_S\times N_S}+\boldsymbol{B}_{N_S\times N_S}(t,f)+\cdots+\boldsymbol{B}_{N_S\times N_S}^{k-1}(t,f)]\boldsymbol{R}_{N_S\times N_R}(t,f) \tag{3-5}$$

式中　N_T——Tx 的数量；

N_R——Rx 的数量；

N_S——散射体的数量。

式(3-5)中方括号内部分表示散射体之间的混响效果。$\boldsymbol{D}_{N_T \times N_R}(t,f)$表示 LoS 成分的传输函数矩阵;$\boldsymbol{T}_{N_T \times N_R}(t,f)$、$\boldsymbol{B}_{N_S \times N_S}(t,f)$和 $\boldsymbol{R}_{N_S \times N_R}(t,f)$分别表示 Tx 至散射体边、散射体至散射体边和散射体至 Rx 边的传输函数。传输矩阵的每个元素指的是在两个顶点之间不同时间 t 时的频域传输函数。利用这种闭合表达式,可以较低地计算复杂度仿真多次反射传播,且便于信道建模。

朗伯散射可以提高信道建模精度,散射波E_S 的振幅可以计算为

$$E_S = E_{S0}\sqrt{\cos\theta_S} \tag{3-6}$$

其中,E_{S0} 表示散射波沿表面法线方向的最大振幅;θ_S 表示散射波与表面法线方向之间的角度。

图 3-4 描述了朗伯模型,其中图 3-4(a)表示三维示意图,图 3-4(b)表示该模式在极坐标下的归一化振幅分布图。从图 3-4 可以看出,最大振幅在表面法线方向,而最小振幅在表面水平方向。

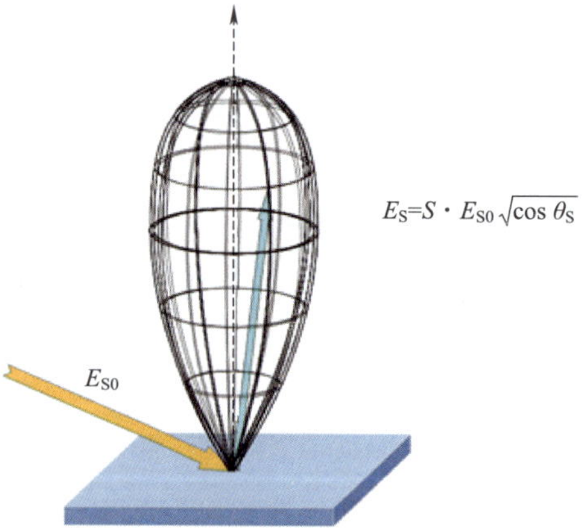

(a) 散射的三维图

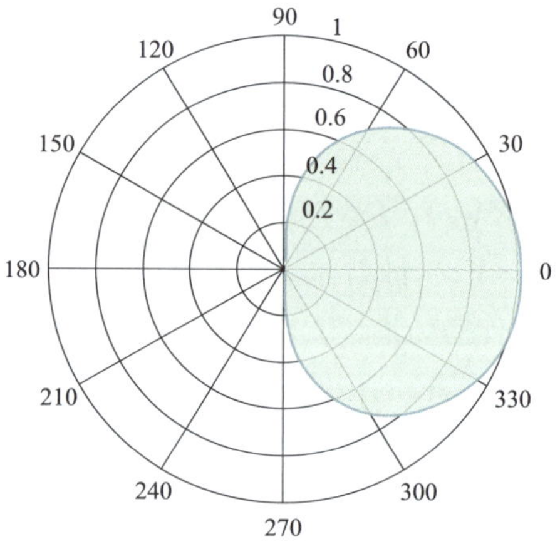

(b) 归一化振幅分布图

图 3-4　朗伯散射

3.2.2　基于传播图的真空管磁悬浮列车信道仿真

为了研究真空管磁悬浮列车车地无线通信的信道传播特性,本节基于传播图和朗伯散射模型理论,对 5G 频段 4.85 GHz 下的真空管无线信道进行仿真。基于朗伯散射模型,传播边集 E 的传播系数可以通过功率传输函数的因子分解获得。图 3-5 展示了基于朗伯散射的二次反射传播机制。

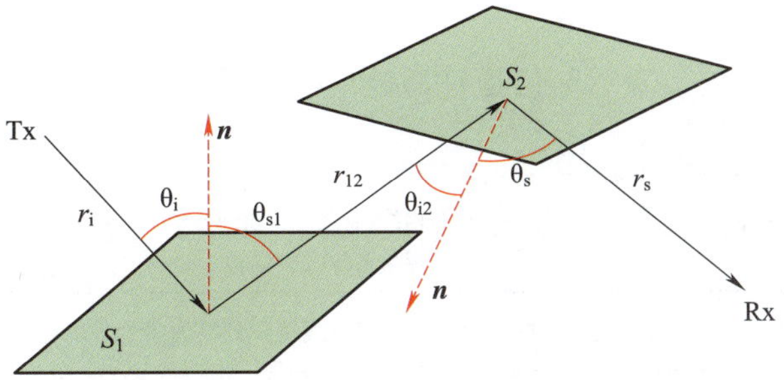

图 3-5 双跳反射传播机制

每条边的路径增益 g_e 可以表示为

$$g_e^2=\begin{cases}\dfrac{\lambda^2}{(4\pi r_d)^2}, & e\in E_D\\ \dfrac{\Delta S\cdot\cos\theta_i}{4\pi r_i^2}, & e\in E_T\\ \dfrac{S^2\cdot\cos\theta_s}{\pi r_s^2}\cdot\dfrac{\lambda^2}{4\pi}, & e\in E_R\\ \dfrac{S^2\Delta S\cdot\cos\theta_{i2}\cos\theta_{s1}}{\pi r_{12}^2}, & e\in E_s\end{cases} \tag{3-7}$$

式中 r_d——Tx 到 Rx 的距离；

r_i——Tx 到散射体的距离；

r_s——散射体到 Rx 的距离；

S——散射损耗的常数；

ΔS——单个散射点在表面上的散射面积；

θ_i——Tx 到散射体边入射波和散射表面法线方向之间的角度；

θ_s——管道内散射区域的单位法向量与散射体—Rx 边；

θ_{i2}——散射体到散射体边的入射波和散射表面法线方向之间的角度；

θ_{s1}——管道内散射区域的单位法向量与散射体—散射体边之间的角度；

r_{12}——散射体与散射体之间的距离。

在实际的信道测量中，信道冲激响应可以通过本地序列与接收信号进行滑动相关来获得。对于传播图建模理论，设 $\boldsymbol{H}(p,q,t,f)$ 表示矩阵 $\boldsymbol{H}(t,f)$ 中顶点 p 到 q 在不同时刻 t 的传输函数。通过对 $\boldsymbol{H}(p,q,t,f)$ 开展傅里叶反变换可以得到 t 时刻的信道冲激响应。时间 t 处的离散信道冲激响应 $h(p,q,t,m\Delta t)$ 可以表示为

$$h(p,q,t,m\Delta t)=F^{-1}(\boldsymbol{H}(p,q,t,n\Delta f)w(N_{CIR})),0\leqslant m,n<N_{CIR} \tag{3-8}$$

式中 Δt——时延间隔，s；

Δf——频率间隔，Hz。

F^{-1}表示傅里叶反变换，且 $f=n\Delta f$ 在一个范围内变化，可以表示为 $f\in\left[f_0-\frac{B}{2},f_0+\frac{B}{2}\right]$。$w(N_{\mathrm{CIR}})$表示与信道冲激响应序列具有相同长度 N_{CIR}的窗口，用于减小频率泄漏。

图 3-6 所示为基于传播图的宽带无线信道建模主要步骤，包括：

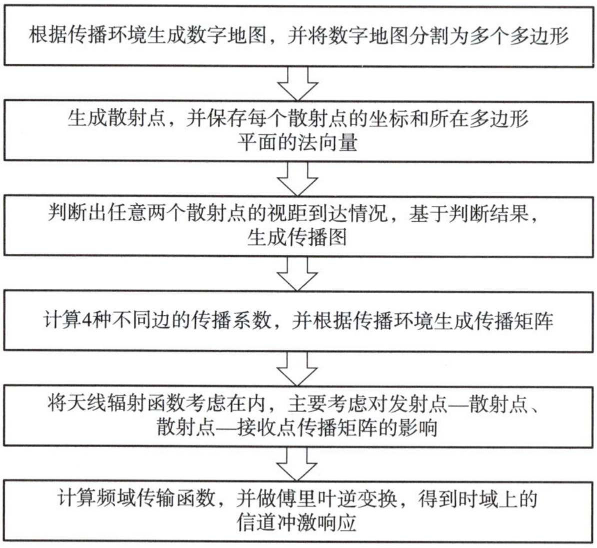

图 3-6　传播图信道建模主要步骤

(1)根据传播环境生成数字地图，将数字地图切割为若干个多边形，采用多边形代表该区域内的散射物表面，并确定出收发端天线的数目和位置；

(2)将多边形视为小贴片，取小贴片的中心位置作为散射点，并用该散射点来代表该贴片，记录下生成散射体的位置以及所在贴片的法线方向；

(3)根据两个抽象点(即天线—天线，天线—散射点，散射点—散射点)的坐标位置以及障碍物的位置和尺寸，判断出任意两个抽象点的视距可达情况，基于此，生成传播图；

(4)基于(3)中的结果，对所有的视距可达传播边，计算 4 种不同传播边的传播系数，进而得到发射点—接收点、发射点—散射点、散射点—接收点、散射点—散射点间的传播矩阵；

(5)将天线的辐射方向函数考虑在内，其主要影响到了发射点—散射点、散射点—接收点的传播矩阵；

(6)根据公式(3-5)计算出整个系统的频域传递函数，做傅里叶逆变换，得到时域上的信道冲激响应。

3.2.3　系统模型 CIR 生成

仿真场景是一个狭长的金属管，即长度为 40 m、半径为 1.65 m 的空心圆柱体。Tx 安装在管道内侧顶部，高度为 3.2 m；Rx 安装在列车顶部，高度为 2.7 m；Tx 和 Rx 天线阵列均垂直于移动方向。假设真空管磁悬浮列车以 1 000 km/h 的速度在管道内行驶，散射损耗因子设置为 0.6。表 3-3 列出了更多关于仿真参数的详细信息。本节重点关注列车运行过程中的信道变化。

表 3-3 仿真参数设置

仿真参数	参数值	仿真参数	参数值
载波频率/GHz	4.85	MIMO 尺寸	4×4
带宽/MHz	100	真空管半径/m	1.65
Tx 天线高度/m	3.2	信道冲激响应点数	127
Rx 天线高度/m	2.7	散射体衰减因子	0.6
天线阵型	直线阵列	最大反射次数	2
天线单元间隔	半波长	移动速度/(km/h)	1 000

首先，需要构建一个几何模型来描述传播环境，如图 3-7 所示。笛卡尔坐标系的原点位于管道底部中央。x 轴平行于管道中心线的方向，y 轴垂直于该方向。列车以 1 000 km/h 的超高速沿 y 轴正方向运动，随着列车的前进，Rx 先移向 Tx，然后逐渐远离。可以推断，最短的收发端距离出现在 Rx 移动到坐标(20，0，2.7)时。基于该几何模型，应用传播图信道建模可以生成该真空管场景的仿真信道冲激响应，这是进一步信道分析的基础。

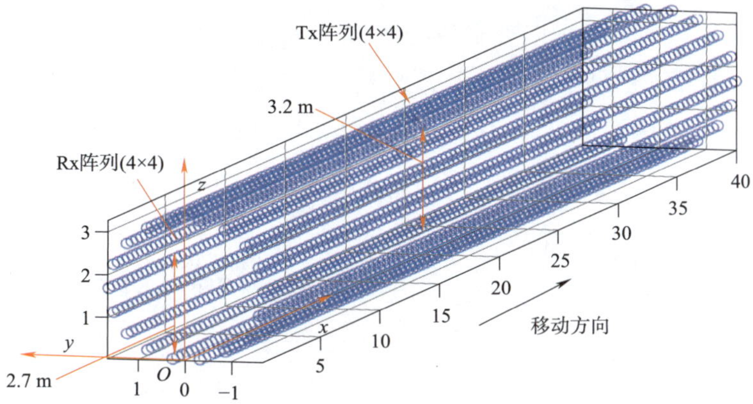

图 3-7 真空管道几何模型

整个过程中，不同位置得到的归一化 CIR 如图 3-8 所示。

在 20 m 处，CIR 出现了最大幅度，同时其时延也最小，表示 Tx-Rx 距离最短。此外还可观察到，接收功率在 20 m 后先增大后减小，根据几何关系推导出 LoS 径时延 $\tau(t)$ 与时间 t 的关系如下：

$$\tau(t)=\begin{cases}\sqrt{(D_s/2-vt)^2+D_{\min}^2}/c, & 0\leqslant t\leqslant D_s/2v\\ \sqrt{(vt-D_s/2)^2+D_{\min}^2}/c, & D_s/2v\leqslant t\leqslant D_s/v\end{cases}$$

其中，D_{min}表示 Tx 和 Rx 之间的最短距离，即 0.5 m；D_s 是该仿真场景的管道长度；v 是以 m/s 为单位的列车速度，c 是光速。基于几何计算，LoS 抽头的几何轨迹在图 3-8 中用黑色虚线表示。显然，几何轨迹与仿真信道冲激响应 LoS 抽头的变化趋势完全吻合，证明了传播图建模理论的有效性。

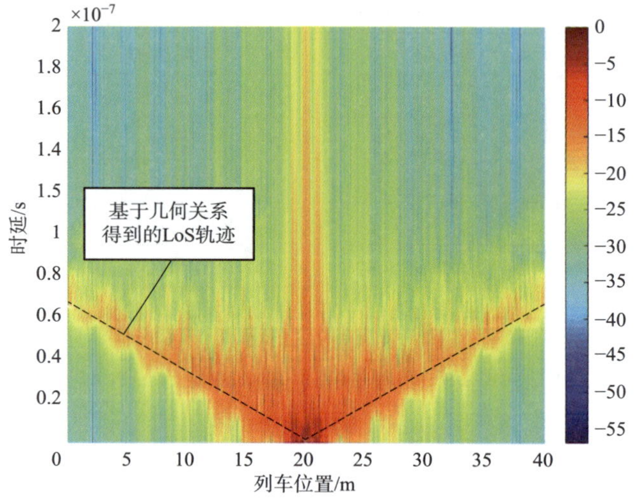

图 3-8　列车在不同位置时归一化的信道冲激响应

在获得信道冲激响应后，采用窗口来减少泄漏效应。此处汉宁窗用于坐标(10,0,0)处的信道快照，如图 3-9 所示。可以观察到，有效的信号抽头几乎保持不变，而无用的抽头减少了几十分贝。随后进行小尺度信道衰落分析。本节使用的去噪方法侧重于动态估计阈值，以区分信号抽头和噪声抽头。当信道冲激响应抽头的功率低于阈值时则被视为噪声抽头，并被设置为 0。该方法对仿真过程中的每个快照进行去噪，并统计不同位置的多径数。

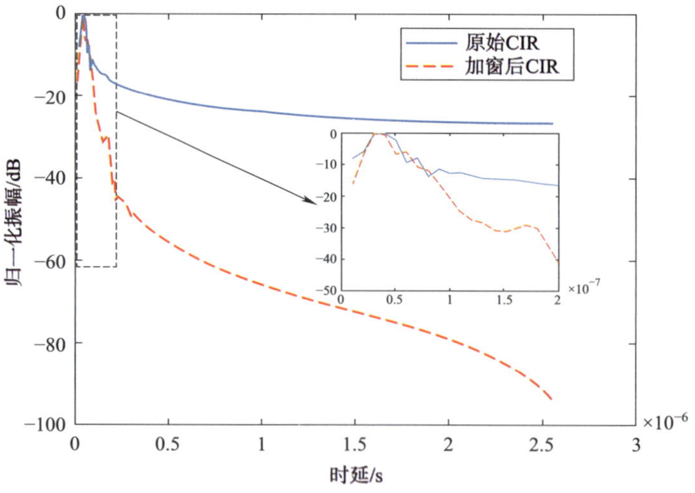

图 3-9　坐标(10,0,0)处加窗前后的信道冲激响应

图 3-10 呈现了去噪之后不同位置处的有效抽头(径)数量随时间的变化趋势。根据收发机间距离的不同,整个过程可分为两个部分(三个子区域),即接近区域和到达区域。接近区域可以看作远距离的区域,而到达区域则是近距离的区域。如图 3-10 所示,到达区域中的多径数量比接近区域中少。可以解释为,到达区域中那些散射体反射信号的传播距离几乎与 LoS 分量的传播距离相同。因此,Rx 不能区分 LoS 分量和反射信号,这导致了到达区域中的有效抽头(径)数量较少。此外,接近区域覆盖约[0 m,18.7 m]∩[21.3 m,40 m]的区域,而到达区域分布于(18.7 m,21.3 m)。与现有文献中的多径分布特征结果相比,可以发现到达区域中的多径数量更少。由于狭窄的管道引起反射径的传播距离几乎等于 LoS 分量,因此,真空管道中的最大多径数远低于常规高速铁路方案中的多径数。

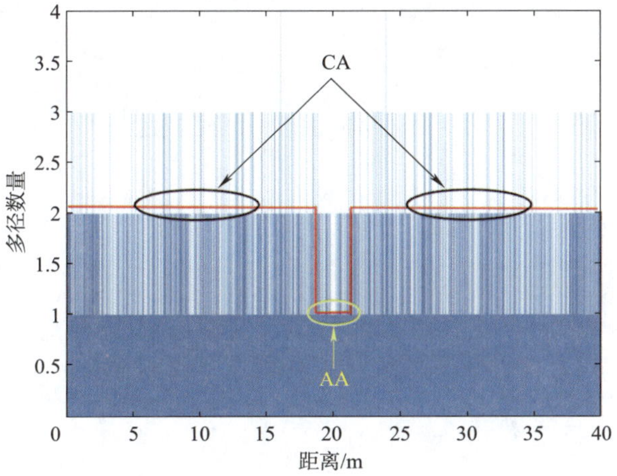

图 3-10　不同位置处的多径数

3.2.4　基于传播图的真空管磁悬浮列车信道传播特性

无线信道小尺度衰落特性衡量了信号功率在波长量级的变化规律,了解小尺度衰落特性有利于移动通信中传输技术的实现以及数字接收机的优化。一般而言,小尺度衰落是由于无线信号经过多条路径到达接收机造成信号互相叠加引发的。

3.2.4.1　时延扩展

由于多径效应,来自不同传播路径的信号将产生时延扩展,使用均方根时延扩展 δ_τ 来表示

$$\delta_\tau = \sqrt{E(\tau^2) - E^2(\tau^2)} \tag{3-9}$$

$$E(\tau^2) = \frac{\sum_k P(\tau_k)\tau_k^2}{\sum_k P(\tau_k)} \tag{3-10}$$

$$E(\tau)=\frac{\sum_{k}P(\tau_k)\tau_k}{\sum_{k}P(\tau_k)} \tag{3-11}$$

式中 E——统计期望算子；

$P(\tau_k)$——时延为 τ_k 时的抽头功率。

因此，可以根据式(3-9)～式(3-11)计算不同位置的均方根时延扩展。此外，将调查不同地区的均方根差。图 3-11 分别给出了接近区域和到达区域的均方根时延扩展的累积分布函数。显然，到达区域的均方根时延扩展小于接近区域。从图 3-10 中可以看出，到达区域主要由 LoS 分量组成，而接近区域由其他多径分量组成，这种环境差异导致接近区域具有更大的均方根时延扩展。

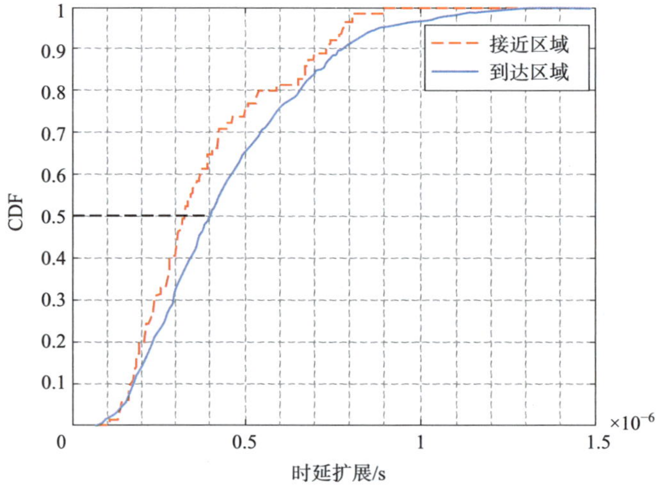

图 3-11 均方根时延扩展的 CDF

3.2.4.2 *K* 因子

本小节关注另一个关键的信道参数——K 因子，它可以用来表征 LoS 分量和反射分量的功率比，以 dB 为单位的 K 因子的精确表达式如下

$$K_{\mathrm{dB}}=10\lg\left(\frac{P_{\mathrm{LoS}}}{\sum P_{\mathrm{NLoS}}}\right) \tag{3-12}$$

式中，P_{LoS}表示 LoS 成分的功率；P_{NLoS}表示其他多径的功率。基于此可以得到不同位置的 K 因子，如图 3-12 所示。可以观察到，由于仿真过程时钟存在 LoS 传播，K 因子始终保持在一个相对较高的值，大约为 11～25 dB。此外，K 因子曲线在 0～15 m 呈下降趋势，在图 3-12 中标记为 K_1。然后从 15 m 开始出现上升趋势，并在 20 m 处达到最大值，标记为 K_2。当列车驶过 20 m 时，K 因子的变化趋势与前半程呈镜像对称。

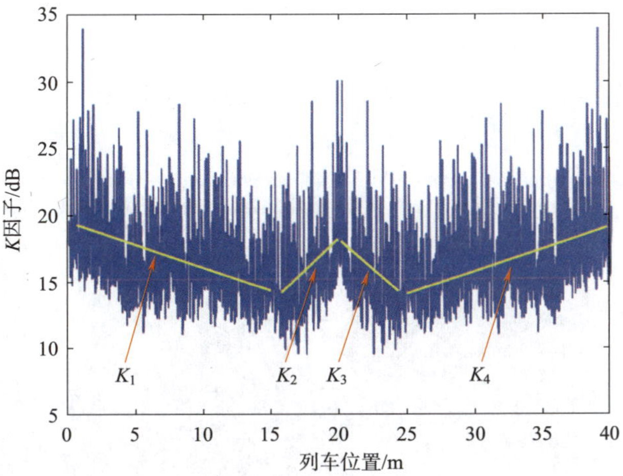

图 3-12　不同列车位置时的 K 因子

3.2.4.3　多普勒特性

多普勒效应描述了由 Tx、Rx 和周围环境中散射体之间相对运动导致的频率变化。在本节的仿真场景中，LoS 成分多普勒频移 $f_d(t)$的理论值可以基于物体的相对位置来计算，表示为

$$f_d(t)=\frac{v}{\lambda}\cos\theta(t) \tag{3-13}$$

式中　λ——波长；

$\theta(t)$——入射波方向和运动方向之间的角度。

$\theta(t)$可以通过几何关系获得，表示为

$$\cos\theta(t)=\begin{cases}\dfrac{D_s/2-vt}{\sqrt{D_{\min}^2+(D_s/2-vt)^2}}, & 0\leqslant t\leqslant D_s/2v\\ \dfrac{vt-D_s/2}{\sqrt{D_{\min}^2+(vt-D_s/2)^2}}, & D_s/2v\leqslant t\leqslant D_s/v\end{cases} \tag{3-14}$$

根据式(3-14)，当列车经过 Rx 时，多普勒频移从正值变为负值。在该仿真中，通过将瞬时连续信道冲激响应快照的时间相关函数直接变换到多普勒频域来验证这一现象。多普勒谱可由定义导出并表示为

$$F(t,f)=\Phi\{\boldsymbol{E}[h(t)h^*(t-\tau)]\} \tag{3-15}$$

其中，$\Phi\{\cdot\}$表示傅里叶变换；h 表示获得的信道冲激响应；上标 * 表示复共轭算子；τ 表示时间间隔。

图 3-13 给出的仿真多普勒特性考虑了不同列车位置的 LoS 成分、单跳反射和两跳反射分量。绿色曲线表示根据几何关系得到 LoS 成分多普勒频移的理论值，可通过式(3-13)和式(3-14)获得。值得注意的是，多普勒频谱的形状呈现中心对称的特征，主要变化趋势类似

于一个转向角接近 90°的 Z 形。此外，当列车快速通过 Tx 时，多普勒谱发生了剧烈变化，从正最大值快速切换到负最大值。此外，可以观察到图 3-13 中存在一些 LoS 成分之外的多普勒分量，这是由真空管道内壁上散射引起的多径分量导致的。

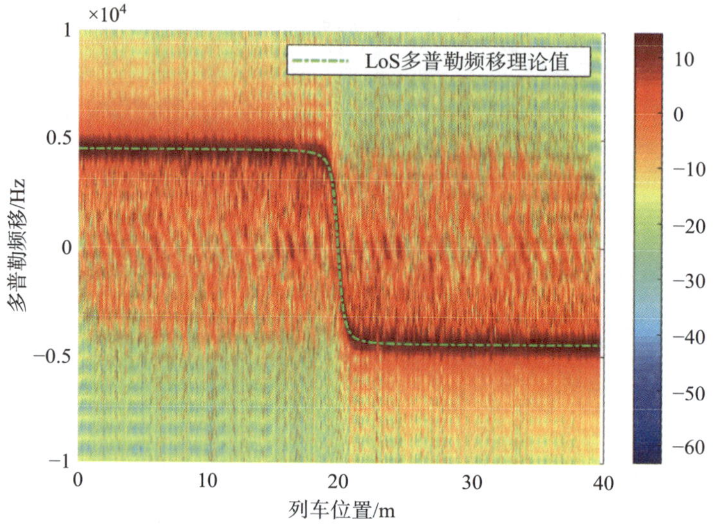

图 3-13　不同列车位置上的多普勒功率谱

3.2.4.4　信道容量

信道容量指在特定通信系统中可以传输的信息速率，它可以衡量物理层协议对有限频谱的利用效率。基于香农—哈特利定理，可以通过以下方式获得 MIMO 信道的遍历容量

$$C=\log_2\det\left(\boldsymbol{I}+\frac{\rho}{N_{\mathrm{T}}}\boldsymbol{H}\boldsymbol{H}^{\mathrm{H}}\right) \tag{3-16}$$

式中　$\boldsymbol{I}$——单位矩阵；

ρ——信噪比；

N_{T}——Tx 天线单元数；

$\boldsymbol{H}$——信道响应矩阵；

$\boldsymbol{H}^{\mathrm{H}}$——转置共轭。

通常对 $\boldsymbol{H}$ 进行归一化，以消除传播距离的影响。

图 3-14 描述了当 SNR 为 10 dB 时，传播图信道建模的频谱效率(spectral efficiency)和信道容量的 CDF 以及与瑞利信道的对比。可以发现，同样的 MIMO 天线设置下瑞利信道容量比真空管道信道要大。当 CDF 为 0.5 时，瑞利信道的 SE 比 4×4 MIMO 下的真空管道场景高 2.73(bit · s^{-1})/Hz，比 2×2 模式下的真空管道场景高 0.48(bit · s^{-1})/Hz。这可以用类似传播环境引起的锁孔效应导致信道退化现象来解释。通过将 MIMO 容量(2×2)结果与之前文献中常规高速铁路场景的实际测量结果进行比较，发现当 SNR 为 10 dB 时，

常规高速铁路场景的 MIMO 容量约为 5(bit·s^{-1})/Hz,与真空管道相似。这一现象源于常规高速铁路场景中的多链路效应导致信号干扰,产生比瑞利信道更低的容量值。至于真空管道场景,MIMO 容量的下降源于锁孔效应。

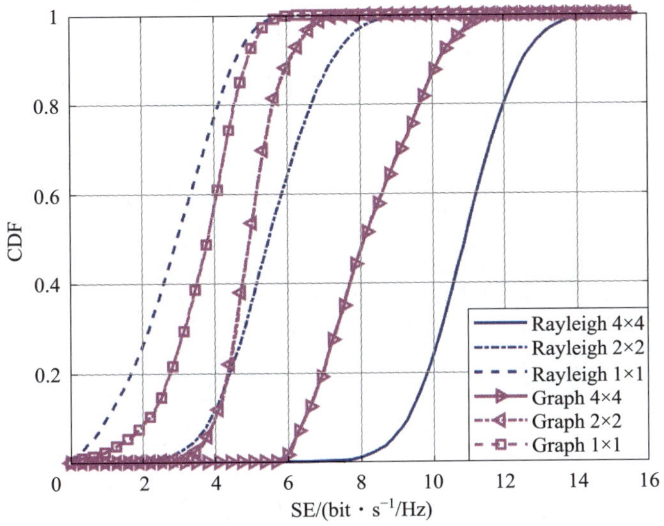

图 3-14　SNR=10 dB 时信道频谱效率的 CDF

显然,信道退化使得研究真实的 MIMO 信道在多大程度上是"有益的"变得至关重要。评估子信道联合正交性的一种方法是信道矩阵的奇异值扩展 SVS。通过使用归一化传播矩阵,可以消除用户之间信道衰减的不平衡,使得 SVS 不包含信道范数的差异,而仅反映子信道的联合正交性。通常某个列车位置 p 处信道矩阵 $\boldsymbol{H}_{\mathrm{p},N_{\mathrm{T}}\times N_{\mathrm{R}}}$ 有一个奇异值分解,可表示为

$$\boldsymbol{H}_{\mathrm{p}}=\boldsymbol{U}_{\mathrm{p}}\boldsymbol{\Sigma}_{\mathrm{p}}\boldsymbol{V}_{\mathrm{p}} \tag{3-17}$$

其中,$\boldsymbol{U}_{\mathrm{p},N_{\mathrm{T}}\times N_{\mathrm{R}}}$ 和 $\boldsymbol{V}_{\mathrm{p},N_{\mathrm{T}}\times N_{\mathrm{R}}}$ 是酉矩阵,对角阵 $\boldsymbol{\Sigma}_{\mathrm{p},\mathrm{N}_{\mathrm{T}}\times \mathrm{N}_{\mathrm{R}}}$ 包含奇异值$\{\sigma_k, k\leqslant N_{\mathrm{T}}, k\in \boldsymbol{N}^*\}$,SVS 可以定义为

$$\kappa=\frac{\max\{\sigma_k\}}{\min\{\sigma_k\}} \tag{3-18}$$

即最大和最小奇异值的比率。SVS 可以认为是用户是否应该在相同的时间—频率资源中被服务的指示器。它还与 MIMO 容量的性能密切相关。

图 3-15 绘出了 MIMO 信道 SVS 的 CDF。通常低 SVS 值表示不同子信道之间的正交性越高。与瑞利信道相比,在相同天线设置的情况下当 CDF 为 0.5 时,真空管道的 SVS 大约高 5 dB。因此可以得出结论,真空管道中的子信道更加相关,这导致信道容量的降低。

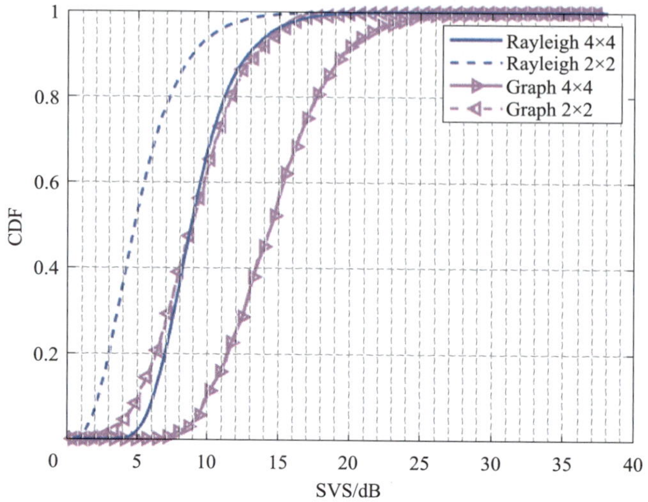

图 3-15　当 SNR＝10dB 时奇异值的 CDF

3.3　基于非平稳几何模型的真空管磁悬浮列车信道分析

目前，已经提出了许多旨在实现高精度和低计算复杂度的无线信道模型。一般来说，这些模型可以大致分为两类，即确定性信道模型和随机信道模型。确定性信道模型根据特定传播环境的详细描述以及天线配置对传播信道进行建模。这些模型使用结合反射、散射和折射的密集模拟计算来获得每个可能传播路径的详细振幅、相位和延迟。因为确定性模型具有相应的物理意义，所以能够获得准确的仿真结果。

尽管精度很高，但确定性信道模型需要大量计算资源对传播环境进行详细描述。为了避免高复杂度并保持理想的模拟精度，提出了 GBSM。在 GBSM 中，信道冲激响应(CIR)可以通过考虑特定 Tx、Rx 和散射点的传播定律获得。在本节中，提出了一个基于三维几何的真空管模型，并且考虑了接收器在列车上的移动，提出的信道模型考虑了散射传播机制。基于所提出的模型，获得了信道冲激响应，并推导和分析了包括空间互相关函数(CCF)和时域自相关函数(ACF)在内的多链路时空相关函数的闭合表达式。

3.3.1　系统模型

图 3-16 展示了真空管磁悬浮列车的三维示意图。考虑下行车地通信场景，发射器(Tx)位于管道内侧顶部，接收器(Rx)位于列车上。

图 3-16　真空管通信系统示意图

在 GBSM 中，可以通过结合 Tx、Rx 和散射的电波传播来获得 CIR 并构建真空管场景信道模式。如图 3-17 所示，展示了 2×2 MIMO 通信系统。

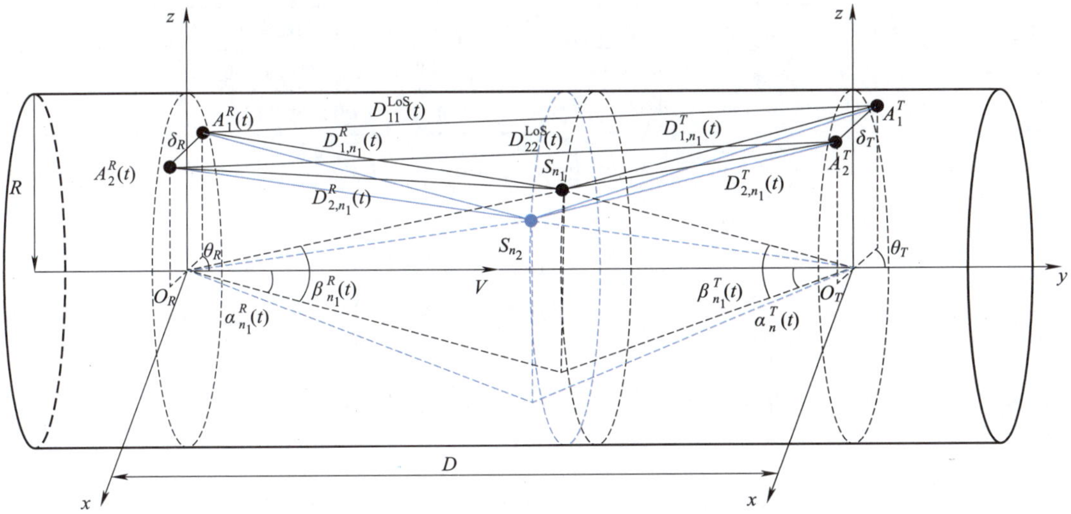

图 3-17　真空管磁悬浮列车的非平稳几何模型

在真空管磁悬浮列车场景中，真空管的半径设置为 R，真空管磁悬浮列车沿着方向向量 $\vec{v}$ 运行。Tx 和 Rx 的坐标表示为 A_i^T 和 A_i^R。发射天线和接收天线的阵列元件间距分别表示为 δ_T 和 δ_R。根据 Tx 和 Rx 的位置，构建一个三维坐标系统。收发器之间的初始距离定义为 D。在所提出的模型中只考虑单次反弹散射传播。因此，每个散射点都有四个相关的角度变量，分别是方位角偏离角（AAoD）、仰角偏离角（EAoD）、到达方位角（AAoA）和到达仰角（EAoA）。表 3-4 展示了具体参数的定义。

表 3-4　参数定义

参　数	定　义
A_i^T，A_i^R	Tx i 和 Rx i 的位置 i
δ_T，δ_R	Tx 和 Rx 的天线阵元之间的间距
O_T	Tx 阵列中心在 xy 平面上的投影点
O_R	Rx 阵列中心在 xy 平面上的投影点

续上表

参　数	定　义
S_n	散射点的 n_i 位置
D	收发器之间的初始距离
R	真空管半径
$D_{11}^{\mathrm{LoS}}(t)$，$D_{22}^{\mathrm{LoS}}(t)$	LoS 分量的路径距离
$D_{1,n_1}^{T}(t)$，$D_{2,n_1}^{T}(t)$	Tx 1-n_i 和 Tx 2-n_i 的路径距离 n_i
$D_{1,n_1}^{R}(t)$，$D_{2,n_1}^{R}(t)$	Rx 1-n_i 和 Rx 2-n_i 的路径距离 n_i
θ_T，θ_R	Tx 阵列和 Rx 阵列的倾斜角度
$\alpha_{n_1}^{T}(t)$	散射点和 O_{T}之间的方位角 n_i
$\alpha_{n_1}^{R}(t)$	散射点和 O_{R}之间的方位角 n_i
$\beta_{n_1}^{T}(t)$	散射点和 O_{T}之间的仰角 n_i
$\beta_{n_1}^{R}(t)$	散射点和 O_{R}之间的仰角 n_i

在真空管场景中构建 GBSM 模型后，即可计算得到 CIR。以 A_1^T 到 A_1^R 之间的传播链路为例，对应的 CIR 如式(3-19)所示。

$$h_{11}(t)=h_{11}^{\mathrm{LoS}}(t)+h_{11}^{\mathrm{NLoS}}(t) \tag{3-19}$$

其中，$h_{11}^{\mathrm{LoS}}(t)$和 $h_{11}^{\mathrm{NLoS}}(t)$分别表示视线(LoS)分量和非视线(NLoS)分量。接下来推导 LoS 分量和 NLoS 分量的表达式。

假设 A_1^T 到 A_1^R 之间传播链路的总能量为 Ω_{11}，链路的 K 因子为 K_{11}，波长为 λ，那么可以将 LoS 分量表示为

$$h_{11}^{\mathrm{LoS}}(t)=\sqrt{\frac{\Omega_{11}K_{11}}{K_{11}+1}}\mathrm{e}^{-\mathrm{j}2\pi\lambda D_{11}^{\mathrm{LoS}}(t)+\mathrm{j}2\pi f_{\mathrm{d},11}^{\mathrm{LoS}}(t)\cdot t} \tag{3-20}$$

式中　$D_{11}^{\mathrm{LoS}}(t)$——LoS 分量从 A_1^T 到 A_1^R 的路径距离，m；

$f_{\mathrm{d},11}^{\mathrm{LoS}}(t)$——LoS 分量的多普勒频移，Hz。

$D_{11}^{\mathrm{LoS}}(t)$的计算式为

$$D_{11}^{\mathrm{LoS}}(t)=A_1^R(t)-A_1^T(t) \tag{3-21}$$

根据图 3-17 中的 GBSM 模型，可以得到 Tx 和 Rx 的位置如下：

$$A_1^T(t)=\begin{bmatrix}-\dfrac{\delta_T}{2}\sin\theta_T \\ \dfrac{\delta_T}{2}\cos\theta_T \\ H_T\end{bmatrix}^{\mathrm{T}} \tag{3-22}$$

$$A_1^R(t)=\begin{bmatrix}-\dfrac{\delta_R}{2}\sin\theta_R \\ -D+\dfrac{\delta_R}{2}\cos\theta_R+vt \\ H_R\end{bmatrix}^{\mathrm{T}} \tag{3-23}$$

式中　H_{T}——Tx 的高度，m；

H_{R}——Rx 的高度，m；

v——Rx 和真空管磁悬浮列车的速度，m/s；

$f_{\mathrm{d},11}^{\mathrm{LoS}}(t)$——多普勒频移，Hz，定义为

$$f_{\mathrm{d},11}^{\mathrm{LoS}}(t)=\frac{1}{\lambda}\cdot\frac{\langle D_{11}^{\mathrm{LoS}}(t),v\rangle}{\| D_{11}^{\mathrm{LoS}}(t)\|}$$

其中　$\langle\cdot\rangle$——内积运算；

$\|\cdot\|$——Frobenius 范数。

对于 NLoS 分量，可以看作是所有单次反射和散射传播的叠加。因此 $h_{11}^{\mathrm{NLoS}}(t)$可以表示为

$$h_{11}^{\mathrm{NLoS}}(t)=\sqrt{\frac{\Omega_{11}}{K_{11}+1}}\lim_{N_i\to\infty}\frac{1}{\sqrt{N_i}}\sum_{n_i=1}^{N_i}\mathrm{e}^{\mathrm{j}\varphi_{n_i}-\frac{\mathrm{j}2\pi(D_{1,n_i}^{T}(t)+D_{1,n_i}^{R}(t))}{\lambda}+\mathrm{j}2\pi f_{\mathrm{d},11,n_i}^{\mathrm{NLoS}}(t)\cdot t} \tag{3-24}$$

其中，N_i 表示散射点的数量，φ_{n_i} 是相位偏移量，服从之间的均匀分布$[-\pi,\pi)$。$D_{1,n_i}^{T}(t)$和分别 $D_{1,n_i}^{R}(t)$是链路 Tx1-n_i 和 Rx1-n_i 的距离。$D_{1,n_i}^{T}(t)$和 $D_{1,n_i}^{R}(t)$的表达式可以表示为

$$D_{1,n_i}^{T}(t)=S_{n_i}-A_1^{T}(t) \tag{3-25}$$

$$D_{1,n_i}^{R}(t)=A_1^{R}(t)-S_{n_i} \tag{3-26}$$

NLoS 分量的路径距离由链路经过的散射点决定。图 3-18 所示为真空管散射点几何位置图。

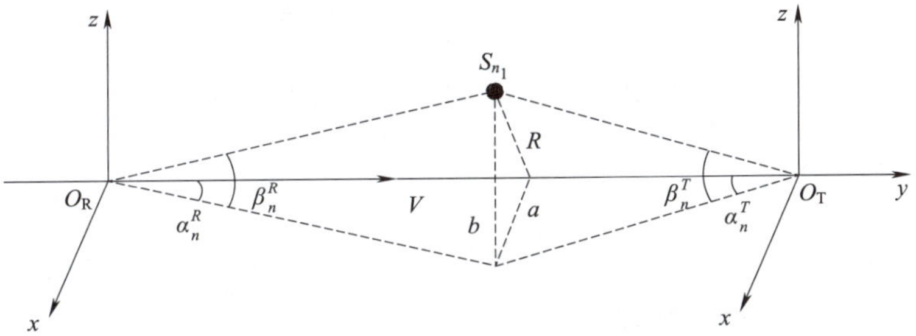

图 3-18　散射点几何位置示意图

图中 a 和 b 表示散射点 S_{n_i} 在 x 轴和 z 轴上的距离。根据勾股定理和正弦公式，可以得到如下公式：

$$a^2+b^2=R^2 \tag{3-27}$$

$$\frac{a}{\sin\alpha_{n_i}^{R}}=\frac{b}{\sin\beta_{n_i}^{R}} \tag{3-28}$$

$$R^2+\left(\frac{a\cos\alpha_{n_i}^{R}}{\sin\alpha_{n_i}^{R}}\right)^2=\left(\frac{b}{\sin\beta_{n_i}^{R}}\right)^2 \tag{3-29}$$

散射点的位置可以用 AAoA 和 EAoA 来表示，即

$$a=\frac{R\cos\alpha_{n_i}^R(t)\cos\beta_{n_i}^R(t)}{\sqrt{1-\cos^2\alpha_{n_i}^R(t)\cos^2\beta_{n_i}^R(t)}} \tag{3-30}$$

$$\frac{a\cos\alpha_{n_i}^R}{\sin\alpha_{n_i}^R}=\frac{R\sin\alpha_{n_i}^R(t)\cos\beta_{n_i}^R(t)}{\sqrt{1-\cos^2\alpha_{n_i}^R(t)\cos^2\beta_{n_i}^R(t)}} \tag{3-31}$$

$$b=\frac{R\sin\beta_{n_i}^R(t)}{\sqrt{1-\cos^2\alpha_{n_i}^R(t)\cos^2\beta_{n_i}^R(t)}} \tag{3-32}$$

同样，也可以使用 AAoD 和 EAoD 来计算散射点的坐标。根据几何关系和余弦定理，散射点的位置可以用 AAoD 和 EAoD 或 AAoA 和 EAoA 表示，即

$$S_{n_i}(t)=\frac{R}{\sqrt{1-\cos^2\alpha_{n_i}^T(t)\cos^2\beta_{n_i}^T(t)}}\begin{bmatrix}\cos\alpha_{n_i}^T(t)\cos\beta_{n_i}^T(t)\\ \sin\alpha_{n_i}^T(t)\sin\beta_{n_i}^T(t)\\ \sin\beta_{n_i}^T(t)\end{bmatrix}^{\mathrm{T}}=$$

$$\frac{R}{\sqrt{1-\cos^2\alpha_{n_i}^R(t)\cos^2\beta_{n_i}^R(t)}}\begin{bmatrix}\cos\alpha_{n_i}^R(t)\cos\beta_{n_i}^R(t)\\ \sin\alpha_{n_i}^R(t)\sin\beta_{n_i}^R(t)\\ \sin\beta_{n_i}^R(t)\end{bmatrix}^{\mathrm{T}} \tag{3-33}$$

为了后续分析方便，只用 AAoA 和 EAoA 来计算位置。$f_{d,11,n_i}^{\mathrm{NLoS}}(t)$是 NLoS 分量通过散射点的多普勒频移 n_i，它可以写成

$$f_{d,11,n_i}^{\mathrm{NLoS}}(t)=\frac{1}{\lambda}\frac{D_{1,n_i}^R(t),v}{\|D_{1,n_i}^R(t)\|} \tag{3-34}$$

根据上面的推导，可以计算出 A_1^T 到 A_1^R 的 CIR。类似地也可以获得 A_2^T 到 A_2^R 的 CIR。

3.3.2 统计特性分析

本节将推导所提出的基于几何的模型的一些信道统计特性的表达式。以 $h_{11}(t)$和 $h_{22}(t)$为例，时空相关函数可以写成

$$\rho_{11,22}(\delta_{\mathrm{T}},\delta_{\mathrm{R}},\tau)=\frac{E[h_{11}(t)h_{22}^*(t+\tau)]}{\sqrt{\Omega_{11}\Omega_{22}}}=\rho_{11,22}^{\mathrm{LoS}}(\delta_{\mathrm{T}},\delta_{\mathrm{R}},\tau)+\rho_{11,22}^{\mathrm{NLoS}}(\delta_{\mathrm{T}},\delta_{\mathrm{R}},\tau) \tag{3-35}$$

其中，$E[\cdot]$是数学期望运算，$(\cdot)^*$ 表示复共轭运算。$\rho_{11,22}^{\mathrm{LoS}}$ 分别 $\rho_{11,22}^{\mathrm{NLoS}}$ 是视距分量和非视距分量的相关函数。假设 $K_{11}=K_{22}=K$，则 LoS 分量的时空相关函数为

$$\rho_{11,22}^{\mathrm{LoS}}(\delta_{\mathrm{T}},\delta_{\mathrm{R}},\tau)=\frac{E[h_{11}^{\mathrm{LoS}}(t)h_{22}^{\mathrm{LoS}*}(t+\tau)]}{\sqrt{\Omega_{11}\Omega_{22}}}=$$

$$\frac{K}{K+1}\mathrm{e}^{-\mathrm{j}\frac{2\pi}{\lambda}\left(D_{11}^{\mathrm{LoS}}(t)-D_{22}^{\mathrm{LoS}}(t)\right)-\mathrm{j}2\pi\left(\frac{1}{\lambda}\cdot\frac{\langle D_{22}^{\mathrm{LoS}}(t),v\rangle}{\|D_{22}^{\mathrm{LoS}}(t)\|}\right)\cdot\tau} \tag{3-36}$$

其中

$$D_{11}^{\mathrm{LoS}}(t)-D_{22}^{\mathrm{LoS}}(t)=\|A_1^R(t)-A_1^T(t)\|-\|A_2^R(t)-A_2^T(t)\| \tag{3-37}$$

NLoS 分量的时空相关函数为

$$\rho_{11,22}^{\mathrm{NLoS}}(\delta_T,\delta_R,\tau)=\frac{E[h_{11}^{\mathrm{NLoS}}(t)h_{22}^{\mathrm{NLoS}^*}(t+\tau)]}{\sqrt{\Omega_{11}\Omega_{22}}}=$$

$$\int_{-\pi/2}^{\pi/2}\int_{\pi}^{\pi}\mathrm{e}^{-\frac{\mathrm{j}2\pi}{\lambda}\left(D_{11,n_i}^{\mathrm{NLoS}}(t)-D_{22,n_i}^{\mathrm{NLoS}}(t)\right)-\frac{\mathrm{j}2\pi(D_{2,n_i}^{R}(t),v)}{\lambda\left\|D_{2,n_i}^{R}(t)\right\|}\tau}\cdot p(\alpha_{n_i}^R)p(\beta_{n_i}^R)\mathrm{d}\,\alpha_{n_i}^R\,\mathrm{d}\,\beta_{n_i}^R \tag{3-38}$$

其中

$$D_{11,n_i}^{\mathrm{NLoS}}(t)-D_{22,n_i}^{\mathrm{NLoS}}(t)=D_{1,n_i}^{T}(t)+D_{1,n_i}^{R}(t)-D_{2,n_i}^{T}(t)-D_{2,n_i}^{R}(t)=$$

$$\left\|A_1^R(t)-\frac{R}{\sqrt{1-\cos^2\alpha_{n_i}^R(t)\cos^2\beta_{n_i}^R(t)}}\begin{bmatrix}\cos\alpha_{n_i}^R(t)\cos\beta_{n_i}^R(t)\\ \sin\alpha_{n_i}^R(t)\cos\beta_{n_i}^R(t)\\ \sin\beta_{n_i}^R(t)\end{bmatrix}^{\mathrm{T}}\right\|+$$

$$\left\|\frac{R}{\sqrt{1-\cos^2\alpha_{n_i}^R(t)\cos^2\beta_{n_i}^R(t)}}\begin{bmatrix}\cos\alpha_{n_i}^R(t)\cos\beta_{n_i}^R(t)\\ \sin\alpha_{n_i}^R(t)\cos\beta_{n_i}^R(t)\\ \sin\beta_{n_i}^R(t)\end{bmatrix}^{\mathrm{T}}-A_1^{T}(t)\right\|-$$

$$\left\|A_2^R(t)-\frac{R}{\sqrt{1-\cos^2\alpha_{n_i}^R(t)\cos^2\beta_{n_i}^R(t)}}\begin{bmatrix}\cos\alpha_{n_i}^R(t)\cos\beta_{n_i}^R(t)\\ \sin\alpha_{n_i}^R(t)\cos\beta_{n_i}^R(t)\\ \sin\beta_{n_i}^R(t)\end{bmatrix}^{\mathrm{T}}\right\|-$$

$$\left\|\frac{R}{\sqrt{1-\cos^2\alpha_{n_i}^R(t)\cos^2\beta_{n_i}^R(t)}}\begin{bmatrix}\cos\alpha_{n_i}^R(t)\cos\beta_{n_i}^R(t)\\ \sin\alpha_{n_i}^R(t)\cos\beta_{n_i}^R(t)\\ \sin\beta_{n_i}^R(t)\end{bmatrix}^{\mathrm{T}}-A_2^{T}(t)\right\| \tag{3-39}$$

$p(\alpha_{n_i}^R)$ 和 $p(\beta_{n_i}^R)$ 是 AAoA 和 EAoA 的概率密度函数（PDF）。已有文献验证了 VonMises 分布可以拟合 AAoA 分布，余弦分布可以拟合 EAoA 分布。因此，可以假设 AAoA 的分布服从 VonMises 分布。

$$p(\alpha_{n_i}^R)=\frac{\mathrm{e}^{\kappa_i\cos(\alpha_{n_i}^R-\mu_i)}}{2\pi I_0(\kappa_i)},\quad \alpha_{n_i}^R\in[-\pi,\pi) \tag{3-40}$$

其中，$I_0(\cdot)$是第一类零阶修正贝塞尔函数，μ_i 是 AAoA 的均值，κ_i 是控制角度扩展大小的参数。假设 AAoA 的分布服从余弦分布，即

$$p(\beta_{n_i}^R)=\frac{\pi}{4\beta_m}\cos\left(\frac{\pi}{2}\cdot\frac{\beta_{n_i}^R-\beta_\mu}{\beta_m}\right),\quad \beta_{n_i}^R\in\left[-\frac{\pi}{2},\frac{\pi}{2}\right) \tag{3-41}$$

其中，β_μ 和 β_m 代表最大 EAoA 的平均角度和绝对值。通过设置 $\tau=0$ 可以获得 $h_{11}(t)$和 $h_{22}(t)$

之间的空间 CCF 表达式。类似地,时间 ACF 的表达式也可以通过设置 $\delta_T=0$ 和 $\delta_R=0$ 来获得。

3.3.3 仿真与分析

本节将仿真真空管磁悬浮列车场景的无线信道。真空管磁悬浮列车以 1 000 km/h 的速度行驶,散射点分布在真空管上并且忽略列车车身的影响,载频为 2.1 GHz。Tx 位于(0,0,3.2),Rx 位于($-D$,0,2.7)。K 因子设置为 6.66dB。AAoA 的分布为 VonMises 分布,EAoA 的分布为余弦分布。对于 VonMises 分布,$k=4.26$,$\mu=29.3°$;对于余弦分布,$\beta_\mu=25.7°$,$\beta_m=90°$。表 3-5 总结了一些重要参数的设置。

表 3-5　参数设置

参　数	取　值	参　数	取　值
载频/GHz	2.1	接收位置/m	($-D$,0,2.7)
R/m	1.65	发送天线数	2
列车速度/(km/h)	1 000	接收天线数	2
发送位置/m	(0,0,3.2)		

图 3-19 展示了真空管场景中真空管磁悬浮列车基于几何模型的空间 CCF 仿真结果。发射器和接收器的阵元间距都被考虑在内,并且根据波长对间距进行了归一化。从图中可以看出,空间 CCF 始终处于较高水平,相关系数在 0.75 和 1 之间波动。这主要是由于真空管的特殊性,散射体均匀分布在圆柱形管内。

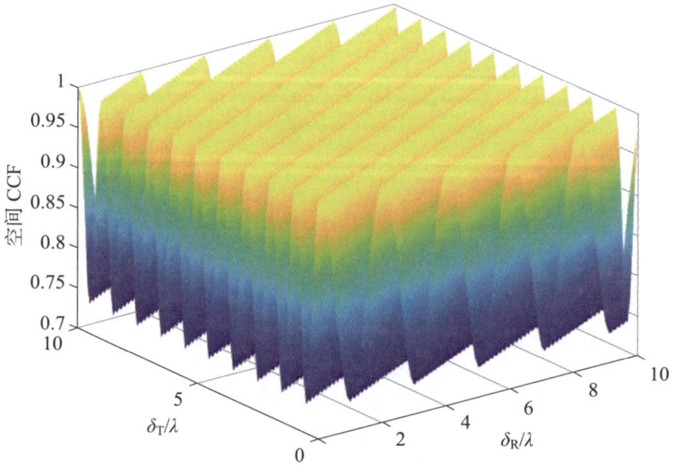

图 3-19　真空管场景中空间 CCF 与天线分离程度的关系

图 3-20 展示了时间 ACF 的模拟结果。比较不同阵列元素间距的绝对值。从图 3-20 可知,时间 ACF 也始终处于高水平。当时 $\delta_T=\delta_R=0$,可视为 SISO 情景,相关系数在 0.72

和 1 之间波动。当时 $\delta_T=\delta_R=3\lambda$，相关系数从 0.72 开始增加，波动幅度小于的相关系数 $\delta_T=\delta_R=0$。然后数组元素间距增加到 10λ，随着时间的推移，相关系数逐渐接近 0.85。

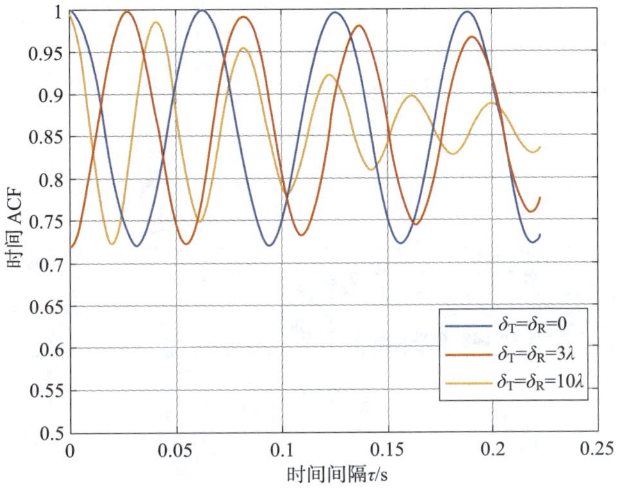

图 3-20　真空管场景中时间 ACF 与天线分离程度的关系

3.4　基于 GBSM 的真空管磁悬浮列车通信系统的有效散射分析

本节提出了一种基于 3D 非平稳几何的确定性无线信道模型。通过使用朗伯散射模式，导出每个可能的传播路径的信道增益。基于所提出的模型研究了真空管磁悬浮列车传播环境的有效散射，并分析了有效散射方位角（EAoA）和到达仰角（AAoA）的角分布以及这些有效散射的两个主要角分布的拟合结果。

在 GBSM 中，信道冲激响应可以通过考虑特定 Tx、Rx 和散射点的传播定律获得。这些理论模型假设有无限数量的有效散点，这些散点是根据某些特定的随机概率分布（例如 VonMises 分布）以随机方式预定义的。不同类型的 GBSM 主要在散点分布上有所不同。显然，这样的简化可以明显加快仿真速度。一些工作已经通过使用 GBSM 在圆形隧道中进行，然而真空管场景的近场辐射不同于隧道，需要建立一个基于集群的理论框架。这不仅可以减轻建模的计算负担，还可以表征真空管场景的角分布。

3.4.1　系统模型

3.4.1.1　无线接入方式

当路边天线向车上乘客发射信号时，电磁波会经过金属管和车体的两次严重穿透衰减。在这种情况下采用移动中继站（MRS）方法实现无线接入。MRS 方法是一种显式方法，具有易于部署和设备成本低的优点。如图 3-21 所示，真空管磁悬浮列车配备了多输入多输出(MIMO)天线阵列，用于无线连接到地面有源天线单元(AAU)。车载终端通过 Wi-Fi 技术与车内天线连接，这些天线汇聚所有终端信号并通过电缆将它们转发到车外的 MIMO 天线，反之亦然。这种两跳中继结构避免了无线电波对车体的穿透衰减，保证了相对稳定的接收幅度。因此，地面天线和列车天线之间的无线信道特性对通信系统性能至关重要。

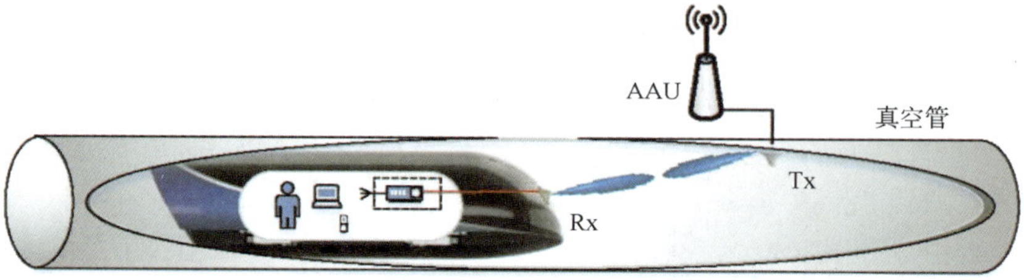

图 3-21　无线接入方式示意图

3.4.1.2　理论模型

为了准确地表征无线信道，基于真空管磁悬浮列车白皮书提供的尺寸数据，利用确定性信道模型理论建模。为了更好地说明仿真场景，建立了如图 3-22 所示的三维笛卡尔坐标系。x 轴平行于真空管磁悬浮列车运动方向，平面 xOy 平行于地面，坐标系的原点位于管的左下端。嵌入管内的 Tx 线性天线阵列将信号发射到位于管中轴的 Rx 线性天线阵列。此外，两个线性阵列都垂直于运动方向以最大化 MIMO 信道容量。

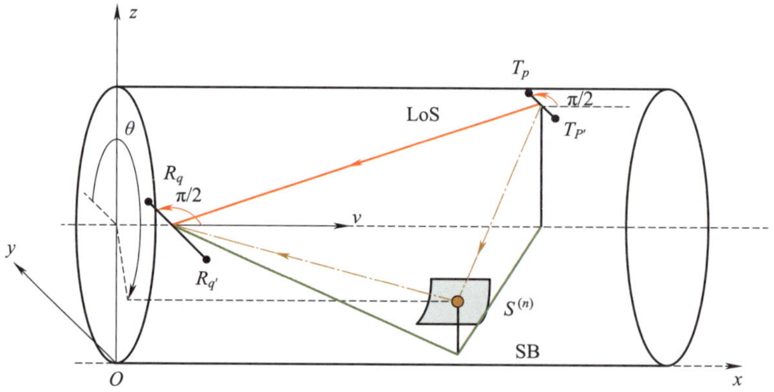

图 3-22　真空管内的传播环境

从第 $p(p=1,2,\cdots,N_T)$个 Tx 到第 $q(q=1,2,\cdots,N_R)$个 Rx 的信道冲激响应 $h_{pq}(t)$可以表示为 LoS 分量和单次散射分量的叠加，即：

$$h_{pq}(t)=h_{pq}^{\mathrm{LoS}}(t)+h_{pq}^{\mathrm{SB}}(t) \tag{3-42}$$

在 GBSM 中，这两个分量的幅度可以表示为

$$\| h_{pq}^{\mathrm{LoS}}(t) \| = \sqrt{\frac{K\Omega_{pq}}{K+1}} \tag{3-43}$$

$$\| h_{pq}^{\mathrm{SB}}(t) \| = \sqrt{\frac{\Omega_{pq}}{K+1}} \tag{3-44}$$

式中　K——莱斯 K 因子；

Ω_{pq}——表第 p 个 Tx 到第 q 个 Rx 链路的总功率，W。

这两个参数在很大程度上取决于实际测量数据，并且 GBSM 是基于某个预定义的角度分布导出的。然而还没有进行实际的信道测量，实际的 K 因子以及角度分布仍有待研究，这表明 GBSM 不能直接应用于真空管磁悬浮列车场景。为了应对上述问题，首先推导基于物理散射机制的信道增益的封闭形式表达式。

对于 LoS 分量，可以视为自由空间传播模型，其对应的信道增益可表示为

$$h_{pq}^{\mathrm{LoS}}(t) = \frac{\lambda}{4\pi \| \boldsymbol{D}_{pq}(t) \|} \mathrm{e}^{-\mathrm{j}\frac{2\pi \| \boldsymbol{D}_{pq}(t) \|}{\lambda}} \times \mathrm{e}^{\mathrm{j}2\pi f_{pq}^{\mathrm{LoS}}(t)} \tag{3-45}$$

式中　λ——波长，m；

$\boldsymbol{D}_{pq}(t)$——从第 p 个 Tx 到第 q 个 Rx 的距离向量；

$f_{pq}^{\mathrm{LoS}}(t)$——多普勒频移，可以通过如下公式计算：

$$f_{pq}^{\mathrm{LoS}}(t) = f_{T\max} \frac{\langle \boldsymbol{D}_{pq}(t), \boldsymbol{v}_0 \rangle}{\| \boldsymbol{D}_{pq}(t) \| \cdot \| \boldsymbol{v}_0 \|} \tag{3-46}$$

其中，$\| \cdot \|$ 表示 Frobenius 范数，$\langle \cdot \rangle$ 表示内积算子，$f_{T\max} = \| \boldsymbol{v}_0 \| / \lambda$ 表示最大多普勒频移。

对于单次散射部分，可以用如下公式计算：

$$h_{pq}^{\mathrm{SB}}(t) = \sum_{n=1}^{N_1} \left(g_{pq}^{\mathrm{SB}} \mathrm{e}^{\mathrm{j}\left(\psi_n - \frac{2\pi \| \boldsymbol{D}_{pq,n}(t) \|}{\lambda}\right)} \times \mathrm{e}^{\mathrm{j}2\pi f_{pq,n}^{\mathrm{SB}} t} \right) \tag{3-47}$$

式中　ψ_n——散射引起的附加相位；

$\| \boldsymbol{D}_{pq,n}(t) \|$——第 p 个 Tx 经过第 n 个散射点到第 q 个 Rx 的距离，m，可表示为

$$\| \boldsymbol{D}_{pq,n}(t) \| = \| \boldsymbol{D}_{pn}(t) \| + \| \boldsymbol{D}_{nq}(t) \| \tag{3-48}$$

$f_{pq,n}^{\mathrm{SB}}$ 可用下式计算：

$$f_{pq,n}^{\mathrm{SB}} = f_{T\max} \frac{\langle \boldsymbol{D}_{pn}(t), \boldsymbol{v}_0 \rangle}{\| \boldsymbol{D}_{pn}(t) \| \cdot \| \boldsymbol{v}_0 \|} \tag{3-49}$$

为了获得单次散射分量的信道增益 g_{pq}^{SB}，采用了朗伯散射模型。朗伯的示意图如图 3-23 所示。

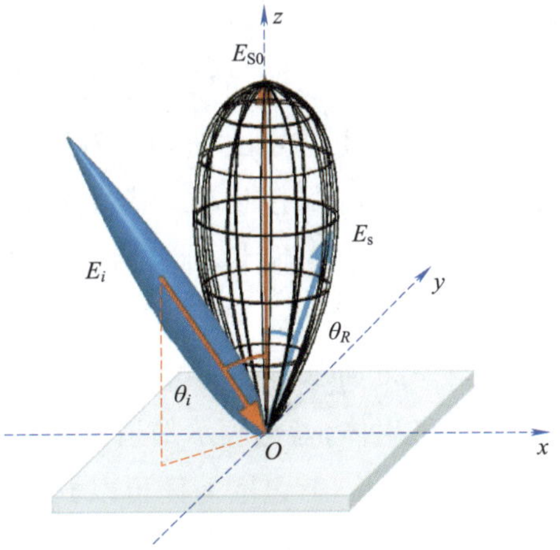

图 3-23　朗伯散射模式图

某一方向散射信号的幅度可以表示为

$$E_s = E_{s0} \sqrt{\cos \theta_s} \tag{3-50}$$

式中 θ_s——散射波与散射面法线方向的夹角,(°);

E_{s0}——散射波沿法线方向散射后的最大幅度。

由此可以推断出最大振幅位于表面的法线方向。基于之前的文献,可以推导出单次散射分量的信道增益,表示为

$$g_{pq}^{SB}=\frac{\lambda S\sqrt{\mathrm{d}S\cos\theta_i\cos\theta_s}}{4\pi^{\frac{3}{2}}\|\boldsymbol{D}_{pn}(t)\|\cdot\|\boldsymbol{D}_{nq}(t)\|} \tag{3-51}$$

式中 θ_i——入射角,(°);

$\mathrm{d}S$——散射面的散射面积,m^2;

S——散射损耗参数。

θ_i、θ_s 可以表示为

$$\cos(\theta_i)=\frac{\langle -\boldsymbol{D}_{pn_i}(t),\boldsymbol{v}_n\rangle}{\|\boldsymbol{D}_{pn_i}(t)\|\cdot\|\boldsymbol{v}_n\|} \tag{3-52}$$

$$\cos(\theta_s)=\frac{\langle \boldsymbol{D}_{n_iq}(t),\boldsymbol{v}_n\rangle}{\|\boldsymbol{D}_{pn_i}(t)\|\cdot\|\boldsymbol{v}_n\|} \tag{3-53}$$

$\boldsymbol{v}_n$ 表示指向管内部的第 n 个散射面的法向向量,并且在式(3-45)和式(3-47)中,有随时间变化的参数$\boldsymbol{D}_{pq}(t)$和$\boldsymbol{D}_{pq,n}(t)$,这使得所提出的 GBDM 是一个非平稳的模型。

3.4.2 仿真与分析

本节将模拟图 3-21 中描绘的传播场景。真空管的总长度为 40 m,真空管接收天线 Rx 设置在管的中间。本节主要研究有效散射,分析真空管磁悬浮列车在(5,0,0) m 的场景。首先,建立包括 Tx、Rx 和真空管道的仿真模型。频率载波设置为 5 GHz,散射损耗因子为 0.6。然后将真空管壁分成 130×36 块,即在中心轴方向上分成 130 等份,沿圆柱截面的圆周分成 36 等份。每个散射面都有一个位于中心的散点。最后,基于朗伯散射模型计算每个散射面的信号强度,Rx 的接收信号是所有散射信号和 LoS 分量的总和。

图 3-24 描述了考虑单次反弹的不同散射的归一化信道增益。位于 5 m 到 20 m 之间的散射对 Tx 和 Rx 的接收功率有主要影响,而该范围之外的散射点,信道增益平均值低于 −15 dB,可以忽略不计。此外,绘制了接收幅度等高线曲线,并重点关注信道增益超过 −10 dB 的散射点。

如图 3-25 所示,蓝色和红色是信道增益较大的散射体,其中红色表示信道增益超过 −5 dB 的散射体,蓝色表示信道增益超过 −10 dB 的散射体,黄色表示具有较低的信道增益的散射体。显然,蓝色散射体可以分为两个簇,并且都位于天线阵列附近。靠近 Rx 的第一个簇有较大的有效散射区域,而位于 Tx 附近的第二个簇具有较大的信道增益和更小的有效散射区域,即红色区域。

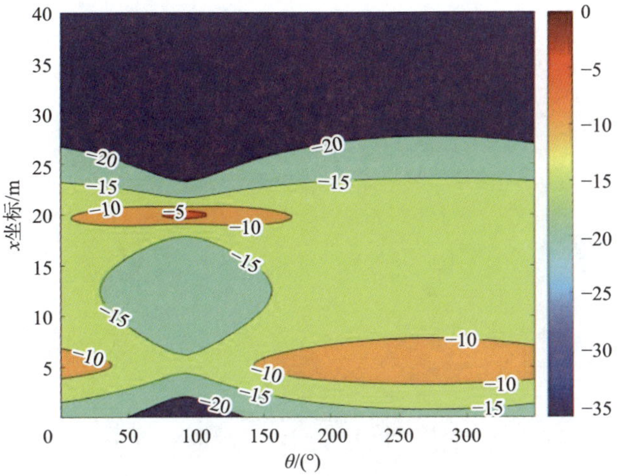

图 3-24　不同散射体的归一化信道增益

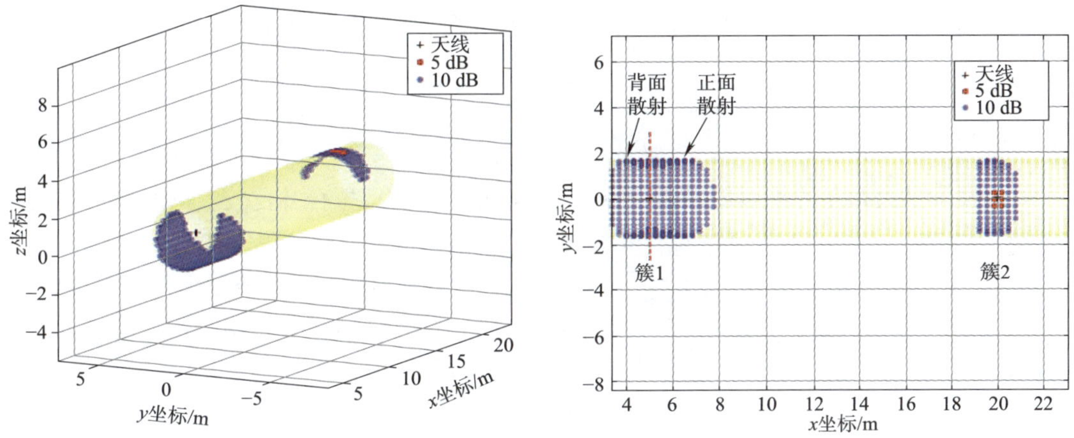

(a)　(b)

图 3-25　信道增益超过−10 dB 的有效散射点

在不失一般性的情况下，为了展示更好的统计结果，选择第一个集群来研究角度分布。方位角的分布通常以冯·米塞斯分布为特征，可表示为

$$f(\alpha)=\frac{e^{k\cos(\alpha-\mu)}}{2\pi I_0(k)},-\pi<\alpha\leqslant\pi \tag{3-54}$$

其中，$I_0(\cdot)$表示第一类零阶修正贝塞尔函数，μ 是 α 的平均值，k 是控制 α 角度扩展的参数。然后收集了第一个簇的所有方位到达角(AAoA)信息，如图 3-26 所示。

如图 3-26 所示，第一个簇产生两个不同的分布。第一个从前方的散射点导出 0°～180°；另一个源于后方的散射点 180°～360°。使用 VonMises 函数来拟合这两个角度分布，拟合结果标记为两条不同颜色的曲线，其中红色曲线的角度扩展为 29.3°，蓝色曲线的角度扩展为 25°。

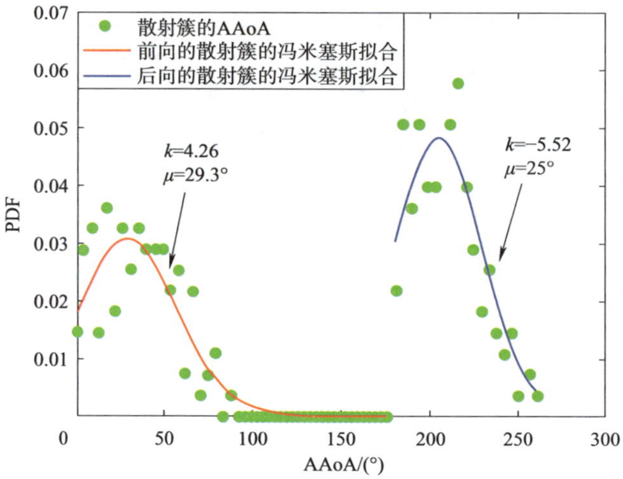

图 3-26　AAoA 的分布和拟合结果

对于到达仰角(EAoA),服从高斯分布或余弦分布,其中余弦分布可以表示为

$$f_{\text{cosine}}(\beta)=\frac{\pi}{4\beta_m}\cos\left(\frac{\pi}{2}\cdot\frac{\beta-\beta_\mu}{\beta_m}\right) \tag{3-55}$$

式中　β_μ——平均角度,(°);

β_m——最大仰角的绝对值,(°)。基于上述两种分布进行拟合并比较它们的拟合性能。

图 3-27 所示为第一个散射簇的 EAoA 和上述两种分布的拟合结果。EAoA 在−40°~90°之间变化,其中大部分大于 0°,这与图 3-25(a)中的几何结果对应。两个不同的分布函数用于拟合 EAoA 值,结果以不同颜色的两条曲线表示。显然,高斯分布可以产生更好的拟合结果,高斯分布拟合的均方根误差(RMSE)小于余弦分布。

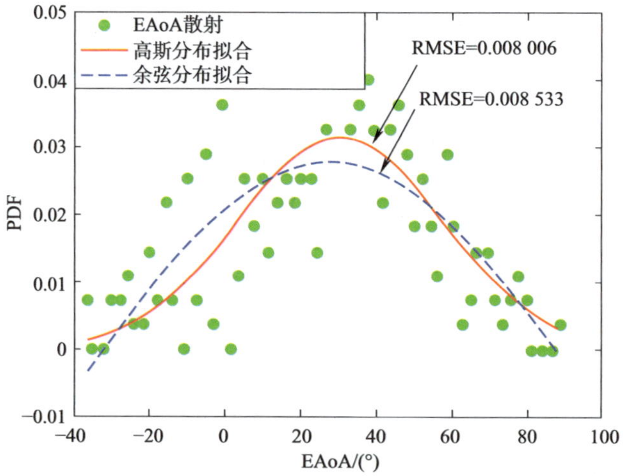

图 3-27　EAoA 的分布和拟合结果

3.5 基于射线追踪法的真空管磁悬浮列车的衰落特性研究

与传统的轮式高速铁路相比，真空管磁悬浮列车具有超高速和特殊的真空管环境，导致严重的多普勒效应和频繁地切换。针对多普勒效应，可以通过增加子载波间距来提高频偏校正算法的门限，使接收端能够正确接收信号，从而抑制多普勒效应。针对频繁切换，可以通过一种基于分布式天线系统（DAS）和两跳架构的快速预测切换算法，减少切换延迟和切换命令失败概率。需要注意的是，无线通信系统的设计离不开信道特性的分析。常见的信道建模方法主要包括传播图信道模型、基于几何的随机模型（GBSM）和射线追踪（RT）法。之前的研究工作主要集中在小尺度衰落特性上，但大尺度衰落特性也对真空管场景下列车通信的无线覆盖产生显著影响，对网络设计和干扰分析具有重要意义。因此，本节将同时研究真空管场景的大尺度衰落和小尺度衰落特性，这对于研究真空管场景下的信道特性对未来车地通信系统设计具有重要意义，包括基站部署、天线设计等。本节首先构建了真空管场景中 3D 射线追踪模型，考虑了反射路径和视线（LoS）路径。然后基于提出的模型获得信道冲激响应，并研究分析了大尺度衰落和小尺度衰落的特性，包括路径损耗、阴影衰落、相关系数、时延扩展和角度扩展等。

3.5.1 系统模型

为了更好地说明真空管场景通信模型，在真空管中建立下行链路真空管场景通信场景，如图 3-28 所示。

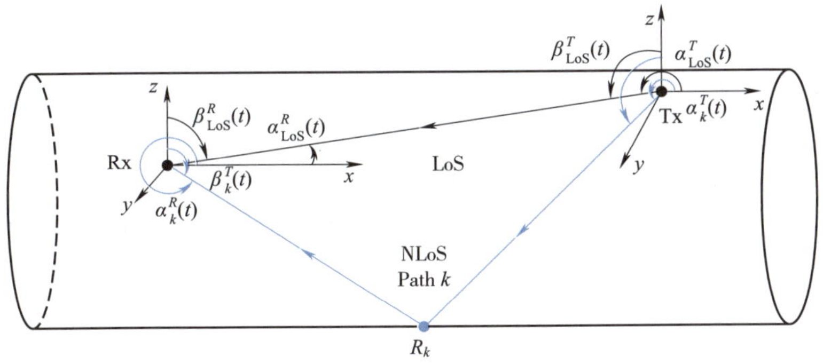

图 3-28 真空管通信系统示意图

真空管磁悬浮列车在半径为 R 的真空管中沿速度矢量 v 运行，通信系统的发射器（Tx）固定在管的顶部。无线信号从 Tx 传输到固定在列车顶部的接收器（Rx）。由于金属内管表面反射丰富，散射分量少，所以考虑 LoS 分量和反射分量的影响来生成 CIR。两种路径示意图如图 3-28 所示。对于 LoS 分量和非视线(NLoS)分量，即反射分量，本节使用离开方位角(AAoD)、离开仰角(EAoD)、到达方位角(AAoA)和仰角到达角(EAoA)来描述它们。表 3-6 所示为详细的参数定义。

表 3-6　参数定义

参　数	定　义
A_m^T, A_n^R	第 m 个 Tx 和 n 个 Rx 的位置
$\alpha_{\text{LoS}}^T(t)\beta_{\text{LoS}}^T(t)$	LoS 路径离开的方位角和仰角
$\alpha_{\text{LoS}}^R(t), \beta_{\text{LoS}}^R(t)$	LoS 路径到达的方位角和仰角
$\alpha_k^T(t)\beta_k^T(t)$	第 k 条 NLoS 路径离开的方位角和仰角
$\alpha_k^R(t)\beta_k^R(t)$	第 k 条 NLoS 路径到达的方位角和仰角
$D_{m,n}^{\text{LoS}}(t)$	LoS 分量的路径距离
$D_{m,k}^{\text{NLoS}}(t)$	Tx 到散射点 r_k 的 NLoS 分量的路径距离
$D_{k,n}^{\text{NLoS}}(t)$	散射点 r_k 到 Rx 的 NLoS 分量的路径距离

考虑到 LoS 分量和 NLoS 分量，真空管场景下的 CIR 可表示为

$$h_{m,n}(t)=h_{m,n}^{\text{LoS}}(t)+h_{m,n}^{\text{NLoS}}(t) \tag{3-56}$$

其中，$h_{m,n}^{\text{LoS}}(t)$是从第 m 个 Tx 天线(T_m)到第 n 个 Rx 天线 R_n 的 LoS 分量的 CIR，$h_{m,n}^{\text{NLoS}}(t)$是 NLoS 分量的 CIR，在本节中指的是反射分量。

首先推导 LoS 路径的 CIR。考虑到收发器天线是全向的，链路 T_m-R_n 的 CIR 可以表示为

$$h_{m,n}^{\text{LoS}}(t)=\|h_{m,n}^{\text{LoS}}(t)\| \cdot e^{j(2\pi\lambda^{-1}D_{m,n}^{\text{Los}}(t)+\eta^{\text{LoS}})} \cdot e^{j2\pi\lambda^{-1}\bar{r}_m \cdot \bar{\phi}_{\text{LoS}}^T(t)} \cdot e^{j2\pi\lambda^{-1}\bar{r}_n \cdot \bar{\phi}_{\text{LoS}}^R(t)} \cdot e^{j2\pi f_d^{\text{LoS}}(t)t} \tag{3-57}$$

式中　$\|h_{m,n}^{\text{LoS}}(t)\|$——路径增益；

$D_{m,n}^{\text{LoS}}(t)$——Tx 阵列中心到 Rx 阵列中心的路径距离；

η^{LoS}——LoS 径的初始相位；

λ——波长；

$\bar{r}_m$——发射天线阵列中第 m 个天线单元的坐标；

$\bar{r}_n$——接收天线阵列中第 n 个天线单元的坐标。根据 Friis 方程，LoS 路径的增益为

$$\|h_{m,n}^{\text{LoS}}(t)\|=\frac{\lambda}{4\pi D_{m,n}^{\text{LoS}}(t)} \tag{3-58}$$

在式 3-59 中，$\bar{\phi}_{\text{LoS}}^T$是 LoS 路径分量的离去角的单位向量。根据 EAoD $\alpha_{\text{LoS}}^T(t)$和 AAoD $\beta_{\text{LoS}}^T(t)$，可以得到表达式，即

$$\bar{\phi}_{\text{LoS}}^T=\begin{bmatrix}\cos\alpha_{\text{LoS}}^T(t)\cos\beta_{\text{LoS}}^T(t)\\ \sin\alpha_{\text{LoS}}^T(t)\cos\beta_{\text{LoS}}^T(t)\\ \sin\beta_{\text{LoS}}^T(t)\end{bmatrix}^{\mathrm{T}} \tag{3-59}$$

此外，f_d^{LoS}多普勒频移的表达式为

$$f_d^{\mathrm{LoS}}=\frac{\bar{v}_{Rx}\cdot\bar{\phi}_{\mathrm{LoS}}^R(t)}{\lambda} \tag{3-60}$$

式中　$\bar{v}_{Rx}$——接收器的运动方向，也是真空管磁悬浮列车在真空管中的运动方向；

$\bar{\phi}_{\mathrm{LoS}}^R(t)$——LoS 径分量到达角的单位向量，可表示为

$$\bar{\phi}_{\mathrm{LoS}}^R=\begin{bmatrix}\cos\alpha_{\mathrm{LoS}}^R(t)\cos\beta_{\mathrm{LoS}}^R(t)\\ \sin\alpha_{\mathrm{LoS}}^R(t)\cos\beta_{\mathrm{LoS}}^R(t)\\ \sin\beta_{\mathrm{LoS}}^R(t)\end{bmatrix}^{\mathrm{T}} \tag{3-61}$$

式中　$\alpha_{\mathrm{LoS}}^R(t)$——LoS 路径的 EAoA；

$\beta_{\mathrm{LoS}}^R(t)$——LoS 路径的 AAoA。

NLoS 的推导过程与 LoS 类似，通过使用射线追踪方法来获得 CIR。链路的 NLoS 路径的 CIR 表达式 T_m-R_n 可以表示为

$$h_{m,n}^{\mathrm{NLoS}}(t)=\sum_{k=1}^{J}\|h_{m,n,k}^{\mathrm{NLoS}}(t)\|\cdot \mathrm{e}^{\left\{\mathrm{j}\left(2\pi\lambda^{-1}D_{m,n,k}^{\mathrm{NLoS}}(t)+\eta_k\right)\right\}}\cdot \mathrm{e}^{\mathrm{j}2\pi\lambda^{-1}\bar{r}_m\cdot\bar{\phi}_k^T}(t)\cdot \mathrm{e}^{\mathrm{j}2\pi\lambda^{-1}\bar{r}_n\cdot\bar{\phi}_k^R}(t)\cdot \mathrm{e}^{\mathrm{j}2\pi f_{d,k}^{\mathrm{NLoS}}t} \tag{3-62}$$

式中　$D_{m,n,k}^{\mathrm{NLoS}}(t)$——链路 T_m-R_n 的第 k 个 NLoS 路径的距离；

J——链路 T_m-R_n 的反射路径总数；

η_k——第 k 个路径的初始相位；

$\|h_{m,n,k}^{\mathrm{NLoS}}(t)\|$——第 k 个 NLoS 路径的路径增益。根据菲涅耳反射定理，信道增益可计算为

$$\|h_{m,n,k}^{\mathrm{NLoS}}(t)\|=\frac{\lambda\prod_{p=1}^{P}\Gamma(\theta_{k,p}^I)}{4\pi D_{m,n,k}^{\mathrm{NLoS}}(t)} \tag{3-63}$$

式中　$\theta_{k,p}^I$——第 k 个 NLoS 路径分量的第 p 个反射的入射角；

$\Gamma(\theta_{k,p}^I)$——菲涅尔反射系数；

$\bar{\phi}_k^R$——第 k 个 NLoS 路径分量离开角的单位向量，可表示为

$$\bar{\phi}_k^R=\begin{bmatrix}\cos\alpha_k^R(t)\cos\beta_k^R(t)\\ \cos\alpha_k^R(t)\sin\beta_k^R(t)\\ \sin\alpha_k^R(t)\end{bmatrix}^{\mathrm{T}}$$

其中，$\alpha_k^R(t)$和$\beta_k^R(t)$分别是第 k 个 NLoS 路径的 EAoA 和 AAoA，还可以得到第 k 条路径的多普勒频移，即

$$f_{d,k}^{\mathrm{NLoS}}=\frac{\bar{v}_{Rx}\cdot\bar{\phi}_k^R(t)}{\lambda} \tag{3-64}$$

3.5.2 仿真设置

本节将对真空管中的无线信道环境进行仿真。射线追踪模拟场景的示意如图 3-28 所示。为了便于模拟，忽略了管道中可能存在的铆钉、凸起等结构。因此，它可以看作是一根长度为 500 m 的圆柱形管道。真空管场景在管道中以 1 000 km/h 的速度运行。列车车体的影响被忽略。从图中可知，Tx 位于真空管的中部，Rx 部署在列车的顶部，并随着列车沿管移动。图 3-29 显示了真空管的横截面，可以帮助理解收发器的相对位置。管道半径为 1.65 m。这里以 4.85 GHz 的 5G 商用频率为例，忽略金属真空管外部的信号干扰，通过 WirelessInsite 进行仿真与分析，并使用 Matlab 对仿真数据进行处理分析。具体仿真参数设置见表 3-7。

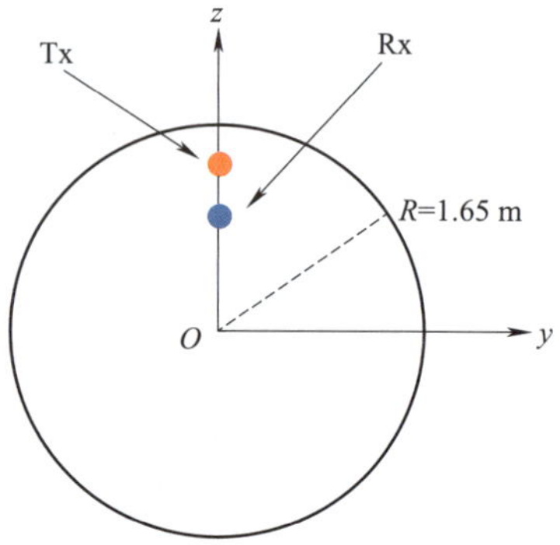

图 3-29 真空管横截面示意图

表 3-7 参数设置

参数	取值	参数	取值
载频/GHz	4.85	初始接收位置/m	(−250,0,2.7)
带宽/MHz	100	发送天线数	1
R/m	1.65	接收天线数	1
长度/m	500	天线类型	全向天线
列车速度/(km/h)	1 000	最大反射次数	16
发射天线/m	(0,0,3.2)	发射功率	30 dBm

3.5.3 仿真与分析

本节使用四个参数来分析真空管场景中的射线追踪模型：路径损耗、阴影衰落、延迟扩展和角度扩展。大尺度衰落特性对于信道可用性分析、无线网络规划和干扰分析具有重要意义。首先研究真空管场景下的大规模信道衰落特性。大尺度衰落中的路径损耗(PL)定义为发射功率(P_t)和接收功率(P_r)之差，考虑增益为 0 dBi 的全向天线。可以用 dB 形式表示为

$$\mathrm{PL}=10\lg 10\left(\frac{P_t}{P_r}\right) \tag{3-65}$$

图 3-30 显示了基于位置的路径损耗结果，并绘制了自由空间路径损耗(FSPL)作为比较。可以看出，随着列车靠近 Tx，管道中的路径损耗先减小，随着列车远离 Tx，路径损耗增大。在 250 m 处，即收发天线到达相同的 x 轴位置，路径损耗达到最小值，符合自由空间路径损耗的趋势。当频率保持不变，路径损耗值随着传播距离的减小而减小。由于管的对称性，路径损耗显示出高度的对称性。

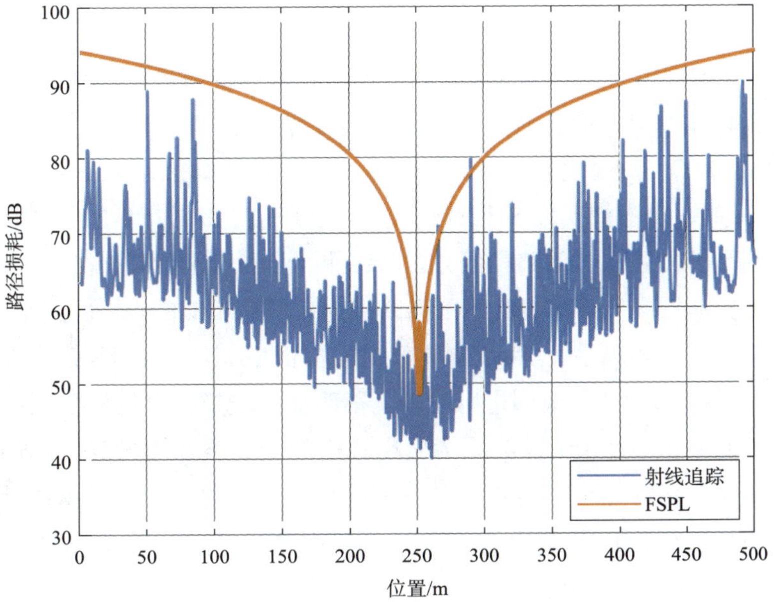

图 3-30 真空管的路径损耗

然后建立真空管场景下的路径损耗模型。为了便于分析进行了数据拟合，并与其他路径损耗模型进行比较。具体来说，常见的大尺度衰落模型有自由空间衰落模型、自由空间临近(CI)模型和 Alpha-Beta-Gamma(ABG)模型。

在自由空间衰落模型中，发射机和接收机之间没有障碍物，传播介质是理想的各向同性的。根据菲涅耳公式，自由空间中的路径损耗可表示为

$$PL_{free}=20\lg 10d+20\lg 10f-20\lg 10\left(\frac{c}{4\pi}\right) \tag{3-66}$$

式中 d——收发器之间的距离，km；

f——载波频率，GHz。

CI 模型的路径损耗可以表示为

$$PL_{CI}=PL_{free}(d_0)+10n_{PL}\lg\left(\frac{d}{d_0}\right)+X_{SF}^{CI} \tag{3-67}$$

其中，$PL_{free}(d_0)$为参考距离d_0 处的自由空间路径损耗，该值只与频率有关，与频率无关测量数据，它可以用下列公式计算

$$PL_{free}(d_0)=20\lg\left(\frac{4\pi d_0}{\lambda}\right) \tag{3-68}$$

其中，n_{PL}是路径损耗指数。X_{SF}^{CI}是服从均值为 0 的正态分布的阴影衰落。

当频率和截距固定时，CI 模型拟合曲线的截距固定，而真空管场景与自由空间明显不同，CI 模型并不是基于测量数据的最佳拟合模型，因此主要考虑 ABG 模型。根据 ABG 模型，路径损耗可表示为

$$PL_{ABG}=A_0+10n\lg\left(\frac{d}{d_0}\right)+X_{SF} \tag{3-69}$$

其中，A_0 为参考距离 d_0 处的路径损耗，根据测量数据采用普通最小二乘法拟合，X_{SF} 也是阴影衰减。这意味着在真空管场景下 ABG 模型的拟合精度要高于 CI 模型。

图 3-31 和图 3-32 分别给出了 0～250 m 和 250～500 m 范围内路径损耗的仿真结果。图 3-31 和图 3-32 中的 x 轴表示 Tx 和 Rx 之间的距离（以 dB 为单位），y 轴表示路径损耗值。两幅图分别是管的两部分的路径损耗拟合结果，可以比较两部分中 Tx 和 Rx 距离相同的路径损耗结果。从图 3-31、图 3-32 中可知路径损耗值是相似的，并使用 ABG 模型分别对这两部分路径损耗进行拟合。然后将结果分别与自由空间路径损耗模型、WINNER＋B1 模型、双射线模型和 COST231 模型进行比较。很明显，真空管中的路径损耗值低于自由空间和开放空间中的路径损耗值。这是因为真空管中的金属表面比较光滑，导致反射元件较多。因此无线信号在传输过程中的能量损失比在开放空间中要低。根据统计结果，两部分在真空管中的路径损耗指标分别为 1.417 和 1.464，均小于自由空间中的路径损耗指标。这一特性类似于传统隧道中无线信道的路径损耗结果。

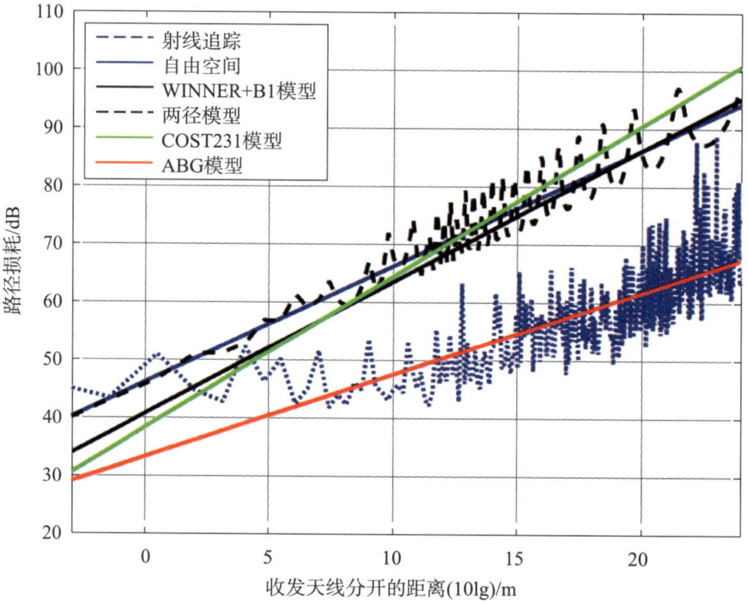

图 3-31　0～250 m 的路径损耗仿真结果

基于 ABG 模型拟合的路径损耗模型，进一步对阴影衰落进行统计分析。图 3-33 和图 3-34 分别是 0～250 m 和 250～500 m 的统计分析结果，然后使用高斯分布进行拟合。拟合结果的概率密度函数(PDF)分别为 $N(-1.32, 6.59)$ 和 $N(-2.13, 7.54)$。表 3-8 总结了 ABG 模型的大尺度衰落模型的参数值。

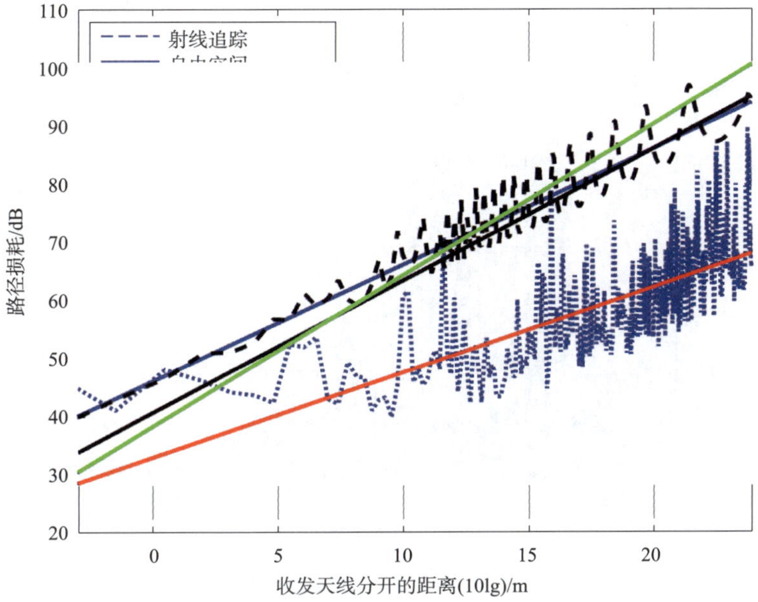

图 3-32　250～500 m 的路径损耗仿真结果

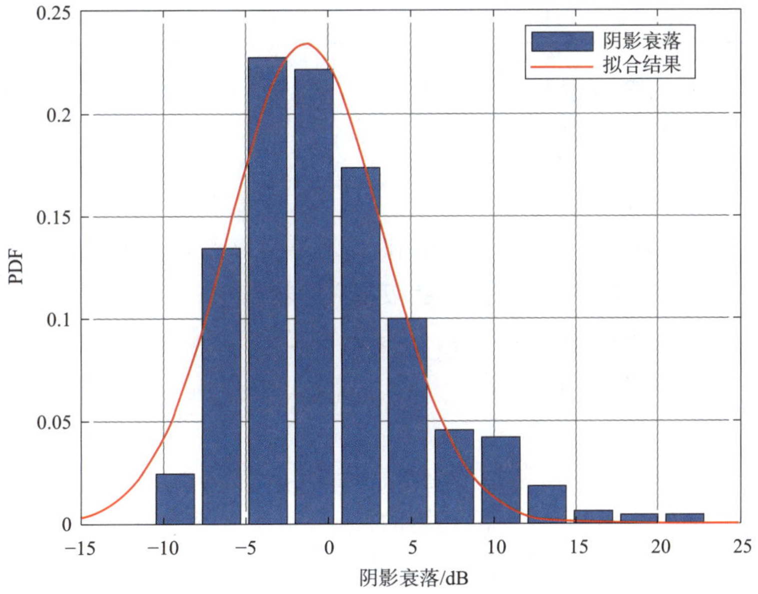

图 3-33　0～250 m 的阴影衰落

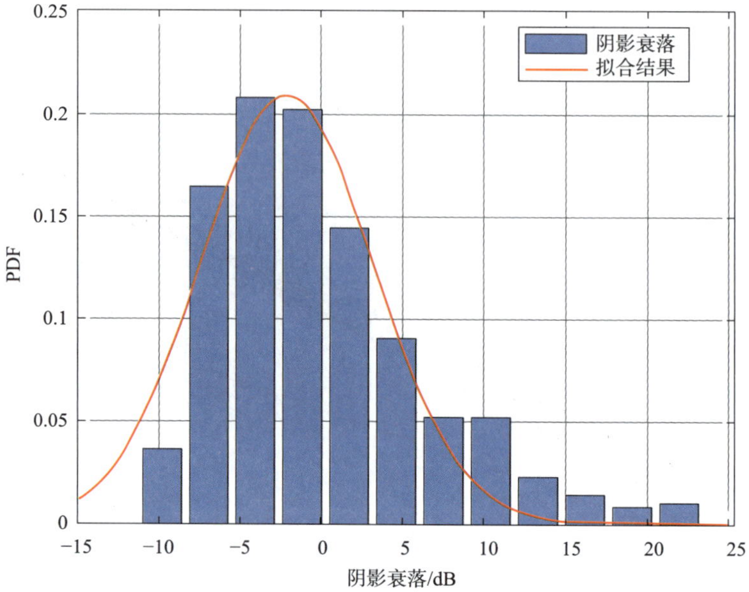

图 3-34　250～500 m 的阴影衰落

表 3-8　大尺度衰落模型参数

位置	n	A_0	X_{SF}
0～250 m	1.42	47.44	5.36
250～500 m	1.46	47.65	6.44

皮尔逊相关系数用来描述天线在不同位置接收到的信号的相关性，可以表示为

$$\rho_{1,2}=\frac{\sum_i(\|h_{1,i}\|-\overline{\|h_1\|})\cdot(\|h_{2,i}\|-\overline{\|h_2\|})}{\sqrt{\sum_i(\|h_{1,i}\|-\overline{\|h_1\|})^2}\cdot\sqrt{\sum_i(\|h_{2,i}\|-\overline{\|h_2\|})^2}} \tag{3-70}$$

其中，$h_{1,i}$和$h_{2,i}$分别代表 CIR 在 0～250 m 和 250～500 m 范围内的振幅。

图 3-35 表明相关系数随着真空管场景在真空管场景中的移动而变化。从图 3-35 中可知，当列车与 Rx 和 Tx 的距离相同时，0～250 m 和 250～500 m 的范围之间具有很高的相关性，差异很小，相关系数的平均值为 0.95。当 Rx 和 Tx 的距离不同时，相关系数迅速下降。

小尺度衰落是指无线电信号的信号电平在近距离或短时间内的快速波动。由于多径效应、发射机和接收机的移动性以及周围环境的影响，移动无线信道在时域、频域和角域上都存在色散。根据 WirelessInsite 仿真的结果，收集并总结了 500 m CIR 快照，如图 3-36 所示。从图 3-36 中可以直观地看出 PDP 的结果，并且可以观察到整体 CIR 延迟先减小后增加。发射天线位于中间 250 m 处，CIR 幅度最大，时延最小。图 3-37 所示为真空管多径示意图。红线表示高功率多径，绿线表示低功率多径。

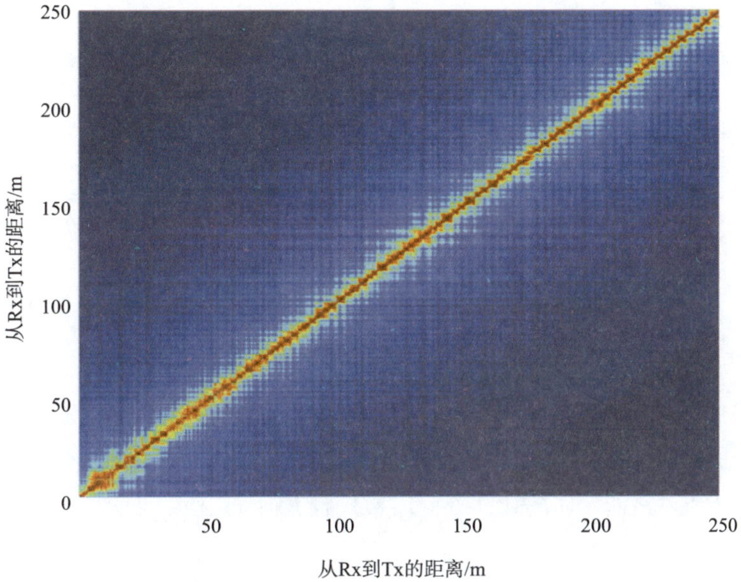

图 3-35　0～250 m 和 250～500 m 的相关系数

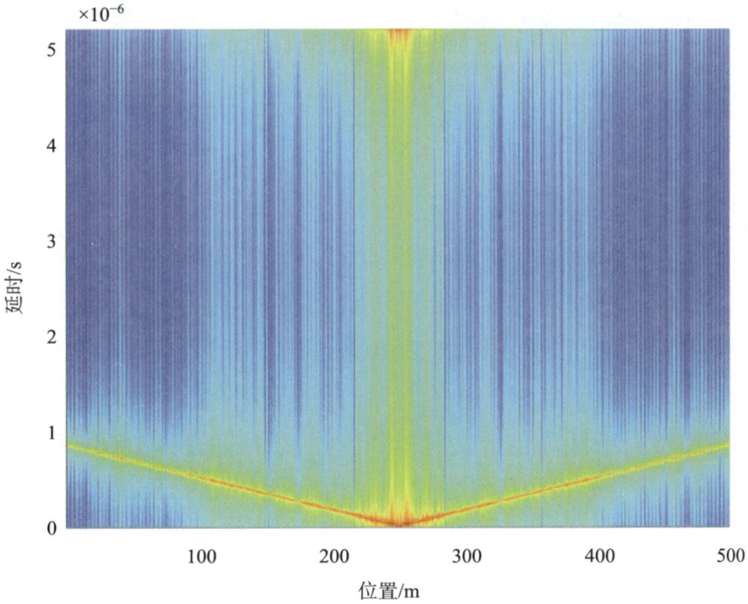

图 3-36　真空管的功率时延谱仿真结果

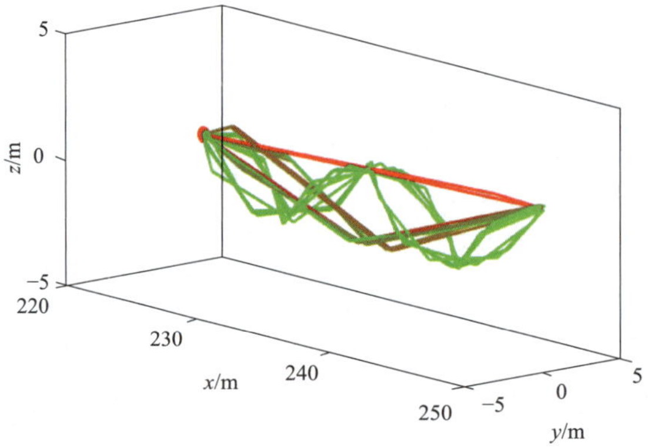

图 3-37 真空管多径示意图

一般用时延扩展来定量描述信道在时域的色散。由于反射现象，无线电波传播过程中会产生多径效应。因此，接收信号是具有不同时延的多径信号的叠加。在频域上，表明信道具有频率选择性衰落特性。均方根时延扩展被广泛用于量化无线信道的时间色散，表示为

$$\sigma_\tau = \sqrt{\frac{\sum_{l=1}^{L}(\tau_l - \bar{\tau})|h(\tau_l)|^2}{\sum_{l=1}^{L}|h(\tau_l)|^2}} \tag{3-71}$$

式中 L——某个时间或快照中所有多径分量的总数；

$\bar{\tau}$——平均延迟，按以下公式计算：

$$\bar{\tau} = \frac{\sum_{l=1}^{L}\tau_l |h(\tau_l)|^2}{\sum_{l=1}^{L}|h(\tau_l)|^2}$$

其中 τ_l——第 l 个抽头的时间延迟，

$|h(\tau_l)|^2$——第 l 个抽头的功率。

根据公式(3-71)可以计算出每个 CIR 的 RMS-DS。为了更好地展示真空管场景下的延迟传播，对所有快照的 CDF 进行统计，如图 3-38 所示。时延扩展的平均值为 42.13 ns，大于 WINNERB1 模型的平均值。

然后分析角度色散。无线通信中发射机和接收机附近的反射点引起的多径导致多径的出发角或到达角不同，从而导致角度域的色散。角度扩展是用于定量描述无线信道空间选择性衰落的关键参数。通过计算相应的角功率分布的二阶矩，角散度给出了角色散的测量值，表示为

$$\sigma_\theta = \sqrt{\frac{\sum_{l=1}^{L}\theta_{l,\mu}^2 \cdot |h(\tau_l)|^2}{\sum_{l=1}^{L}|h(\tau_l)|^2}} \tag{3-72}$$

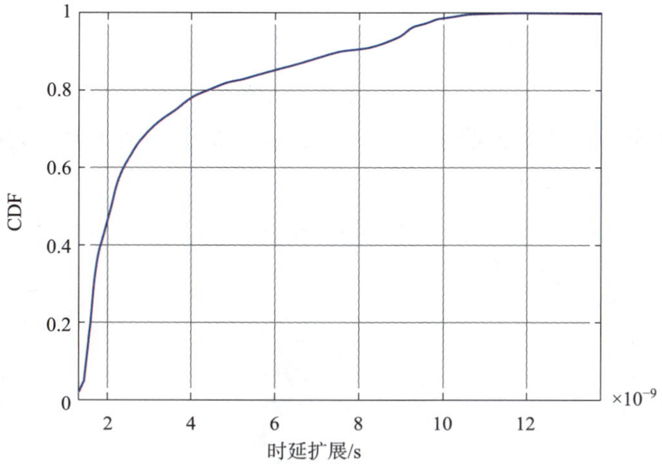

图 3-38 时延扩展的 CDF

其中，$\theta_{l,\mu}$和$\bar{\theta}$ 可以计算为

$$\theta_{l,\mu}=\mathrm{mod}((\theta_l-\bar{\theta}+\pi,2\pi))-\pi \tag{3-73}$$

$$\bar{\theta}=\sqrt{\frac{\sum_{l=1}^{L}\theta_{l,\mu}\cdot|h(\tau_l)|^2}{\sum_{l=1}^{L}|h(\tau_l)|^2}} \tag{3-74}$$

其中，θ 代表 AoA 或 AoD 的角度。

由图 3-39 可知，EAoA 和 EAoD 的角展度值普遍小于 AAoA 和 AAoD。AAoA 和 AAoD 的角度扩展 CDF 几乎相同，EAoA 的角度扩展值略低于 EAoD。AAoA、AAoD、EAoA 和 EAoD 角度扩展的平均值分别为 0.187 1 rad、0.186 4 rad、0.106 0 rad 和 0.109 7 rad。

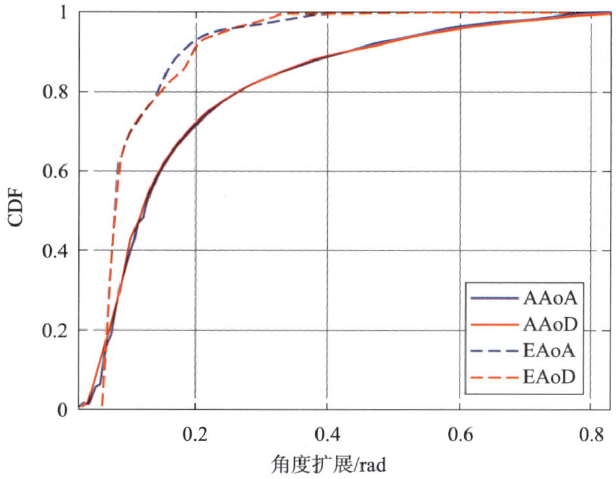

图 3-39 角度扩展的 CDF

然后进一步统计了 4 种角度的角度分布。图 3-40 和图 3-41 分别显示了 EAoD 和 EAoA 的分布。仰角主要分布在 80°～100°,用高斯分布进行拟合。拟合结果的 PDF 分别为 $N(90.51,9.39)$和 $N(90.62,8.76)$。从图 3-40、图 3-41 中可以看出,EAoD 和 EAoA 主要在 90°左右,这是因为收发器天线位于同一垂直坐标轴上。图 3-42 和图 3-43 分别显示了 AAoD 和 AAoA 的分布。对于方位角分布,主要集中在 0°、180°、−180°附近。原因是 Tx 和 Rx 位于同一条直线上,这就决定了多径的方位角也是沿这个方向的。

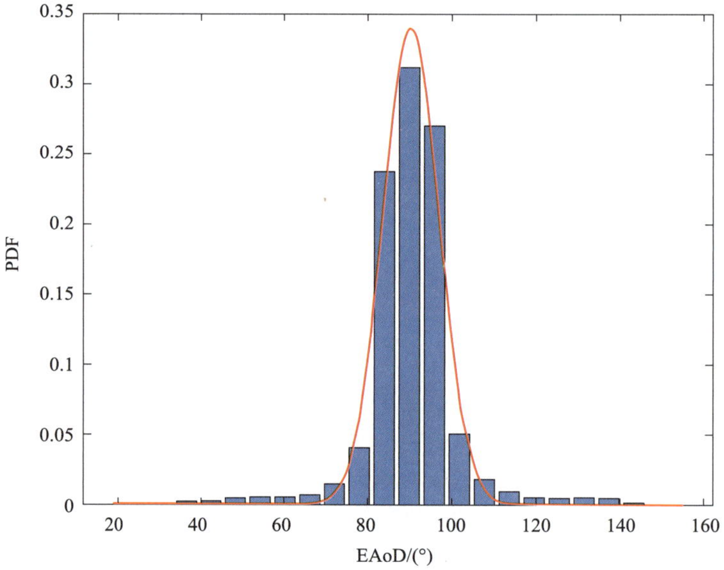

图 3-40 EAoD 的角度统计结果

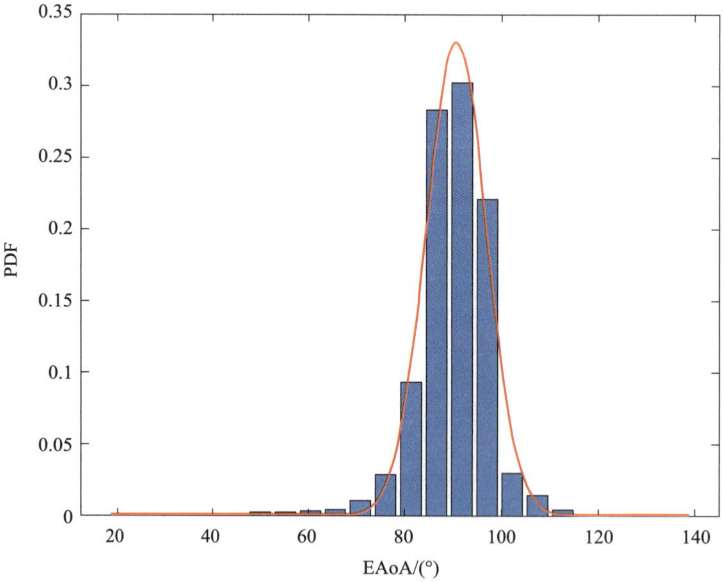

图 3-41 EAoA 的角度统计结果

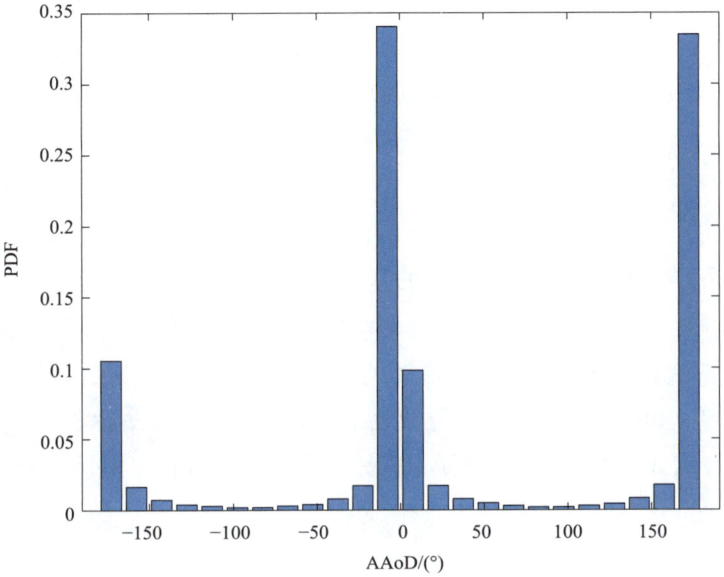

图 3-42　AAoD 的角度统计结果

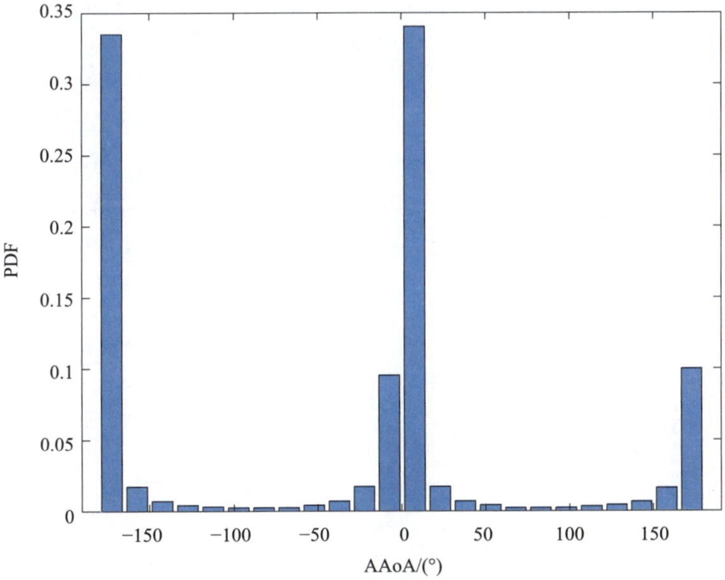

图 3-43　AAoA 的角度统计结果

3.6　基于几何的半确定性真空管磁悬浮列车宽带信道模型

为了保证真空管磁悬浮列车通信系统的安全可靠运行，本节提出了一种考虑视距、反射和散射分量的新信道模型来研究真空管场景的信道特性。现有的真空管信道研究还没有实际测量结果。真空管场景下的 K 因子无法确定,会影响信道建模的准确性。因此,本节根据几何关系和物理传播机制推导了应用于真空管场景的信道增益表达式。本节提出一种基于三维几何的真空管磁悬浮列车通信模型,并且拥有模拟超过 1 000 km/h 高移动性的能力。

3.6.1 系统模型

图 3-44 展示了在真空管场景中提出的基于几何的模型,考虑在半径为 R 的真空管中进行下行链路车地通信场景。真空管磁悬浮列车的运动方向记为 v。发射天线(Tx)固定在管道顶部,并将信号传输到安装在真空管顶部的接收天线(Rx)。然后根据 Tx 的位置构造一个三维坐标系。Tx 和 Rx 对应的坐标位置表示为 A_i^T 和 A_i^R,收发器之间的初始距离定义为 D。δ_T 分别 δ_R 表示 Tx 和 Rx 的阵列元素间距。同时考虑 LoS 分量和 NLoS 分量(包括反射分量和散射分量)以在所提出的模型中生成 CIR。

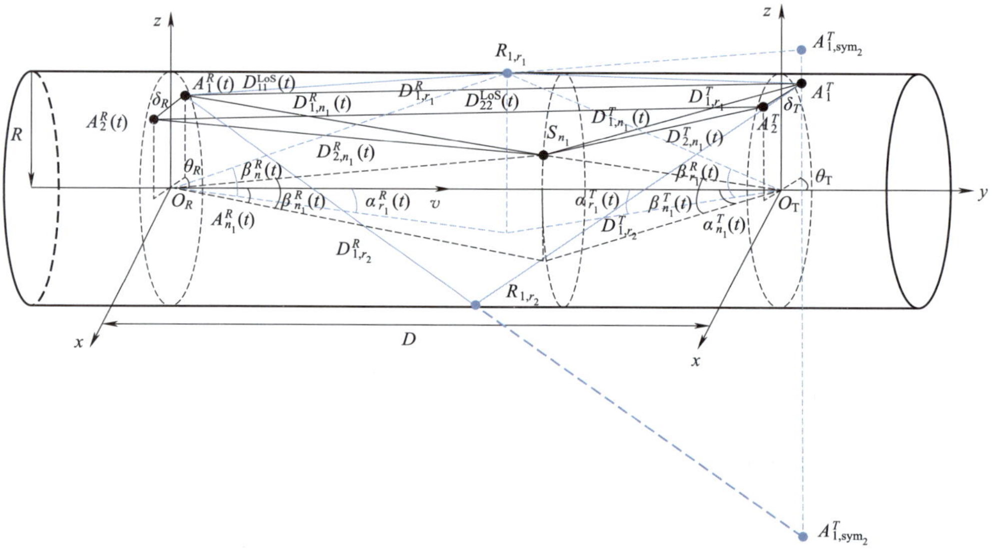

图 3-44 真空管磁悬浮列车半确定型几何模型

模型只考虑单次反射和散射传播路径,因此,每个反射或散射点都有 4 个相关的角度变量,分别是离开方位角(AAoD)、离开仰角(EAoD)、到达方位角(AAoA)和到达仰角(EAoA)。表 3-9 总结了所提出模型中使用的参数定义。

CIR 可以通过分析特定 Tx、Rx 和散射的电波传播定律获得。由于 CIR 包括视距分量和包括反射分量和散射分量在内的非视距分量,CIR 可以表示为

$$h(t)=h^{\mathrm{LoS}}(t)+h^{R}(t)+h^{S}(t) \tag{3-75}$$

其中,$h^{\mathrm{LoS}}(t)$、$h^{R}(t)$和 $h^{S}(t)$分别代表视距分量、反射分量和散射分量的 CIR。然后推导出每个分量的 CIR 表达式。

表 3-9 参数定义

参数	定义	参数	定义
A_i^T, A_i^R	Tx 和 Rx 的位置	$D_{1,n_1}^T(t), D_{2,n_1}^T(t)$	Tx1 和 Tx2 到散射点 n_1 的路径距离
δ_T, δ_R	Tx 和 Rx 的阵列元件间距	$D_{1,n_1}^R(t), D_{2,n_1}^R(t)$	散射点 n_1 到 Rx1 和 Rx2 的路径距离
O_T	Tx 阵列中心在 xy 平面上的投影点	$D_{1,r_1}^R(t), D_{1,r_1}^T(t)$	Tx1 和 Rx1 到 r_1 镜像点的路径距离
O_R	Rx 阵列中心在 xy 平面上的投影点	θ_T, θ_R	Tx 阵列和 Rx 阵列的倾角
S_{n_i}	散射点 n_i 的位置	$\alpha_{n_i}^T(t), \beta_{n_i}^T(t)$	散射点与 O_T 之间的方位角与仰角
R_{1,r_i}	Tx1 的镜像点的位置	$\alpha_{n_i}^R(t), \beta_{n_i}^R(t)$	散射点与 O_R 之间的方位角与仰角
D	Tx 和 Rx 的初始距离	$\alpha_{r_i}^T(t), \beta_{r_i}^T(t)$	镜像点 R_{1,r_i} 和 O_T 之间的方位角与仰角
R	真空管半径	$\alpha_{r_i}^R(t), \beta_{r_i}^R(t)$	镜像点 R_{1,r_i} 和 O_R 之间的方位角与仰角
$D_{11}^{\mathrm{LoS}}(t), D_{22}^{\mathrm{LoS}}(t)$	LoS 分量的路径距离		

首先，从发射机 A_1^T 到接收机 A_1^R 的 LoS 分量的 CIR 可以表示为

$$h_{11}^{\mathrm{LoS}}(t)=\|h_{11}^{\mathrm{LoS}}(t)\|\mathrm{e}^{-\frac{\mathrm{j}2\pi}{\lambda}\|D_{11}^{\mathrm{LoS}}(t)\|+\mathrm{j}2\pi f_{d,11}^{\mathrm{LoS}}(t)\cdot t} \tag{3-76}$$

其中，$\|h_{11}^{\mathrm{LoS}}(t)\|$是视距分量的信道增益，可以表示为

$$\|h_{11}^{\mathrm{LoS}}(t)\|=\sqrt{\frac{\Omega_{11}K_{11}(t)}{K_{11}(t)+1}} \tag{3-77}$$

其中，Ω_{11}是从 A_1^T 到 A_1^R 的链路总能量；K_{11}是该链路的 K 因子。

然而，现有的真空管信道研究中没有实际的测量活动。因此，GBSM 在真空管场景中的应用还需要进一步完善。因此根据几何关系和物理传播机制推导了应用于真空管场景的信道增益表达式。

根据 Friis 传递公式，LoS 分量的信道增益可以计算为

$$\|h_{11}^{\mathrm{LoS}}(t)\|=\frac{\lambda}{4\pi\|D_{11}^{\mathrm{LoS}}(t)\|} \tag{3-78}$$

其中，λ 是波长；$D_{11}^{\mathrm{LoS}}(t)$是从发射天线 A_1^T 到接收天线 A_1^R 的 LoS 分量路径距离，可以表达为

$$D_{11}^{\mathrm{LoS}}(t)=A_1^R(t)-A_1^T \tag{3-79}$$

其中，$A_1^R(t)$和 A_1^T 是 Rx 和 Tx 的位置。根据图 3-44，可写为

$$A_1^T=\left(-\frac{\delta_T}{2}\sin\theta_T, \frac{\delta_T}{2}\cos\theta_T, H_T\right) \tag{3-80}$$

$$A_1^R(t)=\left(-\frac{\delta_R}{2}\sin\theta_R, -D+\frac{\delta_R}{2}\cos\theta_R+vt, H_R\right) \tag{3-81}$$

式中 θ_T——Tx 阵列的倾斜角度，(°)；

θ_R——Rx 阵列的倾斜角度，(°)；

H_T——Tx 的高度，m；

H_R——Rx 的高度，m；

v——真空管磁悬浮列车的速度，m/s。

LoS 分量对应的多普勒频移 $f_{d,11}^{\mathrm{LoS}}(t)$可表示为

$$f_{d,11}^{\mathrm{LoS}}(t)=\frac{1}{\lambda}\cdot\frac{\langle D_{11}^{\mathrm{LoS}}(t),v\rangle}{\|D_{11}^{\mathrm{LoS}}(t)\|} \tag{3-82}$$

然后推导 NLoS 分量的表达式。NLoS 分量可以看作是所有单次反射和散射传播的叠加,可以表示为

$$h_{11}^{\mathrm{NLoS}}(t)=\|h_{11}^{\mathrm{NLoS}}(t)\|\lim_{N_i\to\infty}\frac{1}{\sqrt{N_i}}\cdot\sum_{n_i=1}^{N_i}\mathrm{e}^{\mathrm{j}\varphi_{n_i}-\frac{\mathrm{j}2\pi(\|D_{1,n_i}^T(t)\|+\|D_{1,n_i}^R(t)\|)}{\lambda}+\mathrm{j}2\pi f_{d,11,n_i}^{\mathrm{NLoS}}(t)\cdot t} \tag{3-83}$$

其中,$\|h_{11}^{\mathrm{NLoS}}(t)\|$是 NLoS 分量的信道增益,表达式为

$$\|h_{11}^{\mathrm{NLoS}}(t)\|=\sqrt{\frac{\Omega_{11}}{K_{11}(t)+1}} \tag{3-84}$$

同样,受限于Ω_{11}和K_{11},NLoS 分量的信道增益表达式仍然未知。因此,通过几何关系和物理传播机制进一步推导出信道的表达式。散射分量由真空管上的散射点产生的,可表示为

$$h_{11}^{S}(t)=\sum_{n_i=1}^{N_i}g_{11,n_i}^{S}\cdot\mathrm{e}^{\mathrm{j}\varphi_{n_i}-\frac{\mathrm{j}2\pi(\|D_{1,n_i}^T(t)\|+\|D_{1,n_i}^R(t)\|)}{\lambda}+\mathrm{j}2\pi f_{d,11,n_i}^{S}(t)\cdot t} \tag{3-85}$$

式中 N_i——散射分量的总数;

g_{11,n_i}^{S}——散射路径 n_i 的增益;

φ_{n_i}——$[-\pi,\pi)$之间均匀分布的相位偏移。

通过使用朗伯散射模型来描述散射路径增益。在朗伯散射模型中,散射信号幅度可以表示为

$$E_s=E_{s0}\sqrt{\cos\theta_s} \tag{3-86}$$

其中,E_{s0}是散射波沿散射面法线方向的最大幅度;θ_s是散射波与散射面法线方向的散射角。在本节中仅分析了单次反射散射分量。因此,如图 3-45 所示,只需要考虑从 Tx 到散射点的传播路径和从散射点到 Rx 的传播路径。

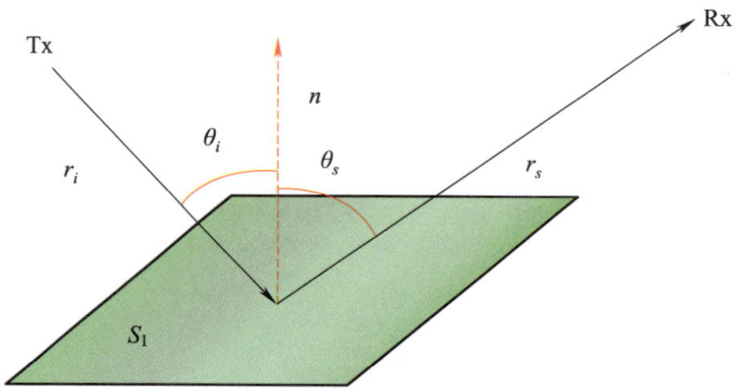

图 3-45 单跳的散射机制示意图

对应的信道增益可表示为

$$g_{11,n_i}^{S}=\frac{\lambda S\sqrt{\Delta S\cos\theta_i\cos\theta_s}}{4\pi^{\frac{3}{2}}\|D_{1,n_i}^{T}(t)\|\cdot\|D_{1,n_i}^{R}(t)\|} \tag{3-87}$$

式中　θ_i——入射角,(°);

θ_s——散射角,(°);

S——散射损耗常数;

ΔS——散射面积,m^2。

在式(3-85)和式(3-87)中,$D_{1,n_i}^{T}(t)$和$D_{1,n_i}^{R}(t)$分别是来自发射器 A_1^T 的传播路径到散射点 n_i 和从散射点 n_i 到接收器 A_1^R 的传播路径,对应的表达式分别为

$$D_{1,n_i}^{T}(t)=S_{n_i}-A_1^T(t) \tag{3-88}$$

$$D_{1,n_i}^{R}(t)=A_1^R(t)-S_{n_i} \tag{3-89}$$

根据几何关系和余弦定理,散射体的位置可以用 AAoD 和 EAoD 或 AAoA 和 EAoA 表示,分别为

$$S_{n_i}=\frac{R}{\sqrt{1-\cos^2\alpha_{n_i}^{T}(t)\cos^2\beta_{n_i}^{T}(t)}}\begin{bmatrix}\cos\alpha_{n_i}^{T}(t)\cos\beta_{n_i}^{T}(t)\\ \sin\alpha_{n_i}^{T}(t)\cos\beta_{n_i}^{T}(t)\\ \sin\beta_{n_i}^{T}(t)\end{bmatrix}^{\mathrm{T}}=$$

$$\frac{R}{\sqrt{1-\cos^2\alpha_{n_i}^{R}(t)\cos^2\beta_{n_i}^{R}(t)}}\begin{bmatrix}\cos\alpha_{n_i}^{R}(t)\cos\beta_{n_i}^{R}(t)\\ \sin\alpha_{n_i}^{R}(t)\cos\beta_{n_i}^{R}(t)\\ \sin\beta_{n_i}^{R}(t)\end{bmatrix}^{\mathrm{T}} \tag{3-90}$$

为了后续分析方便,这里只用 AAoD 和 EAoD 来计算位置。此外,$f_{d,11,n_i}^{S}(t)$是散射分量的多普勒频移,可表示为

$$f_{d,11,n_i}^{S}(t)=\frac{1}{\lambda}\cdot\frac{\langle D_{1,n_i}^{R}(t),v\rangle}{\|D_{1,n_i}^{R}(t)\|} \tag{3-91}$$

对于反射分量,可以表示为

$$h_{11}^{R}(t)=\sum_{m_i=1}^{M_i}g_{11,m_i}^{R}\cdot\mathrm{e}^{\mathrm{j}\varphi_{m_i}-\frac{\mathrm{j}2\pi\left(\|D_{1,m_i}^{T}(t)\|+\|D_{1,m_i}^{R}(t)\|\right)}{\lambda}+\mathrm{j}2\pi f_{d,11,m_i}^{R}(t)\cdot t} \tag{3-92}$$

其中,M_i 是反射分量的总数,g_{11,m_i}^{R}是对应的信道增益,可以表示为

$$g_{11,m_i}^{R}=\frac{\lambda\Gamma(\theta_{m_i})}{4\pi(D_{1,m_i}^{T}(t)+D_{1,m_i}^{R}(t))} \tag{3-93}$$

其中,θ_{m_i}是第 m_i 个反射分量的入射角,$\Gamma(\theta_{m_i})$是菲涅尔反射系数。Γ定义为

$$\Gamma=\frac{\eta_2\sin\theta_t-\eta_1\sin\theta_i}{\eta_2\sin\theta_t+\eta_1\sin\theta_i} \tag{3-94}$$

其中，η_1 和η_2 是空气和真空管的固有阻抗。由于真空管主要是金属表面，故假设为镜面反射，即入射角与反射角相同。上式可以进一步简化为

$$\Gamma=\frac{\eta_2-\eta_1}{\eta_2+\eta_1} \tag{3-95}$$

$D^T_{1,m_i}(t)$和$D^R_{1,m_i}(t)$分别是发射机 A^T_1 到反射点 m_i 的传播路径和反射点 m_i 到接收者 A^R_1 的传播路径。根据收发器之间的几何关系，可以推导出反射点在真空管中的位置，用对应的入射角表示。由于真空管磁悬浮列车的移动，管内的无线环境不断变化，应该进一步考虑车体引起的散射和反射。对于散射部分，与前面的分析类似，只需要将真空管磁悬浮列车看成是散射物体即可。对于反射部分，需要考虑真空管磁悬浮列车通过管道固定发射器前后的情况。在列车通过之前，可以看作是只有真空管存在的情况。而列车通过发射机后，底部反射点将位于真空管磁悬浮列车顶部。因此，镜面反射路径的相关参数可以简化为

$$R^1_{\text{top}}(t)=\left(0,(-D+vt)\frac{R-H_T}{2R-H_T-H_R},R\right)$$

$$D^R_{1,m_1}(t)=A^R(t)-R^1_{\text{top}}(t)$$

$$f^R_{d,11,m_i}(t)=\frac{1}{\lambda}\frac{\langle D^R_{1,m_i}(t),v\rangle}{\|D^R_{1,m_i}(t)\|}$$

$$R^{1,\text{tube}}_{\text{down}}(t)=\left(0,(-D+vt)\frac{H_T}{H_R+H_T},-R\right)$$

$$R^{1,\text{pod}}_{\text{down}}(t)=\left(0,(-D+vt)\frac{H_T-H}{H_R+H_T-2H},H\right)$$

$$D^R_{1,m_2}(t)=A^R(t)-R^1_{\text{down}}(t)$$

$$f^R_{d,11,m_i}(t)=\frac{1}{\lambda}\frac{\langle D^R_{1,m_i}(t),v\rangle}{\|D^R_{1,m_i}(t)\|}$$

式中 $R^1_{\text{top}}(t)$——管顶反射点的位置；

H_T——Tx 的高度，m；

H_R——Rx 的高度，m；

$R^1_{\text{down}}(t)$——管底反射点的位置；

$R^{1,\text{pod}}_{\text{down}}(t)$——真空管磁悬浮列车顶部反射点的位置；

H——列车的高度，m。

3.6.2 信道模拟

本小节将仿真真空管的无线信道并分析信道特性。真空管磁悬浮列车在半径为 1.65 m 的真空管中以 1 000 km/h 的速度行驶（见图 3-44）。收发器天线分别固定在真空管磁悬浮列车顶部和真空管的顶部，并且使用 4.85 GHz 作为载波频率，带宽为 100 MHz。详细参数见表 3-10。

表 3-10　参数设置

参　数	取　值	参　数	取　值
载频/GHz	4.85	列车高度/m	2.6
带宽/MHz	100	Tx 数量	1
真空管半径/m	1.65	Rx 数量	1
列车速度/(km/h)	1 000	最大散射反射次数	1
Tx 坐标/m	(0,0,3.2)	散射衰减因子	0.6
初始 Rx 坐标/m	(−20,0,2.7)		

如图 3-46 所示，根据提出的模型得到归一化 CIR，仿真场景中真空管的总长度为 40 m，所以在发射天线所在的 20 m 处，CIR 的振幅最大，时延最小。它也是收发器天线之间的最小距离。图 3-46 中黑线为理论 LoS 分量的轨迹，可见拟合较好。

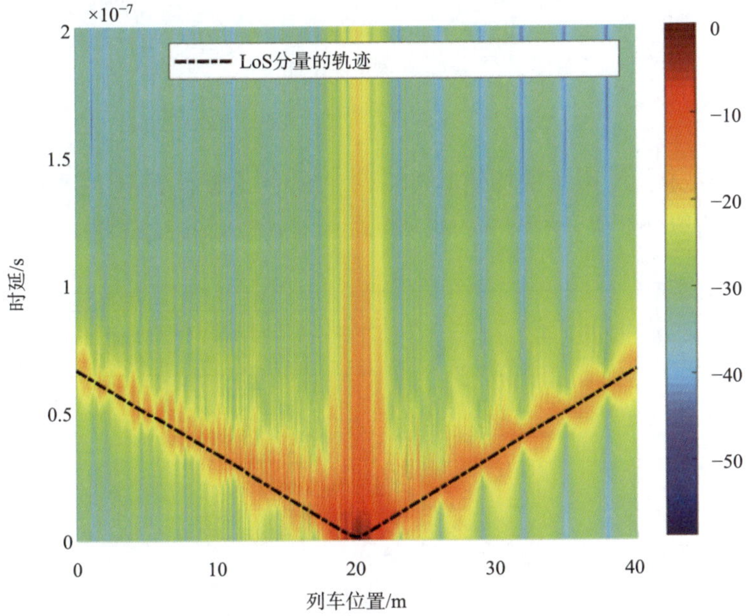

图 3-46　不同位置的归一化 CIR

图 3-47 所示为根据生成的 CIR 的模拟多普勒功率谱。从图 3-47 中可知，当真空管磁悬浮列车通过发射天线时，多普勒频移在−4 500～+4 500 Hz 之间变化。但在20 m 位置之前有明显的过渡趋势。图 3-47 还补充了理论多普勒频移，可以发现理论的 LoS 多普勒与仿真结果完美匹配。由于反射分量的假设，还补充了理论反射分量多普勒频移曲线，并且理论反射分量 1 在真空管磁悬浮列车通过发射天线之前从管底部反射，在真空管磁悬浮列车通过发射天线之后从列车顶部反射。这是因为真空管磁悬浮列车通过天线后无线信号在管内的传播空间变小，导致反射分量与 LoS 路径的传播距离变窄。

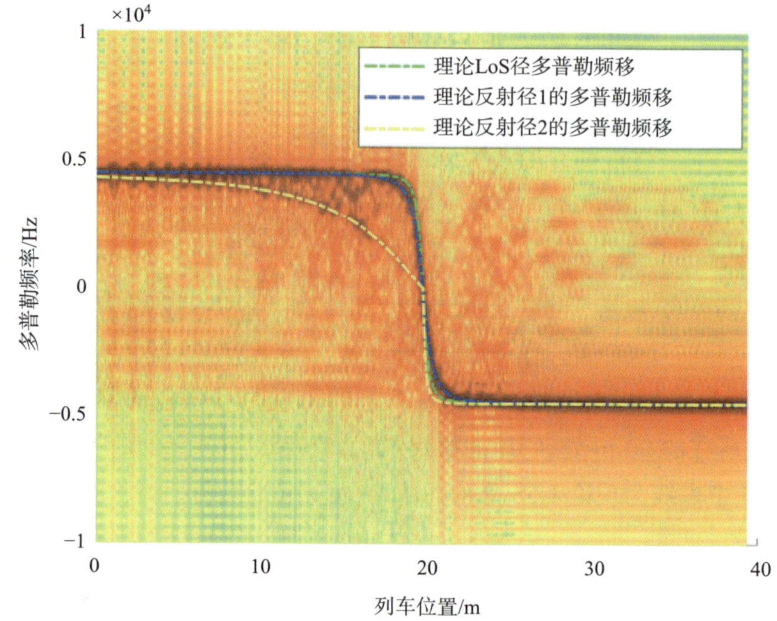

图 3-47　多普勒功率谱与理论曲线

然后分析 K 因子。K 因子的均值是 8.387。图 3-48 展示了 K 因子的分布,并通过高斯分布进行拟合的拟合结果,结果可以表示为 $0.014N(7.529,7.333)$。

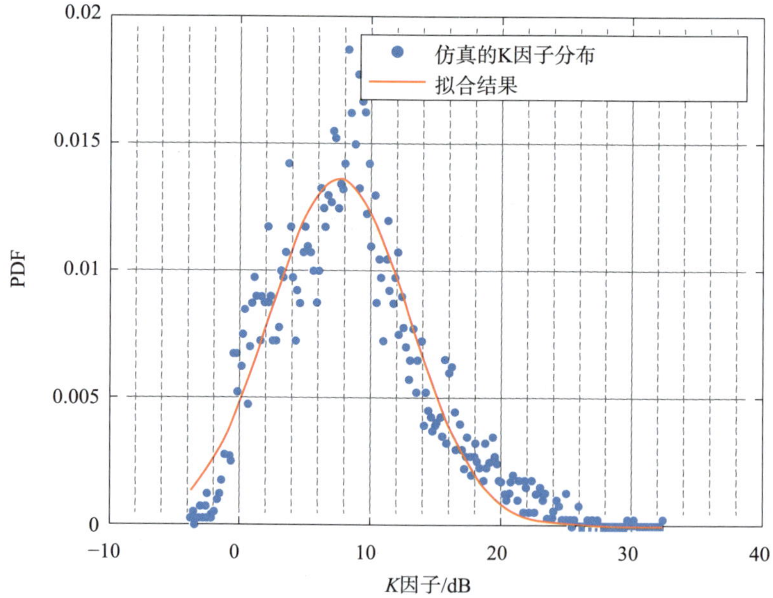

图 3-48　K 因子的 PDF

第4章　真空管磁悬浮列车无线接入架构技术

传统轨道列车中有多种无线接入方式为车地无线通信提供支撑，但真空管磁悬浮列车的封闭金属管和超高终端速度的独特场景需要设计独特的真空管的车地无线接入架构。本章基于真空管磁悬浮列车的特殊运行环境，提出了几种适用于真空管磁悬浮列车运行环境的无线接入架构，为真空管磁悬浮列车的车地通信提供一定的技术支撑。

4.1　基于集中式云接入的真空管磁悬浮列车无线接入架构

真空管磁悬浮列车以全自动模式运行在密闭金属管道中，其运行方向、实时速度以及运行轨迹都是可预知的。此外，由于列车运行速度极快，一般会设置较大的列车运行安全间隔。考虑到这些场景特性，本节基于集中式云接入网提出一种面向真空管磁悬浮列车的宽带无线接入架构（以下简称集中式云接入架构）。集中式云接入架构将所有或部分基站间共有的、可以通用的基带处理资源集中并形成一个云端基带处理单元集群（云处理端），也称为基带处理池（baseband pool，BP）。BP与多个远端无线射频单元（remote radio head，RRH）连接，RRH仅负责简单的无线收发功能。这种方式的好处在于分离了基站的基带处理功能和无线收发功能。与传统的分布式基站网络相比，集中式云接入架构采用实时虚拟技术的云架构，特别是沿真空管道呈带状分布的拓扑结构，通过BP的整体资源分配和调度，最大限度地提高全局范围内物理资源的资源利用率。集中式接入下的BP和RRH最大传输距离限制在20 km。因此，在整条运行线路上需要部署多个BP。

真空管磁悬浮列车集中式云接入架构如图4-1所示，主要分为三个部分：核心接入网、车地无线接入网以及车内网。高铁隧道场景与真空密闭管道存在一定相似性，目前解决隧道覆盖的主要方法是采用漏泄波导/电缆。在未来超高速低真空磁浮轨道交通中，同样可以考虑采用漏泄波导实现车地通信。主要思路是将漏泄波导安装在封闭管道顶部，通过漏泄波导表面特殊的开口设计，实现管道腔体内的无线信号覆盖。另一方面，为了避免车厢厢体对无线信号的屏蔽，列车侧可以采用基于车载中继的“双链路”结构实现漏波信号接入。

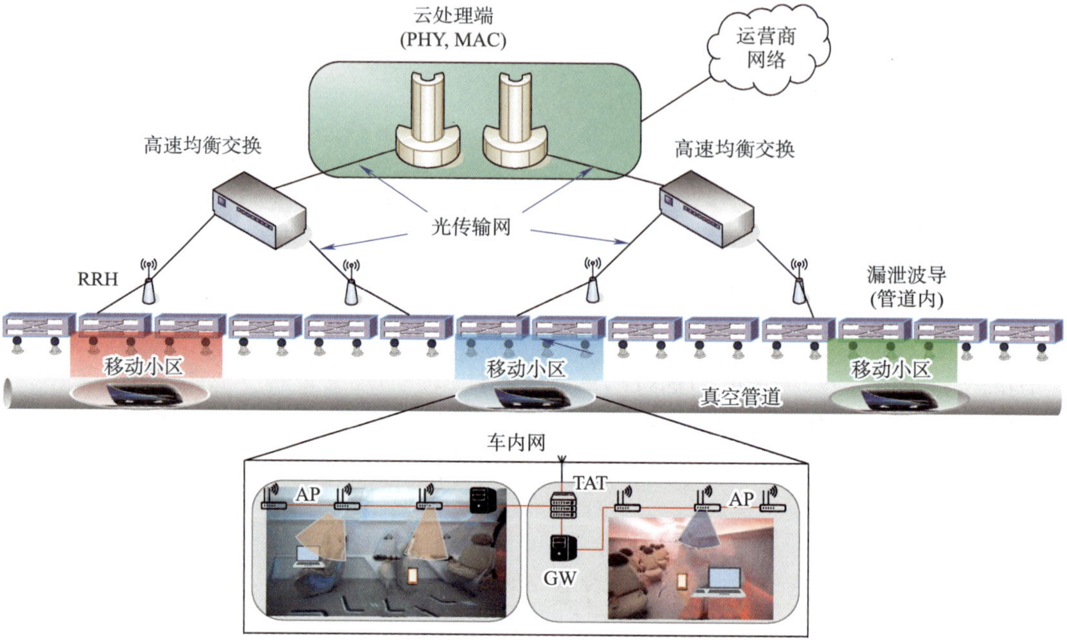

图 4-1 集中式云接入架构

1. 核心接入网

核心接入网主要由云处理端、运营商网络和光纤环路组成。上行链路传输过程中，云处理端将来自不同列车用户的数据合并打包，并将该数据发送给接入服务网关(access service gate，ASG)，其中 ASG 是不同运营商网络和云处理端之间的服务路由器，负责将数据交付给不同的运营商网络。

2. 车地接入网

车地接入网主要由管道沿线 RRH、光纤环路和管道内的漏泄波导组成。RRH 的作用是在云处理端的控制下，通过漏泄波导向管道内的真空管磁悬浮列车提供最后一跳的无线传输。云处理端配备了波分复用器，可以产生多个波长的复用光信号，并通过光交换机与调制器可将射频信号调制到光信号上。相应地，每个 RRH 都配备了光分插复用器(optical add-drop multiplexer)，因此每个 RRH 仅能与特定光波长通信。下行链路中，核心网络的数据在云处理端进行一系列基带处理，然后通过波长复用技术以光信号形式(特定波长)通过光环路发送到 RRH，RRH 通过光分插复用器 OADM 接收特定光波长信号，并将解调出的射频信号通过漏泄波导发送给列车。

3. 车内网

车内网主要由车载中继、用户终端、车内接入点组成。车载中继作为地面与列车无线传输的空中接口，它主要有两个功能：一是 RRH 和车内用户之间的无线传输中继功能；二是连接车厢内支持多模适配的AP，包括蜂窝网络服务(3G、4G和5G)，为车厢内不同网络制式的无线终端实现接入，最后将这些信号解调还原到比特流，并聚合打包后通过无线链路发送到RRH，实现车地透明传输。

4.2　基于移动小区的真空管磁悬浮列车短距离越区免切换方案

4.2.1　移动小区

真空管磁悬浮列车极快的速度同时也会导致频繁的越区切换，针对这一问题，传统轮轨高铁无线通信可以通过扩大小区覆盖范围来减少切换次数，然而，在小区边界仍然会发生切换导致的性能退化。传统轮轨无线通信接入方案都是基于固定小区或固定段，即每次列车穿越相邻小区交界处时，首先需要断开与“旧基站”之间的无线链路，然后与“新基站”建立连接。随着列车速度的大幅增加，这种越区切换过程将极其频繁，这不可避免地导致通信性能下降。此外，由于真空管道狭小的密闭空间存在波导现象，这将导致固定小区恒定覆盖无法实现。为了保证用户的无缝移动性和服务质量，最基本的要求是用户通过切换区域的时间比切换处理时间长，否则无法完成切换过程，这会导致用户的QoS下降甚至掉线。在高速移动的情况下，由于用户终端驻留时间比小区选择过程时长要短，所以容易出现网络问题，例如断网或小区选择失败。考虑到高铁沿线狭长形的网络覆盖特点以及高铁沿线可能存在的复杂地理环境，工业界使用光纤射频拉远的方式(BBU+RRU)将六边形小区转化为带状小区，大大降低了越区切换的次数，但是真空管磁悬浮列车的超高时速将小区带状化的增益吞没，光纤射频拉远的技术仍然没有从根本上解决切换带来的系统性能下降问题。因此，基于固定小区(固定段)的无线接入方案不适合速度超过1 000 km/h的真空管磁悬浮列车。现假设基站(BS)跟随用户设备(UE)的运动方向、速度而运动，则BS与UE之间建立的通信链路就相当于固定通信链路，无论UE的速度多快，都能实现高速率传输。基于上述论述可以总结出物理移动基站方案，然而事实上，在列车速度极高的情况下，物理移动基站是不可实现的。因此移动基站可以用移动小区(移动频率)来代替，移动小区(移动频率)可实现类似移动基站的效果。

集中式云接入架构可支持“移动小区”的实现，可以很好地解决真空管磁悬浮列车频繁切换问题。云处理端预知真空管磁悬浮列车的准确位置信息，然后根据列车位置实时控制RRH和漏泄波导区段的开启和关闭，确保无线覆盖小区随着列车同时移动。这种集中式的资源分配与调度可准确控制列车所在小区的物理层数据流的传输，将沿线分布的若干个物理小区合并为一个逻辑小区，避免了传统逻辑上的越区切换。此外，云处理端为控制范围内的每一列真空管磁悬浮列车都分配一定的基带处理、传输资源和频谱资源，相当于一个逻辑上的基站。此外，由于真空管磁悬浮列车运行间距较大(假设列车速度 1 000 km/h，发车间隔为 10 min，则相邻两车间距超过 50 km)，并且大部分 RRH 处于休眠状态，因此相邻列车之间的电波干扰基本可以忽略，所以每列车均可以分配到系统可用的全部频谱资源，也就是说频率复用指数可保持为 1。

1. 确定列车位置

实际情况中，真空管磁悬浮列车速度是实时变化的，无法精确预知列车进入相邻 RRH 小区重叠区的时间，本节采用周期 Beacon 信令查询方式确定列车位置。云处理端周期性向所有 RRH 发送 Beacon 信号询问列车位置，RRH 接收到 Beacon 信号后通过漏泄波导向列车转发，若列车进入 RRH 覆盖范围，列车接收到 Beacon 信号后便会返回 ACK 信号，由此云处理端可确认列车进入相邻 RRH 重叠区的时间。具体流程如图 4-2 所示，假设列车此时位于 RRH_1 覆盖范围内，则列车会对 RRH_1 转发的 Beacon 信号做 ACK 反馈，当列车进入 RRH_1 和 RRH_2 重叠区时，列车也开始对 RRH_2 转发的 Beacon 信号做 ACK 反馈，云处理端由此可确定列车进入 RRH_2 覆盖范围时间。

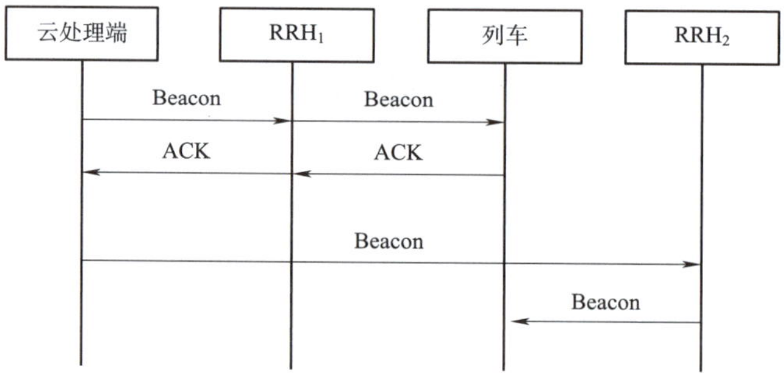

图 4-2　列车位置的确定流程

2.“移动小区”切换流程

移动小区切换如图 4-3 所示，RRH_1、RRH_2、RRH_3 对应的工作光波长分别为 λ_1、λ_2、λ_3，假设列车顶部配置单天线，工作频率为 f。

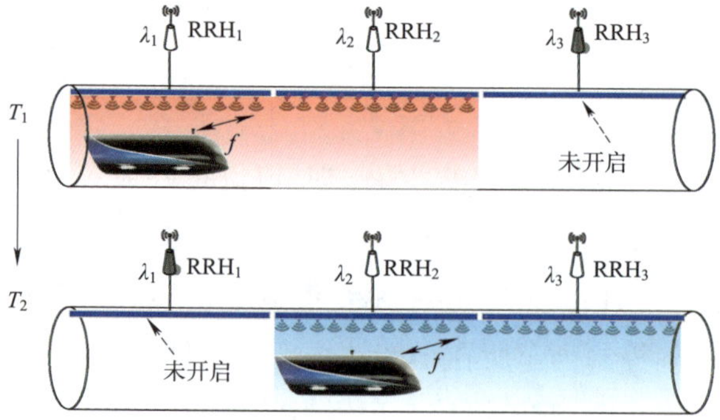

图 4-3　“移动小区”切换思想

T_1 时刻，列车运行在 RRH_1 覆盖范围内，此时 RRH_1 与 RRH_2 处于开启状态为列车提供接入服务，即 RRH_1 和 RRH_2 组成逻辑移动小区，承载射频信号的光波长为 λ_1 和 λ_2，列车与漏泄波导通信载频为 f。T_2 时刻，当云处理端通过 bacon 信号检测到列车进入 RRH_1 与 RRH_2 的覆盖重叠区，开始执行“移动小区”切换流程，云处理端打开 RRH_3，关闭 RRH_1，同时切换承载射频信号的光波长为 λ_2 和 λ_3。此时 RRH_2 和 RRH_3 组成同频逻辑小区，载频仍为 f。随着列车的移动，同频小区也会随之移动。可见，传统越区切换过程实际上被光波长切换代替，光波长切换流程如图 4-4 所示，具体如下：

步骤 1，云处理端中，地面管理单元（ground control unit，GCU）周期性地向所有 RRH 发送 bacon 信号，GCU 根据各 RRH（以图 4-3 中的 RRH_1、RRH_2、RRH_3 为例）反馈的 ACK 信号确定列车的运行位置和方向，当列车到达相邻 RRH 重叠覆盖范围时，GCU 向地面接入管理单元（ground access manage unit，GAMU）发送“移动小区”切换启动信令 DRRH_HO_PRE，该指令包含 RRH_1、RRH_2、RRH_3 的编号以及列车动作标签（离开/进入）。

步骤 2，GAMU 接收到“移动小区”切换启动信令 DRRH_HO_PRE 后，首先向 GCU 发送反馈信令 DRRH_HO_ACK 以便其确认，同时打包并拷贝需要发往列车的数据。GAMU 向光波长管理器（wavelength manage unit，WMU）发送光波长切换信令 W_HO_REQ，该指令包含 RRH_1、RRH_2、RRH_3 的编号列车、相应的列车动作标签以及需要发往列车的数据。

步骤 3，WMU 接收到光波长切换信令 W_HO_REQ 后，首先向 GAMU 发送反馈信号 W_HO_ACK 以便其确认。然后 WMU 打开波分复用激光器，根据接收到的 RRH 编号以及动作标签生成所需要的光波长序列 λ_2、λ_3，通过调制器将需要发往列车的数据调制到新生成的光波序列上，完成后向 GAMU 发送指令 W_HO_COM，通知光波长切换已完成。

步骤 4，GAMU 接收到光波长切换完成信令后，根据 RRH_1、RRH_2、RRH_3 的编号列车、相应的列车动作标签开启 RRH_3 并关闭 RRH_1，完成后向 GCU 发送“移动小区”切换完成指令 DRRH_HO_COM，通知切换已完成。

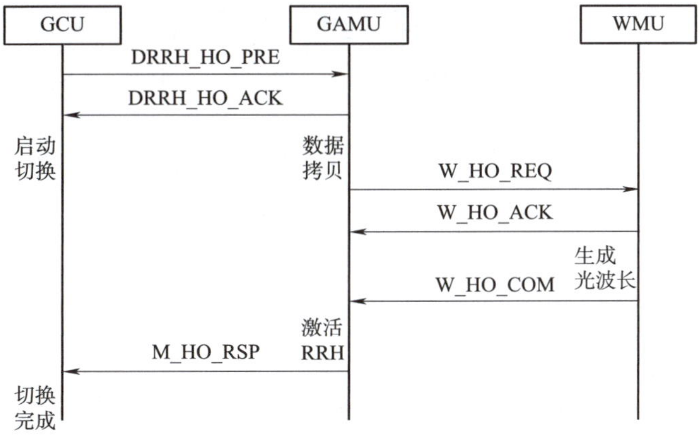

图 4-4　光波长切换流程

4.2.2 理论性能分析

集中式云接入架构的主要思想是将基带处理功能集中到云处理端，而简单的无线辐射、信号放大功能由管道沿线的 RRH 和漏泄波导负责，大大降低了系统的建设成本。另一方面，在云处理端控制下，只有运行列车附近的几个 RRH 是处于开启状态的，其余 RRH 处于关闭状态，大大节省了计算资源和电力费用，缓解"潮汐效应"产生的影响。在切换管理上，基于集中式云接入架构实现的移动小区切换方案可根据 Beacon 信号确定列车进入下一个 RRH 小区的时间，准确控制 RRH 的开启和关闭，利用光波长切换代替了传统的逻辑切换，有效避免了切换时延过大而导致的切换失败问题。

在蜂窝网络下对移动小区和传统切换方案的性能进行仿真对比。假设列车速度 $v=1\ 000$ km/h，RRH 发射功率为 $P_t=43$ dBm，每个 RRH 的覆盖半径为 $r=1\ 500$ m，相邻两个 RRH 覆盖重叠区半径 cov=100 m，工作载频 $f_c=3.3$ GHz，若只考虑大尺度衰落模型，分别采用传统蜂窝切换方式(切换时间设为 500 ms)和移动小区切换方式，得到列车端接收功率曲线如图 4-5 所示。可见，传统切换方式在小区重叠处列车接收功率急剧下滑，通常会导致切换失败。相比之下，移动小区切换方式下列车在重叠区能够保持较高的接收功率，保证通信不中断。

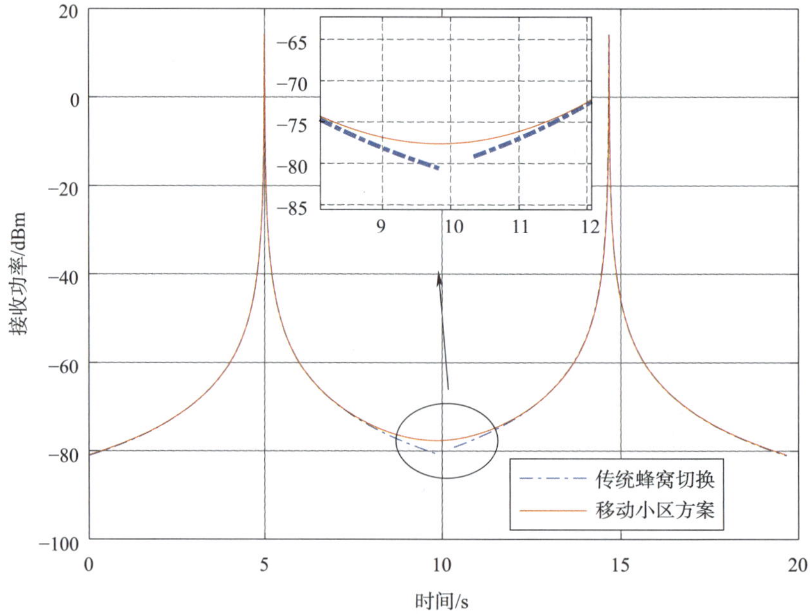

图 4-5 传统蜂窝与移动小区接收功率对比

移动小区实际上是用物理层上的光切换代替了传统基于 MAC 层以上的信令交换的切换，大大减少了切换所需的时间。资料显示，目前几种主流的光开关切换时间见表 4-1，即使是切换时间最长的微电子机械开关(micro electromechanical system，MEMS)切换时间也仅为 10 ms，可极大降低切换损耗，而半导体光放大器（semiconductor optical amplifiers，SOA）切换时间甚至可低至 5 ns，可见利用光开关进行切换可以极大压缩小区切换所需时间，在高速场景无线通信切换上具有很好的应用前景。

表 4-1　主流光开关切换时间

光开关	切换时间
微电子机械开关 MEMS	10 ms
热光开关	4 ms
声光开关	3 μs
半导体光放大器 SOA(用作光开关)	5 ns

假设传统蜂窝切换时间在优化之后分别为 100 ms、500 ms 和 1 s。对于光切换过程，如果算上云处理端到 RRH 的光纤传输时延 $T_0=Ln/c$（其中 L 为云处理端与 RRH 的光纤总长，c 为光速，n 为光纤的传播系数），则光切换的总时长为 $T=T_h+T_0$，其中 T_h 为光开关切换时间（分别取 10 ms、4 ms、3 μs、5 ns）。假设列车通过小区的时间为 $T_p=R/v$，其中小区覆盖范围 R 设为 1 500 m，列车速度设为 300 m/s，则列车每隔 T_p 就会发生一次切换，因此切换造成的切换损耗为 $\eta_{loss}=T/T_p$。根据上述分析，对真空管磁悬浮列车场景下传统切换方式和光切换方式的切换损耗进行对比，结果如图 4-6 所示，可见移动小区光切换引起的切换损耗比传统切换方式要小得多，几乎是几个数量级的差别。

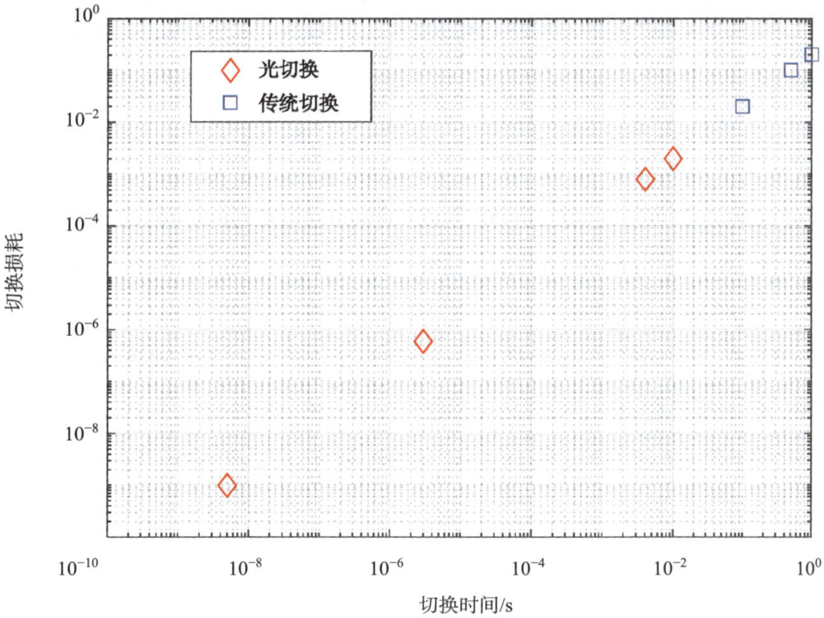

图 4-6　切换时间和切换损耗对比

4.3 基于网状拓扑关系的真空管磁悬浮列车无线接入架构

云无线接入网(cloud radio access network,C-RAN)具有集中式 BBU 和分布式 RRH,可有效降低能耗。C-RAN 具有绿色、资源分配方便等优点,被认为是一种很有前途的 5G 架构。本节探讨 C-RAN 应用于真空管磁悬浮列车车地通信场景的可行性,具体而言,在广泛而密集分布的铁路网络中定义了一种新的群切换现象,并提出了一种资源迁移成本的封闭表达式来描述群切换。为了降低成本,还提出了一种新的射频拉远端和基带单元 BBU(baseband unit)池之间的连接关系。在此基础上,通过抽象 RRH-BBU 和 BBU-BBU 的映射关系,建立了一个灵活的网络以便动态地分配资源,然后将真空管磁悬浮列车沿线资源迁移成本最小化转化为最短路径问题(shortest path problem,SPP)。

一些现有研究已针对 C-RAN 在高速铁路场景中的应用提出了一些新的无缝切换方案,例如小区阵列方案和移动小区方案。但是高铁运行在广阔的地理范围内,这表明需要一个以上的 BBU 池来为高铁提供接力服务。因此当真空管磁悬浮列车穿越不同的 BBU 池时会出现切换现象。当真空管磁悬浮列车通过不同的 BBU 池时,会出现组切换现象。为此本节提出了一个闭式表达式来描述组切换的资源迁移成本;然后提出了一种新的 RRH-BBU 映射关系。利用图论将网络抽象成图;并建立了将真空管磁悬浮列车沿线资源迁移成本最小化的优化问题,并转化为 SPP 问题,随后通过一种低计算复杂度的改进 Floyd-Warshall 算法进行求解。

目前铁路广泛应用的无线通信系统是 GSM-R,它有限的带宽可服务于列控系统,但难以为乘客提供旅行通信服务。因此 GSM-R 不能满足未来高速铁路日益增长的通信需求。为此,相关研究机构已经提出了多种方案来增强真空管磁悬浮列车上宽带无线接入的性能。卫星通信已被证明是长距离铁路通信的良好解决方案,它传统上用于跨越广阔地理区域的车辆无线接入。在欧洲,空军研究实验室开发了名为 MOWGLY 的多模式全球移动宽带通信技术,该技术采用无线网络和卫星技术进行车载和车地通信,并提供宽带互联网接入。然而,当真空管磁悬浮列车在隧道或其他不存在 LoS 传播的情况下运行时,卫星通信的性能会急剧下降。此外,地面和卫星之间长时间的传输延迟无法满足某些关键任务服务的要求,从而危及真空管磁悬浮列车的稳定性。此外高昂的成本阻碍了卫星通信技术的大规模部署。

我国目前已经部署了基于 LTE 的铁路专用网,并在此基础上为提高高速铁路通信的性能进行了大量的研究工作。然而,LTE 在铁路的应用中一些问题并没有得到很好的解决,尤其是频繁地切换,这严重降低了通信的可靠性。有文献提出了一种基于 RoF 技术的方案,以在一定程度上降低切换频率。中国移动 C-RAN 白皮书中基于协作多点传输

(coordinated multiple point, CoMP)技术提出了一种软切换方案来代替传统的 LTE 硬切换。然而这些方案仍难以完全解决频繁切换问题。

C-RAN 于 2011 年由中国移动首先提出，作为一种新颖的网络架构，在高速铁路场景中的应用备受关注。在 C-RAN 的部署过程中，发现单个 BBU 池不能满足长距离铁路线的通信需求。有文献提出了虚拟小区的概念，它结合了连接到同一 BBU 池的所有 RRH，以减少长距离铁路线路中的频繁切换。

在传统的 C-RAN 体系结构中，一个 RRH 连接到一个 BBU 池，而一个 BBU 池则可以连接到多个 RRH，如图 4-7 所示。现有文献已经面向 C-RAN 中 BBU 和 RRH 的链接关系研究了资源分配或节能问题，研究了 C-RAN 体系结构中的 BBU-RRH 映射问题以降低网络功耗，并将其表述为装箱问题。还有文献提出了一个动态的 BBU-RRH 映射方案得以动态地分配资源。但是上述工作都是基于传统的 RRH-BBU 映射关系进行的，即一个 RRH 只能连接到一个 BBU 池。为此本节提出了一种新的映射关系，重点研究了切换过程中资源分配的优化问题；建立的高速铁路网络模型为铁路专用通信系统的后续研究提供了新思路。

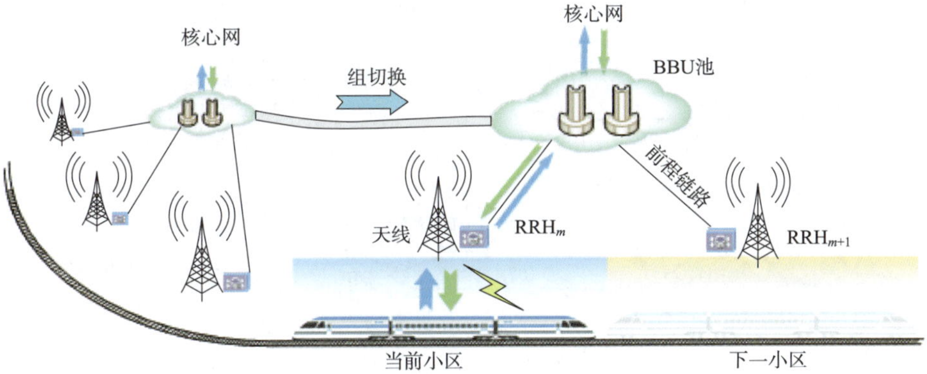

图 4-7　高速铁路情景下的 C-RAN 系统图

4.3.1　高速铁路中的云无线接入

在 LTE 系统中，典型的无线基站由 BBU 和 RRH 组成。然而，这种架构的主要缺点之一是高资本支出和运营支出。因此可以采用 C-RAN 架构来解决这个问题。图 4-7 展示了在高速铁路场景中的 C-RAN 部署。RRH 分布在铁路沿线，集中的 BBU 位于线路附近的某处。前程链路通过公共射频接口连接 BBU 和 RRH。RoF 技术是指一种通过无线电信号调制光并通过光纤链路传输的技术，它被用于前程链路。真空管磁悬浮列车严格按照时间表运行，这不同于陆地移动通信，因此真空管磁悬浮列车的实时信息可以预先确定，例如速度、位置和路线。本节中假设真空管磁悬浮列车的预知信息可以通过沿线的大量传感器获得。

C-RAN 和真空管磁浮列车场景独特特性的结合产生了一些新通信解决方案，例如移动小区方案。当终端在多个小区之间高速穿梭时，移动小区方案可提供连续的移动网络连接。然而，为了保证关键服务数据的实时传输，前程链路的长度通常不超过 20 km。换句话说，一个 BBU 池只能覆盖铁路线路的一小部分，大约 40 km。因此需要多个 BBU 池来实现真空管磁浮列车的无缝无线接入。当真空管磁浮列车通过不同的 BBU 池时，通信中的乘客将与之前的 BBU 池断开连接，并与下一个 BBU 池建立新的连接。同时，通信资源将从一个 BBU 池迁移到另一个。例如，在图 4-8(a)中，当真空管磁悬浮列车从 RRH_1 移动到 RRH_2 时，它将首先断开与 BBU 池 1 的连接，并与 BBU 池 2 建立新的连接。这种现象的本质是一种切换，即组切换，其会降低了系统的性能。

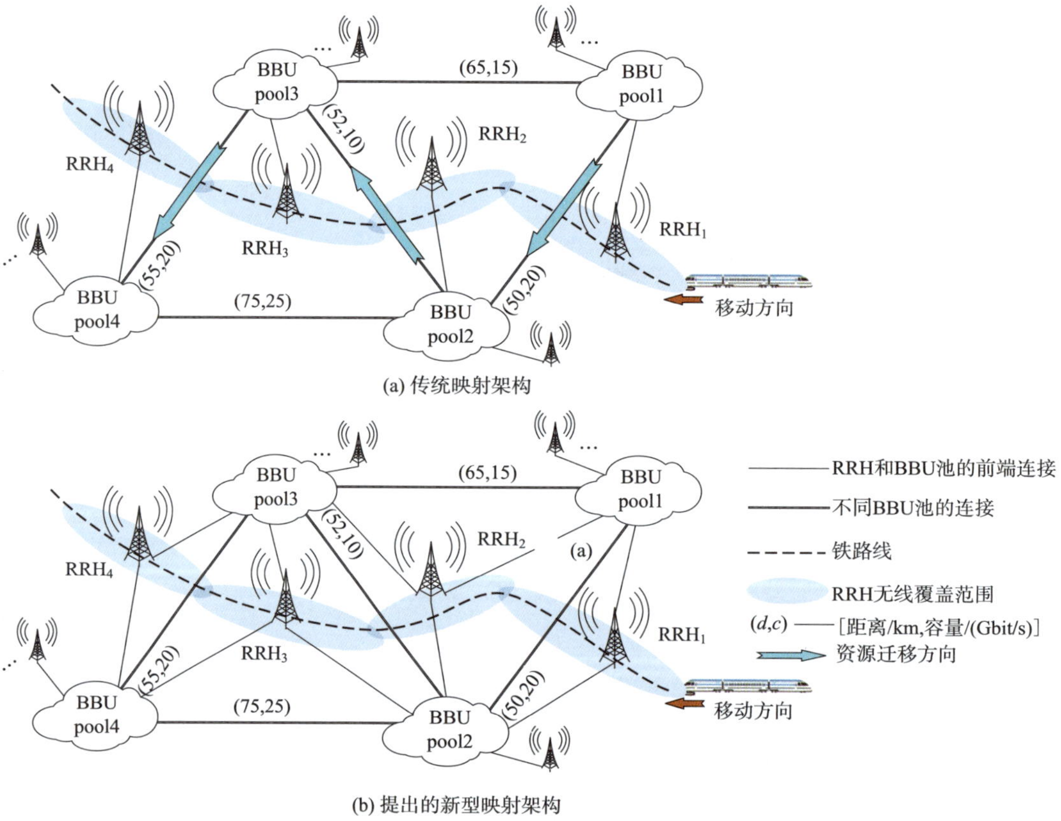

(a) 传统映射架构

(b) 提出的新型映射架构

图 4-8　真空管磁浮列车场景中通信网络体系结构图

4.3.2　系统模型

对于长距离真空管路线，群切换会产生一定的资源迁移成本。因此本节通过建立更加灵活的网状映射连接关系来尽可能降低成本。提出的新 C-RAN 架构基于下列三个设定：①灵活的 RRH-BBU 映射关系，单个 RRH 可连接到邻近的多个不同 BBU 池而不是一个，如图 4-8(b)所示。②当真空管磁悬浮列车在单个 RRH 的无线覆盖范围内运行时,RRH 只与一个 BBU 池通信。③BBU 池之间存在切换。当列车从一个 RRH 移动至下一个隶属其他 BBU 池的 RRH 覆盖范围时,会发生群切换。

图 4-8 显示了在真空管磁悬浮列车场景下的传统 C-RAN 体系结构和本节提出的新 C-RAN 体系结构,图中较粗的双线表示连接两个相邻 BBU 池的链路,实线表示前程链路,粗虚线表示真空管铁路线。

4.4 基于图论的真空管磁悬浮列车中长距离越区切换方案

基于 4.3 节提出的模型,RRH 和 BBU 池的集合可视为顶点,而它们之间的连接可视为边,由此可建立一个图模型来抽象地描述连接关系。首先说明以下符号以便进一步分析。

(1)BBU 池表示为 $\{B_b \mid b \leqslant N_B\}$,其中 $N_B \in N^*$ 表示 BBU 池的数量。由此 BBU 池向量可以表示为 $\boldsymbol{B}=[B_1,\cdots,B_{N_B}]^T$;

(2)RRH 表示为 $\{R_r \mid r \leqslant N_R\}$,其中 $N_R \in N^*$ 表示全部 RRH 的数量。RRH 向量可以表示为 $\boldsymbol{R}=[R_1,\cdots,R_{N_R}]^T$;

(3)铁路线表示为 $\{l \mid l \leqslant L\}$,其中 $L \in N^*$ 表示全部铁路线的数量;

(4)$\omega_r \in \{0,1\}$表示列车是否在第 r 个 RRH 的覆盖范围内,0 表示不在覆盖范围内,1 则表示在覆盖范围内。对于列车线路 l,列车沿线的 RRH 集合可表示为

$$\boldsymbol{R}_l=\boldsymbol{\Omega}_l \odot \boldsymbol{R} \tag{4-1}$$

其中,$\boldsymbol{\Omega}_l=[\omega_1^l,\cdots,\omega_{N_R}^l]^T$;符号⊙表示 Element-Wise 相乘,即对应元素逐一相乘。

(5)$\varphi_{rb} \in \{0,1\}$表示第 r 个 RRH 是否连接到第 b 个 BBU 池,0 表示未连接,1 则表示已建立连接。连接矩阵可以表示为

$$\boldsymbol{\phi}=\begin{bmatrix} \phi_{11} & \cdots & \phi_{1N_B} \\ \vdots & \ddots & \vdots \\ \phi_{N_R1} & \cdots & \phi_{N_RN_B} \end{bmatrix}_{N_R \times N_B} \tag{4-2}$$

因此随着真空管磁悬浮列车向前移动,连接到铁路 l 沿线分布的 RRH 的 BBU 池,即 BBU 线矩阵可表示为

$$\boldsymbol{\Psi}_l=[R_l,\cdots,R_l]_{N_B} \odot \boldsymbol{\phi} \tag{4-3}$$

基于此建立图模型 $G=(V,\varepsilon)$,其中顶点集 $V=V_R \cup V_B$ 包含 RRH 定点集 $V_R=\{v_r \mid r \leqslant N_R\}$和 BBU 池定点集 $V_B=\{v_b \mid b \leqslant N_B\}$两个子集;边集 $\varepsilon=\varepsilon_{BB} \cup \varepsilon_{BR}$包含 BBU 池之间的边 $\varepsilon_{BB}=\{e_{bb'} \mid b,b' \leqslant N_B\}$和 BBU 池与 RRH 之间的边 $\varepsilon_{BR}=\{e_{br} \mid b \leqslant N_B, r \leqslant N_R\}$这两个子集。

对于边集 ε，每个边 e_{ij} 被分配一个权重 h_{ij}，该权重是当列车从一个 RRH 移动到另一个时所花费的资源迁移成本。假设边集 $\varepsilon_{\mathrm{BR}}$ 的权重为 0，因为它们之间没有发生切换。对于边集 $\varepsilon_{\mathrm{BB}}$，两个 BBU 池未通过物理链路连接的那些边的权重是无穷大。对于连接两个顶点的边，权重 $h_{bb'}$ 由这两个 BBU 池之间的距离 $d_{bb'}$、链路容量 $C_{bb'}$ 和活动乘客数 ηN_{P} 确定。N_{P} 表示乘客总数，$\eta\in(0,1)$ 表示活动乘客的比率。权重 $h_{bb'}$ 可以表示为

$$h_{bb'}=\begin{cases}0, & b=b'\\ \eta N_{\mathrm{P}}d'_{bb'}/C'_{bb'}, & b\rightarrow b'\\ +\infty, & b\not\rightarrow b'\end{cases} \tag{4-4}$$

其中，$d'_{bb'}=d_{bb'}/\max(d_{bb'})$ 和 $C'_{bb'}=C_{bb'}/\max(C_{bb'})$ 分别表示归一化的距离和容量。式(4-4)意味着权重与归一化距离成正比，而与归一化容量成反比。这可以解释为长距离导致高资源迁移成本，而高容量导致低成本。那么资源迁移成本矩阵(简称成本矩阵)可以表示为

$$\boldsymbol{H}_{\mathrm{BB'}}=[h_{bb'}]_{N_{\mathrm{B}}\times N_{\mathrm{B}}} \tag{4-5}$$

真空管磁悬浮列车在线路 l 沿线 RRH_m 的无线覆盖范围内移动，只有一个 BBU 池与 RRH 通信，换句话说 RRH_m 应该选择一个相连的 BBU 池进行通信，表示为

$$\boldsymbol{\chi}_m^l=[\chi_{m,n}^l]_{1\times N_{\mathrm{B}}} \tag{4-6}$$

约束条件可以被描述为

$$\sum_n \boldsymbol{\chi}_{m,n}^l=1 \tag{4-7}$$

$$\boldsymbol{\chi}_{m,n}^l\in\{0,1\} \tag{4-8}$$

则被选择的通信 BBU 池可以表示为

$$\boldsymbol{\chi}^l=[\chi_1^l,\cdots,\chi_{N_{\mathrm{R}}}^l]^{\mathrm{T}} \tag{4-9}$$

根据式(4-4)铁路线 l 的总资源迁移成本可表示为

$$W_l=\sum_{m=1}^{N_R-1}\boldsymbol{H}_{\mathrm{BB'}}(x_m,x_m) \tag{4-10}$$

$$\boldsymbol{\chi}_m^l(x_m)=1,x_m\in\{1,\cdots,N_{\mathrm{B}}\} \tag{4-11}$$

$$\boldsymbol{\chi}_{m+1}^l(x_{m+1})=1,x_{m+1}\in\{1,\cdots,N_{\mathrm{B}}\} \tag{4-12}$$

$$\boldsymbol{\chi}_m^l\cdot\mathbf{1}^{\mathrm{T}}=1 \tag{4-13}$$

$$\boldsymbol{\chi}_{m\mathrm{C}}^l\cdot\mathbf{1}^{\mathrm{T}}=1 \tag{4-14}$$

其中，x_m 表示当真空管磁悬浮列车在 RRH_m 内运行时所选 BBU 池的索引，x_{m+1} 表示下一个 RRH 的所选 BBU 池索引。式(4-11)表示当前沿线路 l 分布的 RRH_m，式(4-13)表示 RRH_m 只能与连接的 BBU 池中的一个 BBU 池通信。至于 RRH_{m+1}，式(4-12)和式(4-14)分别与式(4-11)和式(4-13)含义相同。

基于图论，图 4-8 中的通信网络可以被建模为图 4-9 所示的示意图。可以看到真空管磁悬浮列车从 RRH_1 到 RRH_4 依次运行。

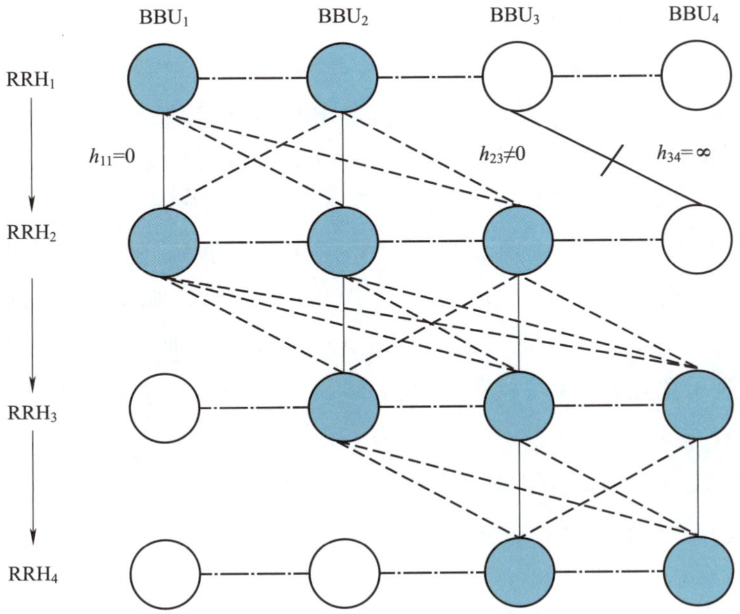

图 4-9　真空管道磁浮铁路场景中的图论示意图

铁路线涉及 4 个 BBU 池，可表示为 $RRU_1 \to RRU_2 \to RRU_3 \to RRU_4$。在图 4-9 中，垂直方向表示沿铁路线 l 分布的连续 RRH，而水平方向表示所有 BBU 池。同一行中的深色顶点指的是连接到同一 RRH 的 BBU 池。例如，第一行中的前两个深色顶点表示 BBU 池 1 和 BBU 池 2 连接到 RRH_1。当列车从 RRH_1 移动到 RRH_4 时，需要多个 BBU 池来实现无缝的车地通信。BBU 池的可能排列被认为是一条路径，并且可以基于式(4-10)获得相应的资源迁移成本。因此，本节的目标是找到 BBU 池的最佳路径，以使总资源迁移成本最小化，可表示为

$$\min_{\chi_l} \{ \boldsymbol{W}_l \} \quad \text{s. t. 式(4-11)～式(4-14)} \tag{4-15}$$

这是一个非确定性多项式问题，为了简化问题，在不失一般性的情况下，考虑一条单线铁路，此时，式(4-15)中的优化问题可被认为是 SPP 问题。找到最佳 BBU 池路径的目标可以通过 Floyd-Warshall 算法来解决，该算法可以找到任意两个顶点之间的最短路径。该算法的基本思想是通过遍历所有顶点来更新顶点 i 和 j 之间的距离，即

$$D(i,j)=\min_{k}\{D(i,k)+D(k,j),D(i,j)\} \tag{4-16}$$

其中 k 属于所有顶点集。然而，该算法的时间复杂度为 $O(N^3)$，给 BBU 池带来了很大的计算负担。此外，本节关心的是列车运行全程的所有 RRH 之间的最短的 BBU 池路径。

假设连接到 RRH_m 的 BBU 池的数量表示为 $N_{connect}^m$ 个。通常 $N_{connect}^m$ 相对较小，因为多个 BBU 池的密集分布导致高 CAPEX 和 OPEX。所有 $N_{connect}^m$ 中的最大值被标记为 $N_{connect}^{max}$。可以将单个 BBU 池的无线覆盖视为一个小区，BBU 池的覆盖形状为正六边形。因此可以将最大连接数 $N_{connect}^{max}$ 设置为 3，因为三个相邻的正六边形共享一个公共 RRH。如上所述，如果考虑到广泛的铁路线覆盖，直接使用 Floyd-Warshall 算法会带来难以接受的计算复杂性。因此，本节为了快速搜索最优路径，提出了一些改进措施。

首先设一些符号便于后续分析。顶点集 $\boldsymbol{V}$ 是几个子集 $\boldsymbol{V}_m$ 的并集，指的是真空管磁悬浮列车在 RRH_m 中时连接的 BBU 池；顶点集 $\boldsymbol{V}_1$ 指的是沿线的第一个 RRH 连接的 BBU 池，顶点集 $\boldsymbol{S}$ 表示已找到的最短路径的估计顶点集，U 表示其他未确定最短路径的所有未访问顶点。$D(v)$ 表示顶点 V_1 和任意顶点 V 之间的估计距离。修正的 Floyd-Warshall 算法描述如下：

步骤 1：初始化 $\boldsymbol{S}=\{\boldsymbol{V}_1\}$，$\boldsymbol{U}=\boldsymbol{V}-\boldsymbol{S}$，成本矩阵 $\boldsymbol{H}_{BB'}$ 和 $\boldsymbol{D}(v)$；

步骤 2：令 $v\in\boldsymbol{V}_m(m\geqslant1)$ 和 $u\in\boldsymbol{V}_{m+1}$，通过遍历所有可能的 v 来更新距离 $D(u)$，即

$$D(u)=\min_v\{D(v)+\boldsymbol{H}_{BB'}(v,u)\} \tag{4-17}$$

步骤 3：将 $\boldsymbol{V}_m$ 从 $\boldsymbol{U}$ 移动到 $\boldsymbol{S}$；

步骤 4：重复步骤 2 和 3，直到真空管磁悬浮列车驶到线路最后一个 RRH，即 N_R^l。

改进算法的流程如图 4-10 所示。

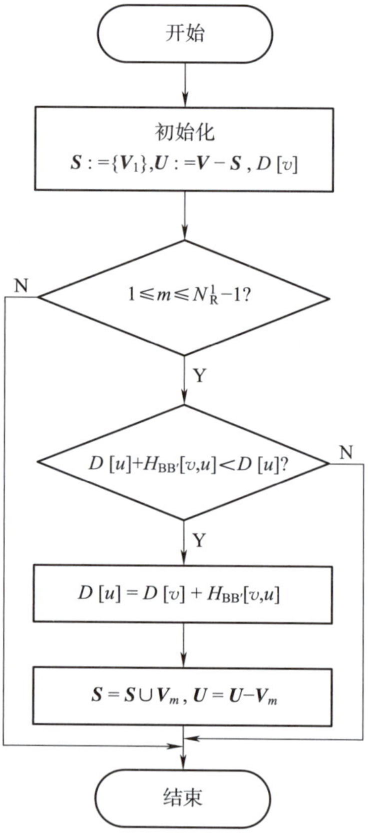

图 4-10　改进算法流程图

改进算法的重点是更新相邻子集的顶点，而不是顶点集 V。经过上述过程后，可以通过比较这些解，即 $D(u)$，$u\in V_{N_R^l}$，较容易地以低复杂度获得全局最优解。该算法的时间复杂度为 $O(3^{N_R^l})$，远低于传统的 Floyd-Warshall 的 $O(N^{N_R^l})$，$N=N_R^l\times N_B$。此外，该算法能找到比次优解更多的最优解。上述算法的伪代码在算法(4-1)中表示。

随后考虑图 4-8(b)所示的小型网络来仿真提出网络架构的性能。假设高铁运载 $N_p=1\ 000$ 名乘客从 RRH_1 移动到 RRH_4，并且一半的乘客在通信中是活跃的，即 $\eta=50\%$。基于式(4-1)～式(4-3)，该铁路线的 BBU 线矩阵可表示为

$$\boldsymbol{\Psi}=\begin{pmatrix}1 & 1 & 0 & 0\\ 1 & 1 & 1 & 0\\ 0 & 1 & 1 & 1\\ 0 & 0 & 1 & 1\end{pmatrix} \tag{4-18}$$

算法(4-1):改进的 Floyd-Warshall 算法的伪代码

输入 G,V 和 V_1;
//初始化
$\boldsymbol{S}:=\{\boldsymbol{V}_1\}$;
$\boldsymbol{U}:=\boldsymbol{V}-\boldsymbol{S}$;
初始化 $D[v]$;
while $1\leqslant m\leqslant N_R^l-1$ do
　　//步骤 2
　　for 每个顶点 $u\in V_{m+1}$ do
　　　for 每个顶点 $v\in V_m$ do
　　　　if $D[v]+\boldsymbol{H}_{\mathrm{BB'}}[v,u]<D[u]$ then
　　　　　$D[u]\leftarrow D[v]+\boldsymbol{H}_{\mathrm{BB'}}[v,u]$
　　　　end if
　　　end for
　　end for
　　//步骤 3
　$\boldsymbol{S}=\boldsymbol{S}\cup\boldsymbol{V}_m$;
　$\boldsymbol{U}=\boldsymbol{U}-\boldsymbol{V}_m$;
end while

连接两个 BBU 池的每个边的距离和容量在图 4-8 中被标记为(距离/km,容量/Gbit/s)。所以根据式(4-5),成本矩阵可由下式得到

$$\boldsymbol{H}_{\mathrm{BB'}}=\begin{pmatrix}0 & 4.17 & 7.22 & \infty\\ 4.17 & 0 & 8.67 & 5\\ 7.22 & 8.67 & 0 & 4.58\\ \infty & 5 & 4.58 & 0\end{pmatrix}\times 100 \tag{4-19}$$

基于给出的改进 Floyd-Warshall 算法,图 4-11 中以顺时针顺序给出了具有详细步骤的求解过程。每个步骤对应的成本矩阵 $\boldsymbol{C}$ 和路径矩阵 $\boldsymbol{P}$ 在表 4-2 中列出。

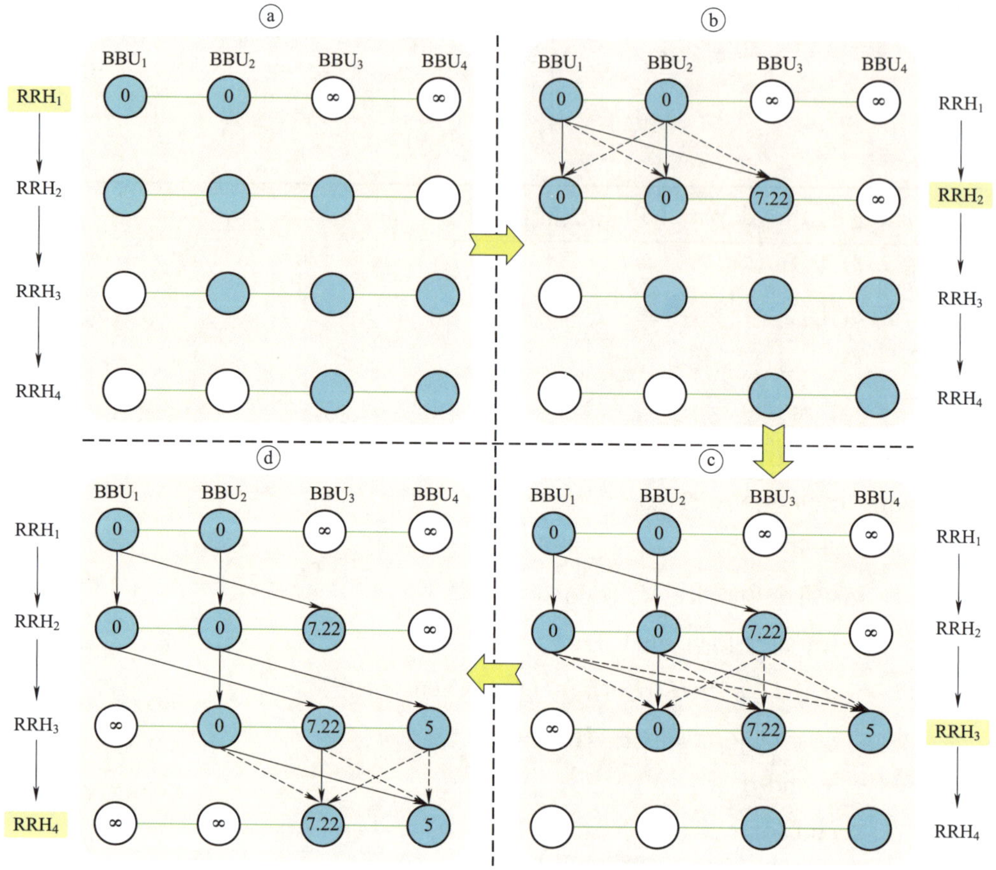

图 4-11　图示的详细求解过程

表 4-2　不同位置对应的成本矩阵和路径矩阵

位　　置	成本矩阵 $\boldsymbol{C}$	路径矩阵 $\boldsymbol{P}$
RRH_1	$\begin{pmatrix} 0 & 0 & \infty & \infty \\ \infty & \infty & \infty & \infty \\ \infty & \infty & \infty & \infty \\ \infty & \infty & \infty & \infty \end{pmatrix} \times 100$	$\begin{pmatrix} 0 & 0 & 0 & 0 \\ 0 & 0 & 0 & 0 \\ 0 & 0 & 0 & 0 \\ 0 & 0 & 0 & 0 \end{pmatrix}$
RRH_2	$\begin{pmatrix} 0 & 0 & \infty & \infty \\ 0 & 0 & 7.22 & \infty \\ \infty & \infty & \infty & \infty \\ \infty & \infty & \infty & \infty \end{pmatrix} \times 100$	$\begin{pmatrix} 0 & 0 & 0 & 0 \\ 1 & 2 & 1 & 0 \\ 0 & 0 & 0 & 0 \\ 0 & 0 & 0 & 0 \end{pmatrix}$
RRH_3	$\begin{pmatrix} 0 & 0 & \infty & \infty \\ 0 & 0 & 7.22 & \infty \\ \infty & 0 & 7.22 & 5 \\ \infty & \infty & \infty & \infty \end{pmatrix} \times 100$	$\begin{pmatrix} 0 & 0 & 0 & 0 \\ 1 & 2 & 1 & 0 \\ 0 & 2 & 1 & 2 \\ 0 & 0 & 0 & 0 \end{pmatrix}$
RRH_4	$\begin{pmatrix} 0 & 0 & \infty & \infty \\ 0 & 0 & 7.22 & \infty \\ \infty & 0 & 7.22 & 5 \\ \infty & \infty & 7.22 & 5 \end{pmatrix} \times 100$	$\begin{pmatrix} 0 & 0 & 0 & 0 \\ 1 & 2 & 1 & 0 \\ 0 & 2 & 1 & 2 \\ 0 & 0 & 3 & 2 \end{pmatrix}$

真空管磁悬浮列车从 RRH_1 开始移动，RRH_1 连接到两个相邻的 BBU 池（BBU_1 和 BBU_2），填充颜色为浅绿色，如图 4-11 所示。为了利用式(4-4)，假设当真空管磁悬浮列车在小区内运行时资源迁移成本为 0，而没有列车时迁移成本为∞。所以成本矩阵 $\boldsymbol{C}$ 的第一行是[0　0　∞　∞]。当 HST 移动到连接到 BBU_1～BBU_3 的 RRH_2 时，存在不止一个 BBU 池路径，例如 $BBU_1 \rightarrow BBU_2$。对于第二行中的每个 BBU 池，第一行中的两个 BBU 有两条路径，因此可以基于式(4-4)来计算资源迁移成本并选择成本最低的最优路径。所有可能的路径都显示在图 4-11ⓑ中，其中黑线表示每个顶点的最佳路径。基于此可以获得成本矩阵 $\boldsymbol{C}$ 的第二行，并且相应的父 BBU 池索引被列在路径矩阵 $\boldsymbol{P}$ 的第二行中。随着真空管磁悬浮列车进入 RRH_3，第三行 $\boldsymbol{C}$ 中的每个元素 u 由式(4-17)更新，其中 v 表示第二行中的元素。类似的步骤一直执行到列车到达最后一个 RRH。完成上述步骤后，获得成本矩阵 $\boldsymbol{C}$ 和路径矩阵 $\boldsymbol{P}$，见表 4-2。显然最小成本位于成本矩阵 $\boldsymbol{C}$ 的第四行的第四个元素。路径矩阵 $\boldsymbol{P}$ 的相同位置的元素 2 表示具有最低成本的父 BBU 池，即 $P(3,2)$。类似地，$P(3,2)$中的元素 2 指的是第二行中的第二个 BBU 池。基于以上迭代可以得到成本最低为 500 的最优路径为 $BBU_2 \rightarrow BBU_2 \rightarrow BBU_2 \rightarrow BBU_4$。

图 4-12 展示了当真空管磁悬浮列车在不同的 RRH 运行时的总资源迁移成本。蓝色圆柱表示常规 C-RAN 架构的成本，橙色圆柱表示本节提出的新架构的成本。可以发现，当真空管磁悬浮列车从 RRH_1 移动到 RRH_3 时，橙色圆柱体的值保持在 0，而蓝色圆柱体的值从 0 上升到 1 284。常规架构的总成本约为提出架构的 3.48 倍，表明新方案能显著降低资源迁移成本。在时间计算复杂度上，传统的 Floyd-Warshall 算法需要 $16^3=4\ 096$ 步，提出的新算法只需要 $2\times3+3\times3+3\times2=21$ 步就能找到最优路径，新算法具有明显优势。

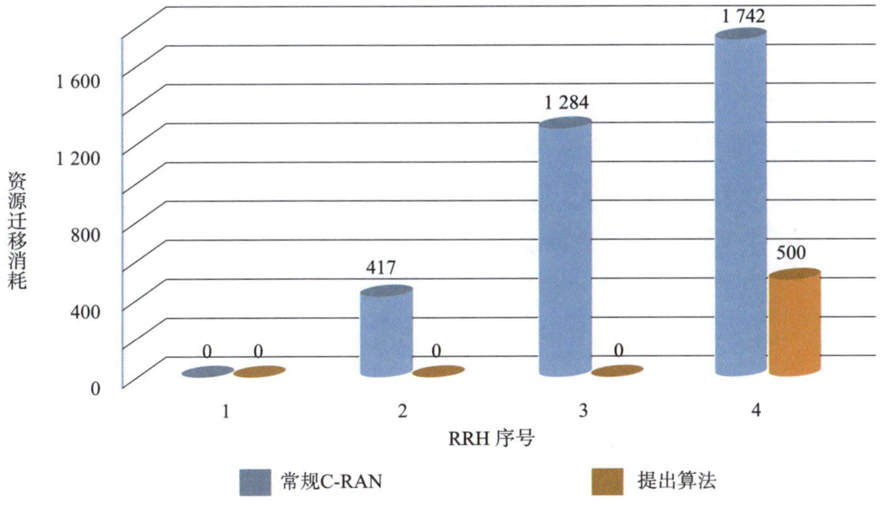

图 4-12　不同位置的资源迁移成本

4.5 基于位置预测的切换时间预留机制

轮轨/磁悬浮高铁无线通信接入方案都是基于固定小区或固定段，也就是说，在固定小区（或固定段）中，每次列车穿越相邻小区交界处时，首先需要断开与“旧基站”的无线链路，然后建立与“新基站”的无线链路，这种情况大大增加了网络切换的负荷。可以简单用一个例子说明：假设小区范围为 625 m，真空管磁悬浮列车时速为 1 000 km，则每 2.25 s 就会发生一次切换，在切换时间为 1 s 的情况下，会造成 44%的性能损失，导致大量的分组丢失，显然是不能接受的。因此，基于固定小区（固定段）的无线接入方案不适合速度超过 1 000 km/h 的真空管磁悬浮列车。本节从另一个角度出发应对频繁切换问题，假设基站（BS）跟随用户设备（UE）的运动方向、速度而运动，则 BS 与 UE 之间建立的通信链路就相当于固定通信链路，无论 UE 的速度多快，都能实现高速率传输。基于上述思想，提出一种移动小区概念，可实现小区随着真空管磁悬浮列车的移动而移动，从根本上解决了频繁切换问题。

4.5.1 切换时间预留机制

4.5.1.1 切换时间预留

真空管磁悬浮列车在真空管道内通过安装在真空管道顶部的漏泄波导实现车地无线接入，其中每一段漏泄波导都对应一个 RAU，漏泄波导实现了 RAU 的射频收发功能。因此漏泄波导覆盖下的移动小区实现与传统 RoF 架构下的移动小区并无实质区别，只是 RAU 的射频收发功能不再由天线实现，而是由漏泄波导实现。当在列车驶入该段漏泄波导的覆盖区域时，地面中心控制站提前进行光层切换，将携带射频信号的光信号波长调整到对应波长，同时打开漏泄波导的射频功能即可实现移动小区。

本节提出的真空管磁悬浮列车无线接入架构中每段漏泄波导长度不超过 100 m，每一段漏泄波导对应一个 RAU，这就意味着每当真空管磁悬浮列车行驶到两端波导相接处时需要在地面中心基站完成一次光接入切换过程。设 $\Delta t = l_{波导}/v$ 为列车匀速行驶经过每段波导的时间，假定 $l_{波导}$ 为 100 m，真空管磁悬浮列车速度 v 为 300 m/s，则计算可得 Δt 为 0.33 s，即每隔 0.33 s 便要发生一次光层切换。面对如此频繁的光层切换，要求真空管磁悬浮列车能提前预测进入下一段漏泄波导的时刻，地面中心基站可提前为小区的移动做好准备。因此，需要为地面中心基站光层切换和开启下一段漏泄波导（开启漏泄波导即激活 RAU 射频功能）提供充足的预留时间，鉴于地面中心基站光层切换所需时间为 5 ns～10 ms，同时考虑开启漏泄波导所需时间和其他业务时间开销，切换预留时间可设置为 100 ms。

图 4-13 分别显示了三个 RAU 的激活时间，其中预留时间是指列车到来前开启漏泄波

导的时间提前量，延迟时间是指列车离开后关闭漏泄波导的时间滞后量，将预留时间和延迟时间都设置为 100 ms，其中 T_i 时刻为真空管磁悬浮列车离开 RAU_i 进入 RAU_{i+1} 的时刻。在切换过程中，同时引入切换预留开启和波导延迟关闭机制，为移动小区的实现提供了有力的保障。

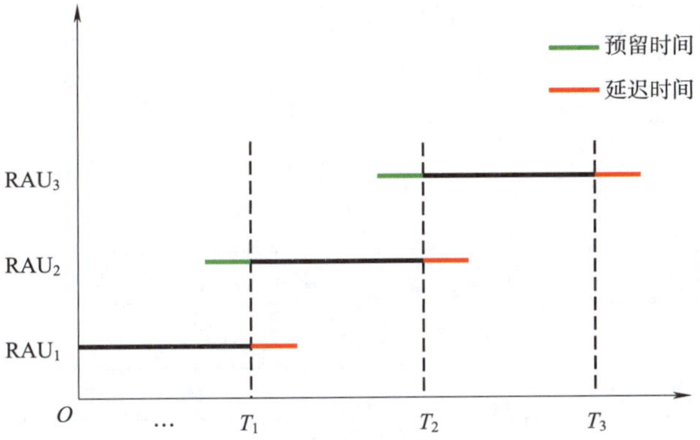

图 4-13　RAU 激活时间

本节提出一种基于灰色预测的车地同步预测算法，通过预测列车未来时刻的运行位置来提前判断光接入切换的执行时间，如图 4-14 所示，假设真空管磁悬浮列车当前行驶在 T_1 时刻，利用预测算法预测得到进入下一段漏泄波导的覆盖区的时刻 T_2，ΔT 为 T_1 时刻与 T_2 时刻的时间差。设定切换预留时间为 Δt，因此在 T_{open} 时刻地面中心基站将开始光层切换以及开启下一段漏泄波导，做好小区移动的准备。其中预留 Δt 小于 ΔT。基于车地同步预测算法的小区移动具体流程如图 4-15 所示，其中列车与地面中心基站 CS 执行的同步预测算法流程如图 4-16 所示。

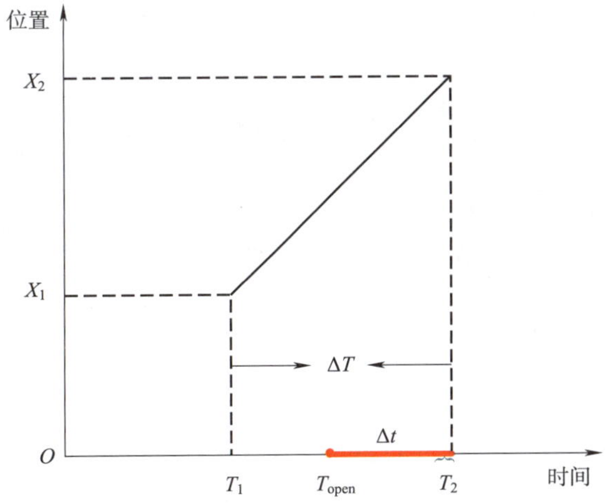

图 4-14　漏泄波导开启时间

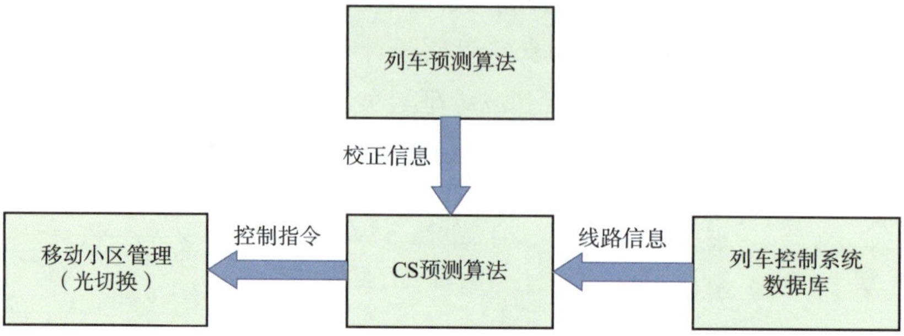

图 4-15　基于车地同步预测算法的小区移动流程

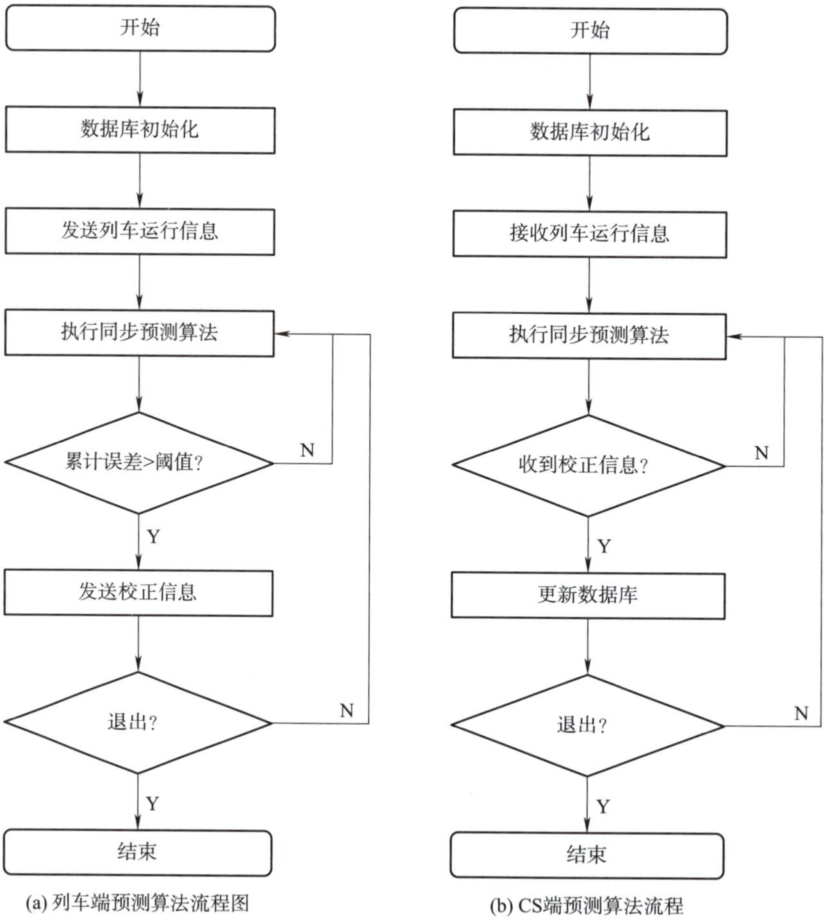

图 4-16　车地同步预测算法流程

在真空管磁悬浮列车全自动运行时，地面中心基站需要实时获取列车运行方向速度等行驶信息。在该算法流程中，地面中心基站需要在 100 ms 预留时间内基于列车历史运行数据，通过预测算法预测列车未来一段时间的速度与位置，并比照列车运行控制系统数据库提供的线路信息(包括各漏泄波导的坐标、车次号、列车启动时间等信息)判决列车到达下一段漏泄波导的时间,提前做好小区移动的准备(光层切换和漏泄波导激活)。基于车地同步预测算法的小区移动具体流程描述如下:

步骤 1,列车向地面中心基站发送预测算法启动时间 T_0(假设端到端传输延迟为 1 ms,对预测几乎没有影响,可以忽略不计)。

步骤 2,地面中心基站接收到列车发送的运行信息及启动时间 T_0,立刻向列车发送反馈信令,确认信号已接收。

步骤 3,当启动时间 T_0 到达后,列车与地面中心基站同时启动预测算法。

步骤 4,由于地面中心基站和真空管磁悬浮列车执行相同的预测算法,因此在原始数据相同的情况下,两者预测的误差也是相同的。真空管磁悬浮列车作为校正端,可以实时监测自身实际速度位置与预测算法得出的速度位置,并作误差分析,当误差累积超过设定的阈值时,真空管磁悬浮列车向地面中心基站发送校正信令,该信令中包含列车最新的运行信息以及校正时间 T_f。

步骤 5,地面中心基站接收到校正信令,更新列车运行信息,设定校正时间为 T_f,完成后向列车发送反馈指令,确定信息更新完毕。

步骤 6,当校正时间 T_f 到达后,地面中心基站和列车端同时利用当前实际速度值更新初始值并重新开始预测。然后执行与步骤 3 相同的预测过程。

4.5.1.2　地面中心基站光层切换

如前所述,车地同步预测算法根据列车的历史运行速度预测列车未来时刻的位置,由于时刻与位置是一一对应的,根据提前设定好的预留时间,即可判决得到预切换发生的时刻与位置。当列车到达该位置时,地面中心基站执行的预切换流程如图 4-17 所示。

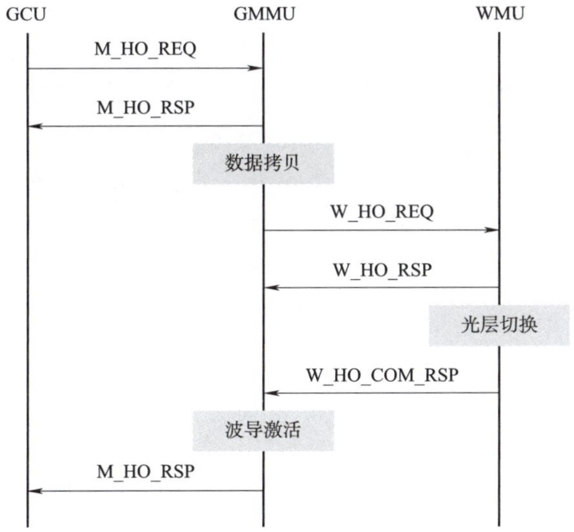

图 4-17　地面控制中心小区移动过程

步骤 1，地面控制中心内的地面管理中心 GCU 通过预测算法预测列车到达预切换位置点的时刻，当列车运行到该位置时，GCU 向地面控制中心内的地面小区移动管理单元 GMMU 发送小区移动执行指令 M_HO_REQ，该指令包含列车当前漏泄波导段与将要进入的下一漏泄波导段的编号与动作标签(进入/离开)。

步骤 2，地面小区移动管理单元 GMMU 接收到小区移动执行指令 M_HO_REQ 之后，向 GMMU 发送 M_HO_RSP 反馈信号以确认接收，并拷贝当前需要发往列车的数据，之后向光波长管理单元 WMU 发送光波长切换指令 W_HO_REQ，该指令包含列车当前漏泄波导段与将要进入的下一漏泄波导段的编号与动作标签(进入/离开)。

步骤 3，光波长接收到光波长切换指令 W_HO_REQ 之后，向 WMU 发送 W_HO_RSP 反馈信号以确认接收。WMU 根据接受的波导段的编号及动作标签信息判决需要产生的光波长序列，通过光交换架构，将 GMMU 中拷贝的列车数据调制到相应光波长上，调制完成后向 GMMU 发送调制完成反馈指令 W_HO_COM_RSP，通知 GMMU 光波长切换已完成。

步骤 4，GMMU 接收到调制完成指令之后，根据列车当前漏泄波导段与将要进入的下一漏泄波导段的编号与动作标签(进入/离开)开启相应波导段的辐射，同时向地面管理中心 GCU 发送小区移动完成信令 M_HO_RSP，通知小区移动流程已完成。

小区移动过程都是在地面控制中心进行的。不同于传统高速铁路切换的过程，本节采用一种基于电磁透镜的接入方式直接在列车与漏泄波导之间建立无线传输链路，因此小区移动过程中，车内用户与漏泄波导之间的无线链路只是从前一段波导的连接切换到与下一段波导的连接，而这一过程是由地面控制中心通过漏泄波导段激活动作完成的，用户基本感知不到。因此列车端不需要参与小区移动，简化了切换流程。

4.5.2 位置预测算法分析

目前针对无线接入网络中的移动定位方法有许多种，主要可以分为以下两类：

一类是基于移动网络的定位，典型的无线网络定位技术包括：小区 ID 识别，基于接收信号强度的射频指纹匹配和传播距离推算，以及基于无线信号到达时间(ToA)、到达时间差(TDoA)、到达角度(AoA)估计的算法。

另一类则是利用专门的定位系统来计算移动终端的位置，这种方案需要在无线网络中单独设置定位模块。根据计算方法的不同可以分为两大类：

(1)移动预测法，是对移动终端经历过的基站历史序列进行统计学分析，获取移动终端整个移动过程的移动模型，利用这一移动模型可预测下一时刻的移动状态。

(2)时间序列预测法，假定移动终端当前时刻或当前时间段的速度、位置与下一时刻或时间段的速度、位置在一定程度上是一种函数关系。这类函数的计算方法一般是首先统计移动终端的大量历史移动数据，然后通过神经网络、自回归算法等数学模型来得到一个近似函数。通过这一近似函数，就可以代入 GPS 技术实时信息来获取移动终端未来时刻的速度与位置信息。关于这类方法已有大量研究，之前文献总结了多个移动模型，其中实体移动模型有随机漫步模型、高斯-马尔科夫模型、城市区流动模型等，群组移动模型包含指数相关随机迁移模型、游牧社区流动模型等。

常用的时间序列模型主要有平均数预测、移动平均数预测、指数平滑法预测和趋势法预测。平均数预测法包含简单平均数预测法、加权算术平均法和平均数法，这种预测法比较简单，但其预测精度较低，无法满足高精度预测要求。移动平均法可分为一次移动平均法和二次移动平均法，具有实现简单、方便的优点，但当时序数据的波动较大或预测时间较长时，该预测法无法保证预测的精度。指数平滑法是一种确定性时间序列分析预测方法，该预测方法利用平滑的方式消除了随机因素带来的影响，因此只能用作点预测，无法进行区间预测，此外，指数平滑法需要对所有数据进行计算，计算量较大。趋势法是对事物在一定范围内的渐进变化进行预测，实现较为容易，同时也可保证短期时间范围内的预测精度，趋势法又可分为分割平均法、最小二乘法、三点法以及灰色预测模型。

目前，由于基于移动网络的定位方法具有多天线、大带宽、高覆盖率等技术特点，并且适合用于诸如室内、密集城区等卫星信号覆盖不足的区域或多径丰富的区域，在商业网络中运用较为广泛，但相比于专用定位系统，移动网络定位方法的定位精度不高。本节选择对真空管磁悬浮列车在运行过程中的有效定位来实现预测列车的速度与位置。利用这一预测量可设置移动小区光切换时间预留量以设计更好的切换方法和网络资源配置，需要实现对真空管磁悬浮列车的精确预测，因此可以选择时间序列预测方式对列车位置进行预测。根据对几种时间序列模型的优缺点分析，选择趋势法中灰色预测模型，通过观察车辆速度历史数据的变化形式和趋势法中各种曲线自身的增长特点，对列车的位置进行精准预测。

由于目前尚未有真空管磁悬浮列车测试线路建成，因此无法得到实际的列车运行速度数据。为此，本节希望通过仿真的方式对列车的实际速度进行拟合，考虑到真空管磁悬浮列车运行于固定管道线路中，具有场景单一、真空管磁悬浮列车前后速度相关程度大、速度变化迟缓等特点，因此本节考虑采用 Gauss-Markov 移动模型拟合出真空管磁悬浮列车一段时间内的实际运行速度。

4.5.2.1　实际运行数据

真空管磁悬浮列车在固定的真空管道内行驶，受限于自身物理特性，除了列车起步加速和进站停靠减速过程，真空管磁悬浮列车基本处于匀速运行状态。此外，真空管磁悬浮列车空气阻力极小，并且没有轮轨阻力，因此在短时间内速度变化不会很大。实际运行中，列车在未来时刻的运行速度、位置都会与当前以及前一时刻的速度、位置有一定相关性。利用这一特性，可以利用基于 Gauss-Markov 的移动模型对列车的运行数据进行模拟。基于 Gauss-Markov 的移动模型认为，移动终端的未来时刻的位置可以根据其上一次的位置和统计的历史速度数据预先确定，该模型的理论推导如下。

假设列车的移动速度 $v(t)$在时间上是相关的，并且可以通过 Gauss-Markov 过程建模。因此，在连续时间内，通过移动速度自相关函数描述的静止 Gauss-Markov 过程可表示为：

$$R_v(\tau)=E[v(t)v(t+\tau)]=\sigma^2 e^{-\beta|\tau|} \tag{4-20}$$

其中，σ^2 是速度 $v(t)$的方差，$\beta \geqslant 0$ 指的是前后速度的相关程度。对该模型离散化处理，定义离散化的速度为 $v_n=v(n\Delta t)$，离散化的前后速度相关程度为 $\alpha=e^{-\beta\Delta t}$，其中 Δt 是可人工设定的离散化时间精度，为了与实际情况相契合，Δt 的大小需设置在一定范围内以平衡模型预测的精度和执行效率。根据离散化的速度和相关程度，式(4-20)的离散化表达为

$$v_n=\alpha v_{n-1}+(1-\alpha)\mu+\sqrt{1-\alpha^2}\,x_{n-1} \tag{4-21}$$

其中，$0 \leqslant \alpha \leqslant 1$，当 n 趋于无穷大时，μ 可视为 v_n 的渐近均值(某一预测时段的平均值)。x_{n-1} 是一个均值为 0、标准差为 σ 的独立不相关且平稳的高斯过程，当 n 趋于无穷大时，σ 可视为 v_n 的渐近标准差。

假设 $n=0$ 时，即 v_0 为列车的初始速度，因此根据式(4-21)，递归展开得到：

$$\begin{gathered} v_1=\alpha v_0+(1-\alpha)\mu+\sqrt{1-\alpha^2}\,x_0 \\ \vdots \\ v_i=\alpha v_{i-1}+(1-\alpha)\mu+\sqrt{1-\alpha^2}\,x_i,\ i=2,3,\cdots,n-1 \\ \vdots \\ v_n=\alpha v_{n-1}+(1-\alpha)\mu+\sqrt{1-\alpha^2}\,x_{n-1} \end{gathered} \tag{4-22}$$

根据式(4-22)，可以利用初始速度 v_0 预测任意 $n>0$ 时刻的速度，v_n 的预测公式推导如下：

$$v_n = \alpha^n v_0 + (1-\alpha^n)\mu + \sqrt{1-\alpha^2}\sum_{i=0}^{n-1}(\alpha^{n-1-i}x_i) \tag{4-23}$$

定义 s_n 为列车在 n 时刻的位置，则 $s_0=0$，且

$$s_n = \sum_{i=0}^{n-1} v_i \tag{4-24}$$

根据上述的公式推导，可以对任意 $n>0$ 时刻的列车速度进行拟合。如真空管磁悬浮列车基本运行于均匀速度(不考虑启动和进站停靠)，因此仿真参数设置如下：初始速度 v_0 设置为 300 m/s，离散化时间精度 Δt 设置为 0.001 s，仿真时间范围设置为 0～3 s。通过上述仿真，Gauss-Markov 移动模型得到的移动数据序列如图 4-18 所示，从图中可以看出拟合出的速度数据在短时间内变化较小，速度最大值和最小值之差不超过 1 m/s。此外，速度随时间呈现出一定的波动性，且该移动模型考虑了前后速度的相关性，这与列车实际运行情况相吻合。综上，可以认为 Gauss-Markov 移动模型拟合所得速度数据是切合列车实际运行情况的。

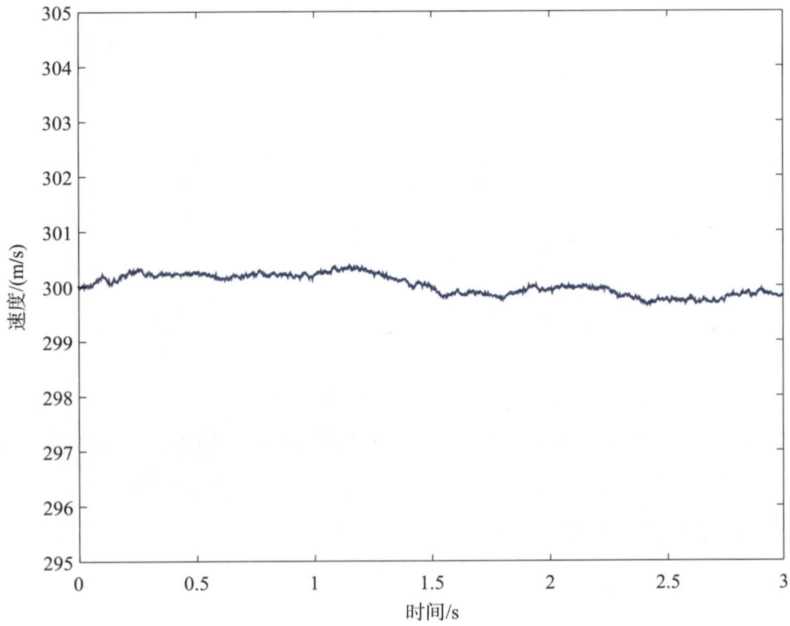

图 4-18 实际运行速度

4.5.2.2 灰色预测 GM(1,1)模型

根据上节得出的拟合速度数据，本节将采用灰色 GM(1,1)预测模型进行预测列车的速度和位置。其中 GM(1,1)模型是一种灰色差分模型，该模型首先把原始数据加工成生成数，得到累加生成序列，再经过紧邻处理得到紧邻生成序列和时间响应序列，最后通过最小二乘法估算发展系数和灰作用量的估计值，利用估计值可通过预测方程得出原始数据的拟合值，进行残差检验、后验差检验和关联度检验，预测方程可靠，从而得出预测值。GM(1,1)模型的具体推导过程如下。

设原始速度序列为 $X^{(0)}=\{x^{(0)}(1),x^{(0)}(2),\cdots,x^{(0)}(n)\}$，对 $X^{(0)}$ 进行一次累加处理

$$x^{(1)}(K)=\sum_{i=1}^{K}x^{(0)}(i) \tag{4-25}$$

得到累加生成序列 $X^{(1)}=\{x^{(1)}(1),x^{(1)}(2),\cdots,x^{(1)}(n)\}$，再对 $X^{(1)}$ 进行一次紧邻处理

$$z^{(1)}(k)=0.5x^{(1)}(k)+0.5x^{(1)}(k-1),k=1,2,\cdots,n \tag{4-26}$$

得到紧邻序列 $Z^{(1)}=\{z^{(1)}(2),z^{(1)}(3),\cdots,z^{(1)}(n)\}$。上述序列满足以下等式

$$x^{(0)}(k)+az^{(1)}(k)=b,k=1,2,\cdots,n \tag{4-27}$$

式(4-27)就是 GM(1,1)模型，它只包含一个变量 $x^{(0)}$。其中 a、b 为待估参数。a 为发展系数；b 为灰作用量。a、b 可根据最小二乘法确定：

$$\hat{\boldsymbol{a}}=\begin{bmatrix}\hat{a}\\\hat{b}\end{bmatrix}=(B^{\mathrm{T}}B)^{-1}B^{\mathrm{T}}y_N \tag{4-28}$$

其中

$$B=\begin{bmatrix}-z^{(1)}(2) & 1\\ \vdots & \vdots\\ -z^{(1)}(n) & 1\end{bmatrix} y_N=\begin{bmatrix}x^{(0)}(2)\\ \vdots\\ x^{(0)}(n)\end{bmatrix} \tag{4-29}$$

由式(4-28)、式(4-29)可得到 a、b 的估计值 $\hat{a}$、$\hat{b}$，将这两个估计值代入式(4-27)，则有：

$$\left.\begin{aligned}&\hat{x}^{(1)}(k+1)=\left(x^{(0)}(1)-\frac{\hat{b}}{\hat{a}}\right)e^{-\hat{a}k}+\frac{\hat{b}}{\hat{a}}\\ &\hat{x}^{(0)}(k+1)=\hat{x}^{(1)}(k+1)-\hat{x}^{(0)}(k)=(1-e^{\hat{a}})\left(x^{(0)}(1)-\frac{\hat{b}}{\hat{a}}\right)e^{-\hat{a}k}\end{aligned}\right\} \tag{4-30}$$

其中，$\hat{x}^{(1)}(k)$、$\hat{x}^{(0)}(k)$是 $x^{(1)}(k)$、$x^{(0)}(k)$在 k 处的估算值。

根据公式(4-30)，可以发现预测值可以用初始值 $x^{(0)}(1)$和 $\hat{a}$、$\hat{b}$ 来表达，因此根据前 n 个原始数据序列就可以对未来时刻的数据进行预测。下一节将利用灰色预测 GM(1,1)模型对真空管磁悬浮列车位置进行预测仿真。

4.5.3 切换预留仿真

1. 建立滑动灰色预测模型

首先，为了消除偶然变动因素的影响，对原始数据序列 $X^{(0)}=\{x^{(0)}(1),x^{(0)}(2),\cdots,x^{(0)}(n)\}$进行一次加权滑动平均处理，得到滑动平均序列 $X_1^{(0)}=\{x_1^{(0)}(1),x_1^{(0)}(2),\cdots,x_1^{(0)}(n)\}$，再利用滑动平均处理后的序列 $X_1^{(0)}$ 建立灰色预测模型，形成滑动灰色预测模型。滑动平均处理过程如下：

$$\begin{aligned}x_1^{(0)}(1)&=\frac{1}{4}[3x^{(0)}(1)+x^{(0)}(2)]\\ x_1^{(0)}(i)&=\frac{1}{4}[x^{(0)}(i-1)+2x^{(0)}(i)+x^{(0)}(i+1)],i=2,\cdots,n-1\\ x_1^{(0)}(n)&=\frac{1}{4}[x^{(0)}(n-1)+3x^{(0)}(n)]\end{aligned} \tag{4-31}$$

2. 引入新陈代谢机制

在任何一个灰色系统的发展过程中，时间的发展将伴随着有一些随机扰动或驱动因素进入系统，使系统的发展相继受其影响。从上节仿真可知，灰色预测 GM(1,1)模型只考虑 $t=n$ 之前的全体数据，预测较为准确的只有靠近 $t=n$ 几个数据，越往未来发展，预测偏差越大，精度越差，不适合用于长时间的精确预测，如图 4-19 所示。为了弥补上述缺点，考虑向灰度预测引入一种新陈代谢机制。该机制是用灰度预测模型通过一组原始数据序列预测一个数据，同时去掉序列尾部同等数量最老的数据，将预测得到的新数据加到序列头部，保持序列等维，再建立灰色预测模型，预测下一组数据。这样新陈代谢，逐个预测，依次递补，直到完成预测目标为止。

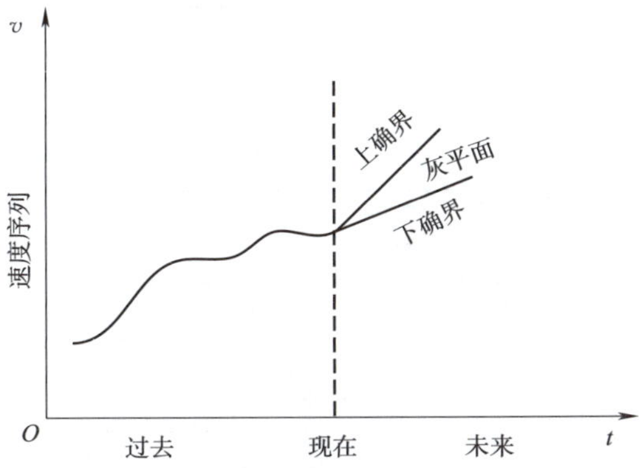

图 4-19　灰色 GM(1,1)预测机制

3. 误差校正机制

(1)自动校正

预测列车未来时刻位置的目的是提前得到下一次切换发生的位置,从而在列车到达下一段漏泄波导之前,地面中心控制站提前完成光层切换和相应 RAU 射频功能的激活。从上节仿真可知,GM(1,1)模型预测误差会随着时间累积而增长,因此需要加入一种校正机制对误差进行校正。鉴于 GM(1,1)模型对最近时刻的位置预测较为精确,为了保证 GM(1,1)模型的预测精度,校正频率相对较为频繁,因此本节认为固定位置校正不失为一种合适的校正机制,校正距离间隔可设置为一段漏泄波导的长度,即 100 m。这就意味着,每当列车进入一段波导时就会发生一次误差校正,校正的具体流程为重新载入初始化序列,开始新一轮的预测。

(2)阈值判断

上述定时误差校正机制可极大压缩 GM(1,1)模型的预测时间跨度,提升预测精度,但是预测算法在进行预测列车位置时仍会有误差,为了避免误差累积而造成预测切换时间误差过大,导致切换失败,需要在预测程序中进一步加入一种阈值判断机制,即每次预测都会对位移误差进行误差上限判断,如果误差累计值超过阈值,则初始化预测程序,重新开始进行下一轮预测。

在灰色预测 GM(1,1)模型基础上加入上述三种机制进行改进,得出一种基于阈值判断和新陈代谢的灰色预测模型,整体建模过程如图 4-20 所示。对改进后的预测算法进行仿真,仿真参数设置如下:新陈代谢组长度设置为 10,累计预测误差阈值设为 0.1 m,其他仿真参数配置与 4.5.2.1 相同。

图 4-21 显示了改进后的预测算法的预测速度与真实速度间的对比,可见改进后的 GM(1,1)预测模型能对列车运行速度进行更为精确的预测。从图中可看出自动校正对预测速度起到了很好的导向作用,极大地提高了预测精度。

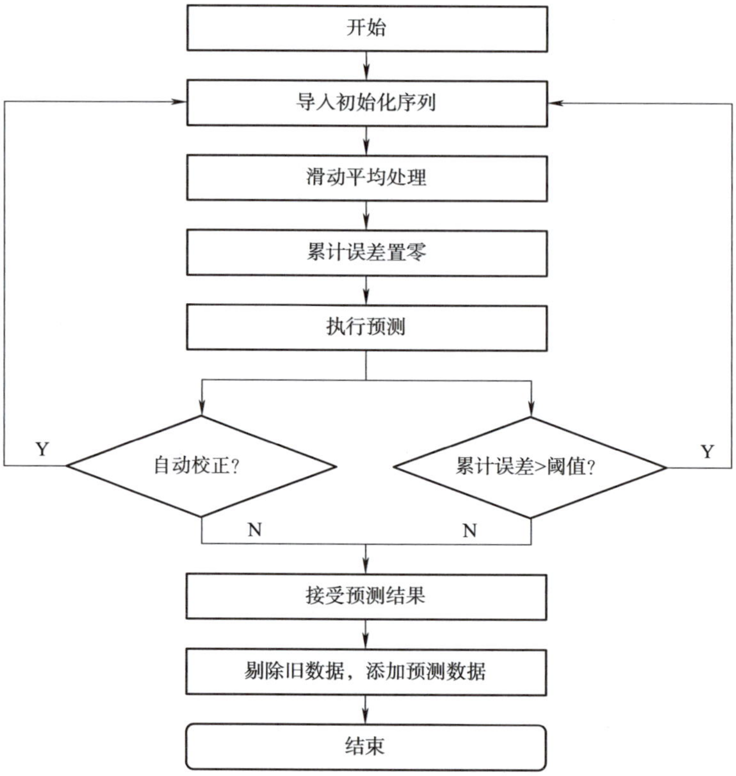

图 4-20　改进后灰色预测模型算法流程

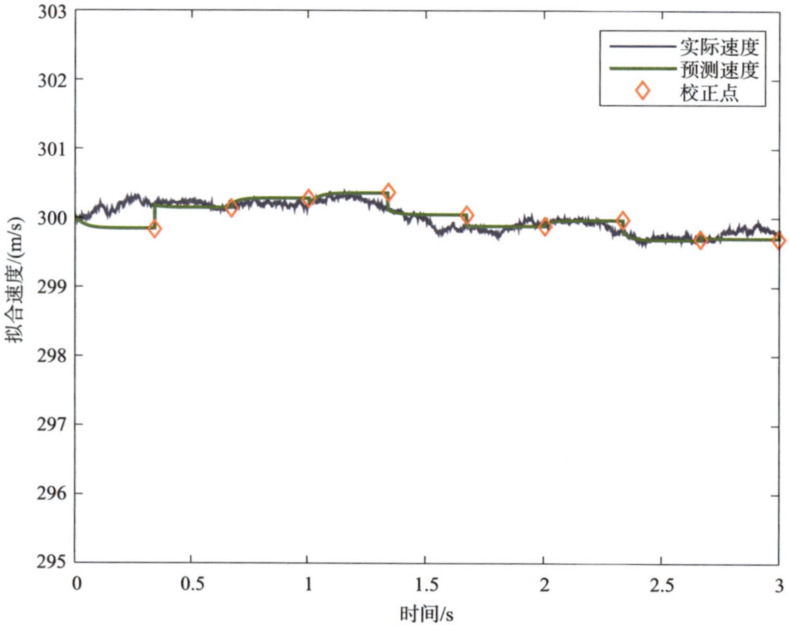

图 4-21　改进后速度对比

预测位置值可通过预测上面预测得到的速度与当前时间相乘得到，3 s 内预测位置值与实际位置值的比较如图 4-22 所示，可见预测位置值与实际位置值十分接近。由于两者误差过小，为了使仿真结果更具比较性，将图 4-22 局部放大，将比较的时间段缩小至 1～1.01 s，如图 4-23 显示。为了进一步分析预测算法的精度，下面将对预测位置值与实际位置值的误差进行分析。

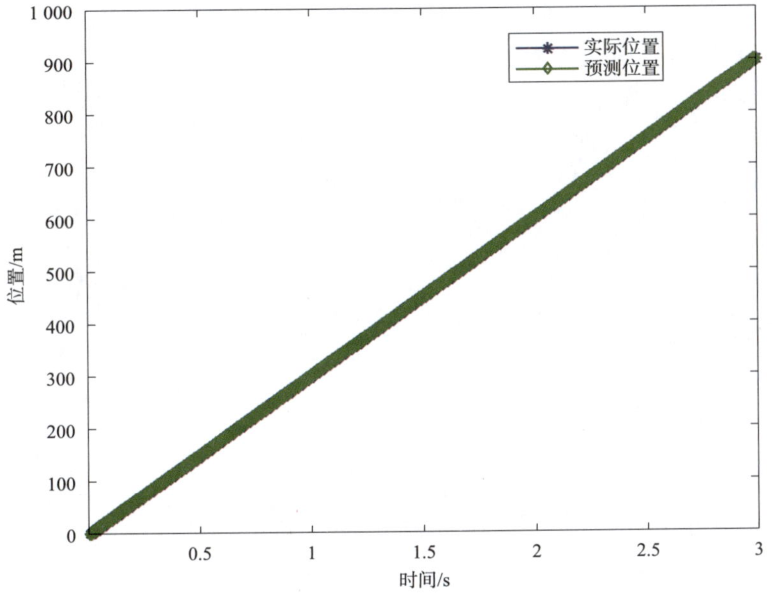

图 4-22　位置预测值与实际值比较(0～3 s)

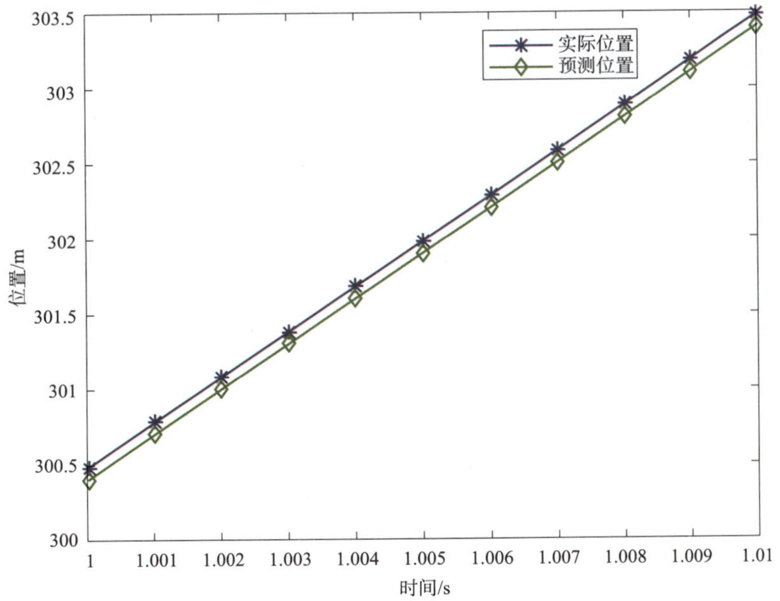

图 4-23　位置预测值与实际值比较(1～1.01 s)

图 4-24 显示了预测位置与真实位置间误差，图中的校正点是由于采用了自动校正机制，列车每驶过一段波导便会进行一次误差校正。由图可见，预测位置误差在仿真时间内均小于 0.1 m，相比直接应用 GM(1,1)模型已大幅度减小，但由于仿真时间过短，没有触发阈值判断机制，因此需要将仿真时间延长以分析误差超过设定阈值的频率。在上次仿真的基础上，利用 Gauss-Markov 移动模型生成 30 s 移动数据，利用改进后的预测算法进行预测，仿真结果如图 4-25 所示。

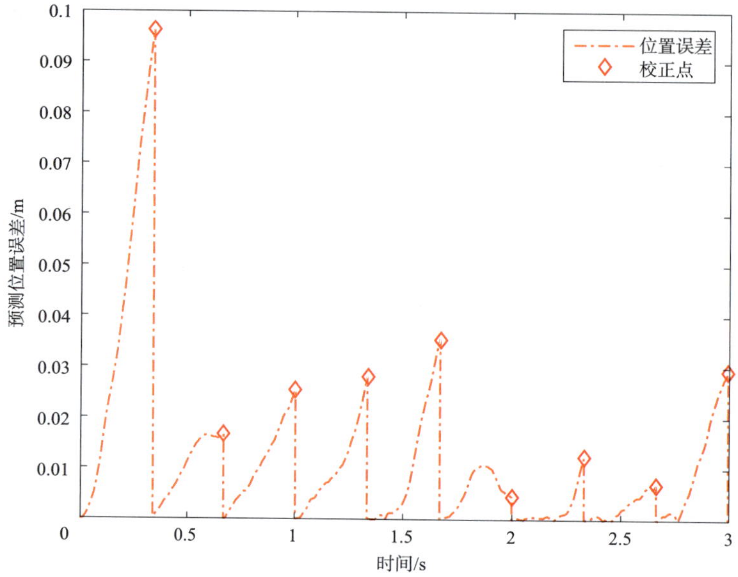

图 4-24　预测位置与真实位置误差

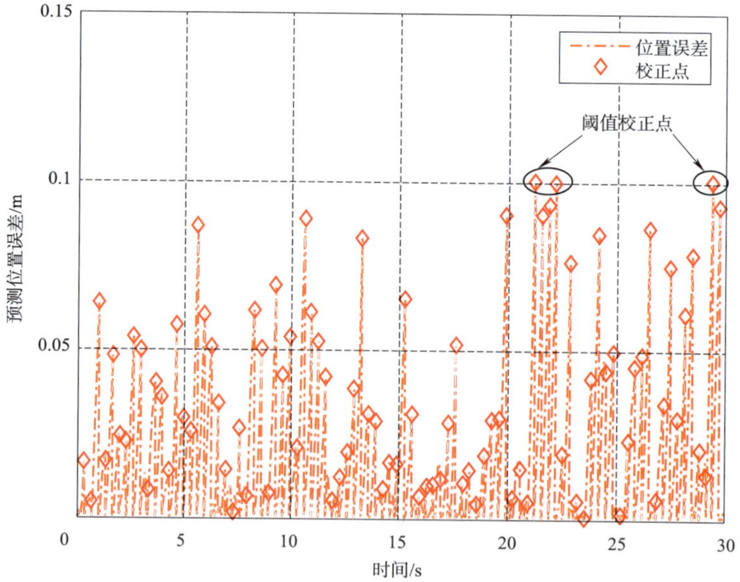

图 4-25　30 s 内列车位置预测与校正

根据本节设定，误差超过固定阈值也会触发误差校正机制，过高的触发频率过高会影响列车正常的预测工作，导致获得的预留时间不准确。因此有必要对阈值触发频率进行分析，如图 4-25 所示，30 s 内预测误差有三次超过了固定的阈值，触发频率比较低。因此，阈值判断机制可以避免偶然因素引起的误差过大问题，在保障预测精度的同时也不影响正常的预测流程。

第5章 真空管磁悬浮列车物理层无线接入技术

传统轮轨交通采用物理层无线接入方式，由于真空管磁悬浮列车运行在真空管道中，存在车体与管道壁的阻挡，这与传统轮轨列车运行场景差别较大，传统轮轨列车的物理层无线接入方式不完全适用于真空管磁悬浮列车。本章基于真空管磁悬浮列车的特殊运行环境以及现有的漏缆技术，提出一些新的设计，用来克服真空管磁悬浮列车超高速运行时产生的一些不良因素，为真空管磁悬浮列车的车地通信提供一定的技术支撑。

5.1 真空管磁悬浮列车车地无线接入技术

无线接入方式是车地无线通信的一个关键问题，无线宽带接入可为车地通信提供大带宽业务(如实时视频)。通信无线接入普遍采用“双链路”方案。真空管磁悬浮列车由于管道壁和列车车体的双重屏蔽，也可以采用该方案。目前列车(通过车载中继)与主干网接入的方式主要有三类:卫星接入、基于公共蜂窝网络接入和铁路专用无线接入。根据第2章的分析，卫星接入和基于公共蜂窝网络的接入方式不适用于真空管磁悬浮列车的通信需求，主要依靠铁路专用无线接入。铁路专用接入是利用铁路专用地面设备为列车提供无线接入，这类无线接入方案可以满足日益增长的宽带需求，但由于需要在长距离的铁路沿线部署专用设备，因此成本较高。

在铁路专用接入中，漏泄电缆可以实现列车宽带接入，通过在普通同轴电缆上开多个缝隙或槽孔，将波导中的电磁波信号辐射到外部空间中，同时外界电磁波信号也可以引入漏泄波导内被接收设备接收。经过漏泄波导传输信号辐射场覆盖均匀，不会相互干扰，衰减较小，多适用于450 MHz～2.4 GHz以上的频带，并且因为漏泄波导方案对地形和空间的要求较小，尤其适合于狭窄密闭空间内的无线通信(如隧道)，安装要求不高。真空管磁悬浮列车在密闭金属管道中运行，且列车顶端与管道内壁距离较近，与现有地铁或高铁在隧道中运行环境相似，所以可以考虑基于漏泄波导近场覆盖实现真空管磁悬浮列车车地通信。

有文献提出一种基于RoF专用于高速列车场景的接入方案。该接入方案由控制中心与若干远端天线单元射频拉远单元。控制中心和等距离设置在轨道旁的RRU通过光纤环相连，并根据切换执行时间，于两者之间预留一段合适的无线覆盖重叠区。“经典”蜂窝网络在高移动情况下会带来频繁切换问题，导致吞吐量显著降低。基于 RoF 的通信系统有效地解决了这个问题。上海磁浮列车在上海机场和城市中心之间运行(长度约 30 km)，速度可达 500 km/h。上海磁悬浮列车采用基于 RoF 的无线接入技术的通信系统，该系统依赖于光纤链路和沿列车轨道部署的无线电基站。在 3.5 GHz 和 5.8 GHz 的全双工模式下吞吐量分别可达 4.16 Mbit/s，可以考虑应用于真空管磁悬浮列车。

目前已经有几种常见的轨道交通的车地通信的无线接入方式，基于前文对现有车地无线接入方式技术的总结，本章将针对真空管磁悬浮列车的运行环境提出新的物理层无线接入技术，针对真空管磁悬浮列车的特殊运行环境与车地通信的特殊需求提出一些解决方案。

5.2　具有法向辐射特征的漏泄波导无线接入方案

真空管磁悬浮列车运行在密闭的真空管道内部，由于管道壁的屏蔽作用，无法直接采用无线自由波的方式建立列车与管道沿线的 RRH 之间的无线链路，因此需要在管道内部部署无线接入网络。考虑到真空管道场景传统高铁隧道和地铁隧道的一定相似性，均具备密闭、空间狭小等特点，本节提出一种具有法向辐射特征的漏泄波导解决真空管道内部的无线覆盖问题，主要思想是将漏泄波导安装在真空管顶部，漏泄波导以圆柱波形式向下辐射漏泄电磁波。并基于漏泄波导提出一种电磁透镜的无线接入方案。

5.2.1　具有法向辐射特征的漏泄波导

5.2.1.1　漏泄波导特性

1. 消除多普勒频移

真空管磁悬浮列车超高的移动速度将导致极高的多普勒频移，过大的多普勒频移会使信道冲激响应随观察时间的不同产生变化，导致时间选择性衰落。如果在真空管道内直接安装传统天线与列车进行通信，如图 5-1 所示，设列车以 1 000 km/h 速度前行，频点为 3.3 GHz，带宽为 300 MHz，隧道半径 2 m，每隔 200 m 设置天线。得到多普勒仿真结果如图 5-2 所示，最大多普勒可达 3 055 Hz，且多普勒频移随时间变化而改变，引起严重的时间选择性衰落。

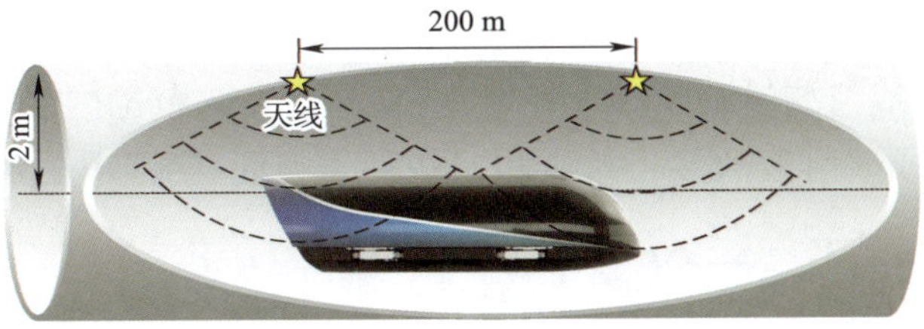

图 5-1　传统天线覆盖场景

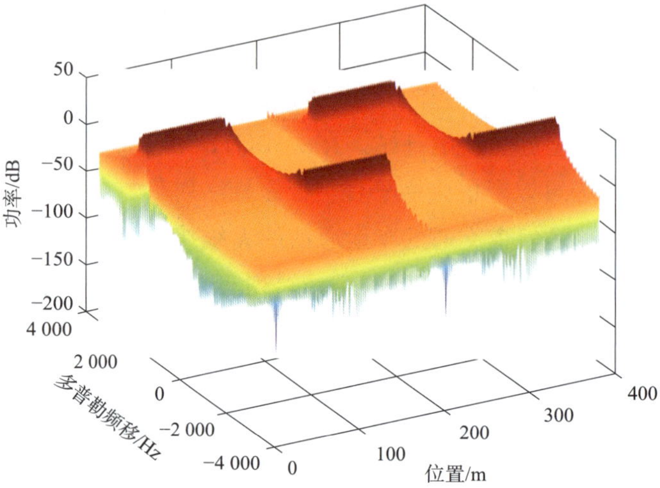

图 5-2　多普勒频谱

针对真空管磁悬浮列车严重多普勒问题，本节提出一种具有法向辐射特性的漏泄波导方案来解决该问题。如果将漏泄波导安装在真空管道的顶部，考虑到波导信号从一端馈入，达到各个缝隙有相位差，假设馈源信号的初始相位为 φ_0，信号的频率为 f（波长为 λ），波导缝隙的间距为 d_1，那么可以得到第 n 个缝隙泄漏出来的信号的相位是

$$\varphi_n=\varphi_0+2\pi\times n\frac{d_1}{c}f=\varphi_0+2\pi\times n\frac{d_1}{\lambda} \tag{5-1}$$

此时，设计波导缝隙的间距 d_1 为信号波长 λ 的整数倍 M，即 $d_1=M\lambda$，那么式(5-1)就可以写成

$$\varphi_n=\varphi_0+2\pi\times n\frac{d_1}{\lambda}=\varphi_0+2\pi nM \tag{5-2}$$

从式(5-2)可以看出，每个缝隙辐射出来信号的相位仅存在整数倍的相位差，根据最简单的三角关系，可认为每个缝隙辐射出来的信号相位是相同的。漏泄电磁波以圆柱形波的形式在管道内法向辐射，此时列车行驶方向上漏泄电磁波的相位是恒定的，表明列车行驶方向和漏泄电磁波传播方向的夹角始终为 90°，无论是列车运行方向与波导内信号馈入方向相同或者相反，列车收到的信号相位均是恒定的，因此理论上多普勒频偏将不复存在。

2. 平稳的场分布

由于列车接收天线与漏泄波导的距离约为 0.5～1 m，该范围内接收天线接收到的漏波信号较强，而反射波或散射波的多径效应相对较弱。因此，漏泄电磁波可对列车实现均匀覆盖。

3. 简化通信机制

具有法向辐射特征的漏泄波导消除了多普勒频移，这表明衰落信道的快速时变可以被极大地抑制。此外，漏泄电磁波可为列车提供稳定均匀的无线信号覆盖。因此，可以认为传统的时变频率选择性衰落信道已转换为条件良好的静态平稳信道，这意味着在无线传输中可以避免 OFDM、LDPC 等复杂的通信编码技术，从而简化通信机制，节省传输开销。

5.2.1.2　仿真系统模型

本节将利用 CST(computer simulation technology)仿真平台对新型漏泄波导在真空管道内的漏泄场分布和相位分布进行仿真与分析。假设用于真空管磁悬浮列车的漏泄波导工作频率为 3.3 GHz，漏泄波导可以嵌入真空管道壁中与管道同时加工制作。仿真采用了具有 198 个横向缝隙的漏泄波导，使得漏泄电磁波辐射场在真空管中沿纵向(z)方向极化。需要注意的是，为了保证宽边辐射，仿真中没有考虑开路阻带效应，但在实际漏泄波导中，需要采取一定措施抑制开路阻带效应。此外，仿真模型不需要精细化网络，因此为了节省内存和提升计算效率，本节在仿真中采用了磁流源阵列代替实际漏泄波导，它具有与漏波波导近似和等效的辐射性能，广泛应用于漏泄波导仿真与分析。

仿真系统模型如图 5-3 所示，其中真空管道半径为 2 m，长度为 8 m，管道壁材料为有损铜材料。模型采用了具有 198 个磁流源单元的磁流源阵列，各个单元对之间的周期性间隔 P 设置为 90 mm，该磁流源阵列沿管道 z 轴方向安装在管道顶部，它可以宽边辐射 −1 次空间谐波，且所有磁流源单元辐射的电磁波都具有相同的初始相位。为了更好地与实际漏泄波导等效，信号幅度是随着 z 方向传播而逐渐衰减的，衰减公式可以表示为 $e^{-\alpha z_i}$，其中 α 是漏泄波导的传播衰减系数，$z_i(i=1,2,3,\cdots,198)$是每个漏泄缝隙的坐标。实际漏泄波导中，α 可以通过缝隙尺寸大小来控制，在仿真中可以通过设置不同的 α 值来研究真空管道内的场分布。

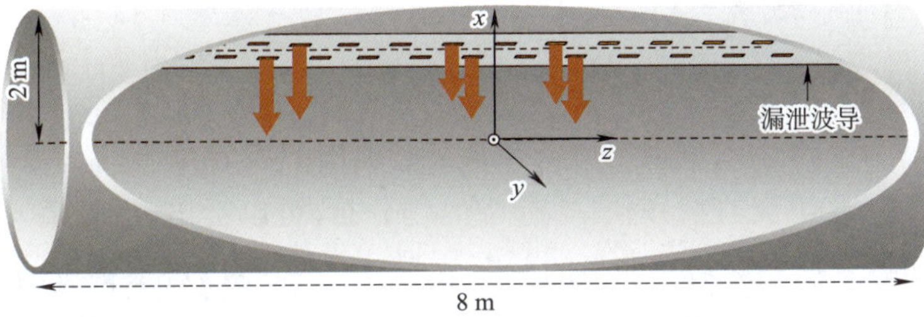

图 5-3　仿真配置模型

5.2.1.3　列车运行方向相位分布分析

设列车顶部天线与漏泄波导距离为 1 m，接收天线采用微带天线。由于截断效应，漏泄波导两端场分布极不稳定，为了减少这种不稳定对相位分布造成的影响，仿真时只采用中间 3 m 段的相位数据。接收天线在波导正下方 1 m 处从右向左沿列车运行方向移动 3 m，每隔 10 cm 记录一次相位数据。得到的相位分布如图 5-4 所示。

由图 5-4 可见列车运行方向上漏波相位分布均匀，相位基本上在 105°左右浮动。平坦的相位分布表明多普勒频移可以得到有效抑制。但可以观察到相位具有一定的波动，这一波动主要是由以下两个原因产生：一是受限于仿真条件与资源，只能对有限长漏泄波导进行仿真，从而产生截断效应，即在波导的两端产生边缘电流，导致场分布有波动；二是电磁波在波导内部传播有衰减，随着漏泄缝隙与馈源距离越来越大，功率衰减也越来越大，导致缝隙漏泄场分布也发生变化。有限仿真带来的问题在实际应用中将不复存在，而漏泄波导传播损耗是无法消除的，但可以设计缝隙，使衰减后的电磁波漏泄场分布保持不变，这样就能消除图 5-4 中的相位波动，从而有效抑制多普勒频移。

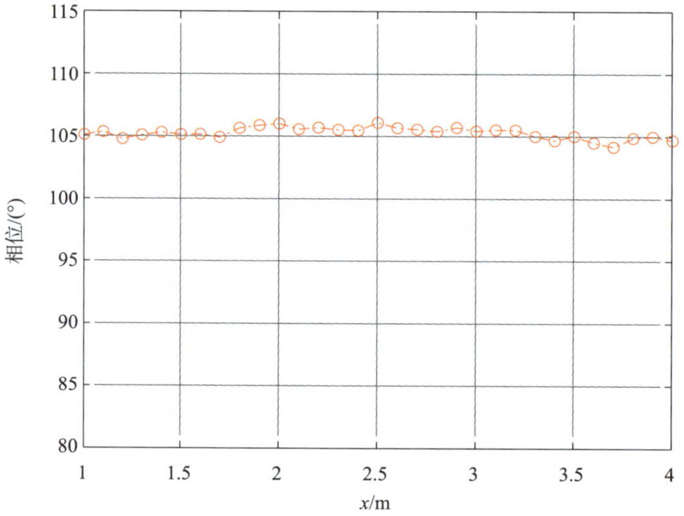

图 5-4　漏泄电磁波相位分布

5.2.1.4　真空管道内场分布分析

1. 管内场分布

图 5-5 显示了不同 α 值时漏泄电磁波在真空管道内的场分布(只显示共极化分量 E_z)。图 5-5(a)显示了当 $\alpha=0$(无衰减)时真空管中的场分布，可以看出，沿管道 x 轴方向上场分布均匀，但在靠近管道两端区域有明显的截断效应。此外，可以观察到波前位于水平线上，表明沿列车运行方向(z 轴)的相位分布均匀。由此可以推断，利用这种具有宽边辐射的漏泄波导可以有效地抑制多普勒效应。在图 5-5(a)中 $z=0$ 平面的横截面场分布结果呈现出圆柱形波前，并从上到下逐渐衰减，导致管道壁反射波较弱，仅能影响管道壁近场区域场分布。随着 α 的逐渐增大，如图 5-5(b)～(d)所示，真空管中的场分布沿纵向呈衰减趋势。α 值越大，漏泄波导辐射场的纵向覆盖范围越小。$z=0$ 截面上的场分布也表明，当 α 较大时，反射波迅速衰减变弱。

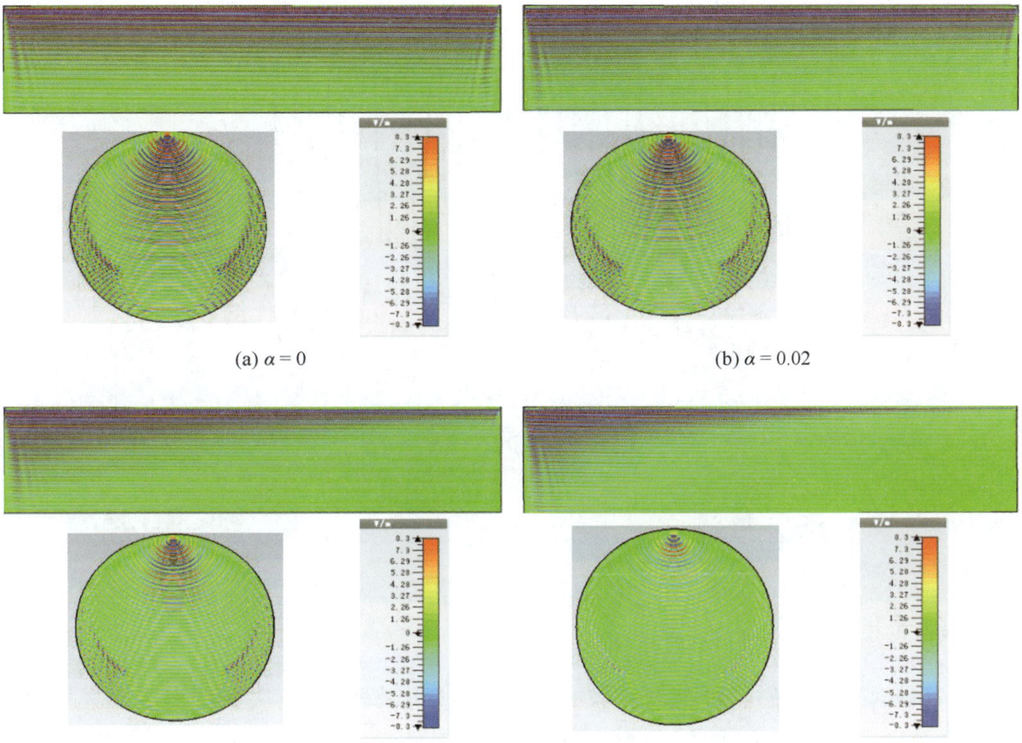

(a) $\alpha=0$　(b) $\alpha=0.02$

(c) $\alpha=0.05$　(d) $\alpha=0.1$

图 5-5　不同 α 值下真空管内的场分布

2. 不同高度的空间谐波分布

图 5-6 显示了当 $\alpha=0$ 时，沿真空管不同高度 x 的电场强度变化，其中漏泄波导的安装位置为 $x=2$ m。此外，为了显示的清晰性，结果仅呈现 z 在 $-1\sim1$ m 范围内的场分布。从图中可以看出，随着 x 的逐渐增大（越靠近漏泄波导），场分布的波动越来越明显。当 $x=1.8$ m 时，场分布呈现明显的周期性波动。随着观测高度 x 的减小，场强迅速减小，场起伏趋于平缓。由此可以推断，高次谐波主要存在于波导的近区，使波动更加明显。由于只有 -1 次谐波可以辐射到达远场区域，因此在远离波导的地方可以观察到更平滑的分布。在实际情况中，列车车厢内的乘客与漏泄波导之间的距离较远，因此信号覆盖对列车来说是平坦的。另外，通过对漏波结构的改进，使 -1 次谐波能携带更多的功率，则近场区域也可能具有平滑的场分布，从而使真空管磁悬浮列车的无线通信更加灵活和稳定。

从漏泄波导在真空管道内的场分布仿真结果来看，漏泄波导产生了宽边辐射，以柱面波形式向列车辐射电磁波，这对消除多普勒效应有重要意义。此外，通过观察真空管道内不同高度的场分布，可知漏泄波导的高阶谐波主要存在于波导的近场区域，只有 -1 次谐波可以到达远场区域（乘客处），从而保证通信的稳定性。

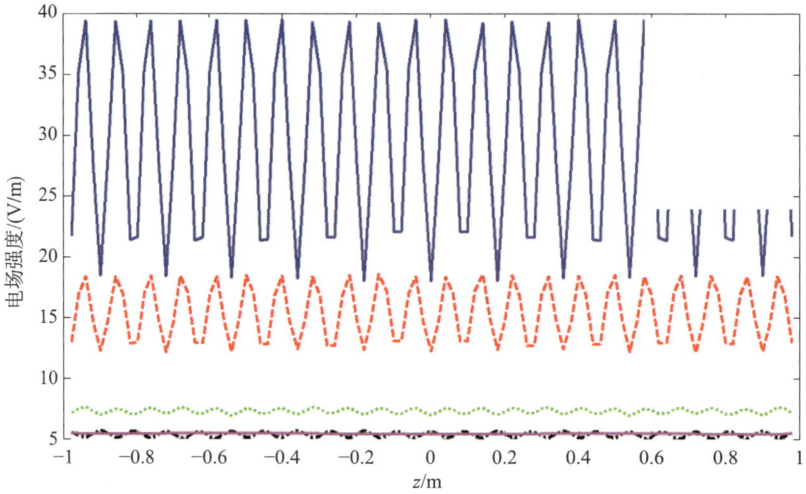

图 5-6 沿不同高度 x 的真空管场分布(E_z 分量)的变化($\alpha=0$)

5.2.2 基于电磁透镜的无线接入方案

为了实现对真空管磁悬浮列车完整、有效的无线电波覆盖,解决无线电波车体穿透损耗严重的问题,确保所设计漏泄波导辐射的电波信号在接收端具有持续的抑制多普勒特征,本节重点研究基于具有法向辐射特征的漏泄波导无线接入方案。之前的文献已经对真空管磁悬浮列车车地通信承载业务展开了研究分析,真空管磁悬浮列车车地通信数据包括面向列车运控的安全类数据和面向乘客的非安全类数据,这两类在传输速率、误码率、丢包率、延时、吞吐量、优先级、冗余备份比等差异较大。采用漏泄波导系统辐射的无线电波直接覆盖列车,考虑延时和误码率等要求,安全类数据和非安全类数据在物理层需完全解耦分别传输,本节采用“一外一里”方案分别传输安全类和非安全类数据。

“一外”指的是对于安全类数据传输,仅需覆盖到车厢外部(如车顶天线)即可,无线耦合后的信号通过车顶天线收发,然后经过有线电缆方式连接到车厢内部相应的控制部分。

对于非安全类数据业务(主要是乘客用户数据),则需要覆盖到车厢内部无线设备(“一里”),需要建立由漏泄波导到用户的通信链路。

针对“一外”的覆盖,根据上述仿真结果,本节提出的具有法向辐射特征的漏泄波导可有效抑制多普勒效应,且管道纵向的场分布近似均匀,极大改善了车地无线信道环境,因此可以直接利用漏波覆盖车顶天线解决“一外”的覆盖问题。本节将针对“一里”问题,对列车侧无线接入方式进行研究,主要考虑三种方式,如图 5-7 所示,分别为车载中继方案、直放站方案以及电磁透镜方案。

(1)漏泄波导系统+车载中继站(简称“漏波中继系统”):与现行高铁类似,车载中继通常安装在车顶上,与漏泄波导、车内用户组成“双跳结构”,如图 5-7(a)所示。车载中继方案可以解决传统的列车车体高穿透损耗和群切换问题。但是为了保障传输的可靠性和稳定性，该方案需要专门在车地间构建一个“漏泄波导—中继站”的独立的无线链路，在该链路中，安全类与非安全类数据业务可汇聚融合一起传输（虽有延时，但可作为冗余备份使用）。车载中继负责所有用户业务数据的汇聚、分发，为了保证传输性能，必将大大增加车地通信系统的复杂性，影响车地数据传输的健壮性。此外，车载中继对数据的汇聚、中继和转发操作必然会增加车地通信的传输时延，影响数据的时间敏感性。

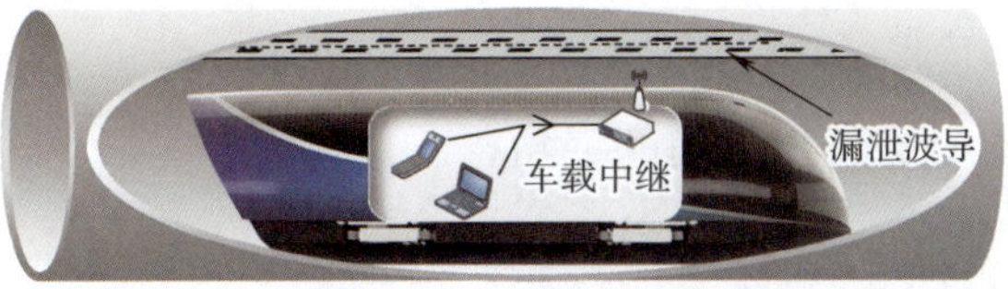

(a) 车载中继方案

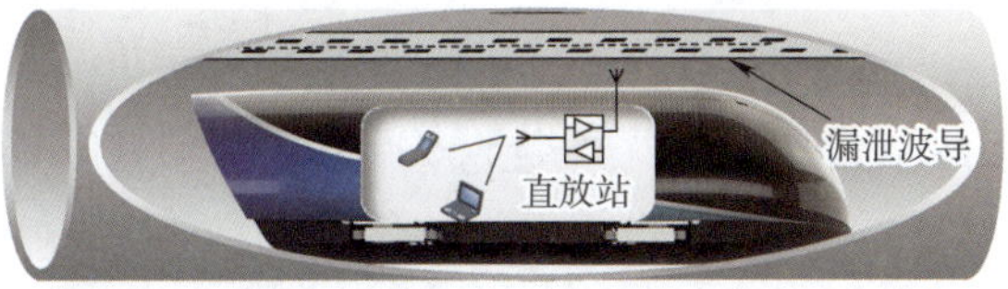

(b) 直放站方案

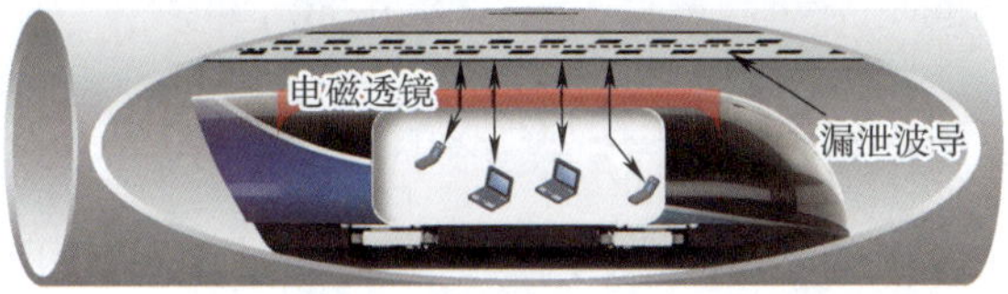

(c) 电磁透镜方案

图 5-7　几种列车侧接入方案

（2）漏泄波导系统＋直放站（简称“漏波直放系统”）：和轮轨高铁的车载直放站相同，如图 5-7(b)所示，在真空管磁悬浮列车顶部配置直放站可有效增强漏波信号的幅度，改善车内用户的电波覆盖情况。由于漏泄波导所构建的管道内车地无线信道近似为静止信道，在电磁波的有效覆盖距离内产生的信号强度相对稳定，因此，较容易通过直放站实现对信号放大与跟踪调整；此外，由于漏泄波导系统辐射的电磁波在车厢外部的覆盖范围有限，也不会引入非反射多径。但是直放站方式只能对信号进行放大转发处理，不能做到波束调整和增加系统容量。

（3）漏泄波导＋电磁波折射透镜（简称“漏波透镜系统”）：具有法向辐射特征的漏泄波导抑制甚至消除了多普勒效应，极大地改善了车地无线信道条件，因而结构相对复杂的车载中继不再具有优势。随着车地无线信道的改善，传统高铁场景的时变信道已转化为良态的静止信道，因此可以认为针对车内乘客可以采用漏波直接覆盖方式。然后提出一种基于车顶电磁透镜的接入方案，如图 5-7(c)所示，主要思路是在车顶开设天窗安装具有特殊折射功能的电磁透镜，则在适当增加漏波发射功率时可使信号直接穿透车顶透镜覆盖到用户，并且在透射过程中进行波束调整，实现更均匀的信号覆盖。

5.2.2.1　链路预算

首先对电磁透镜方案下漏泄波导与车内用户终端之间做链路预算。由于波导表面的缝隙比较小，而它们的间距 d_{slot} 远大于其尺寸，而且每个缝隙的辐射相对较小，因此可以认为各个缝隙的辐射相互之间没有影响。假设电磁透镜上 R 点与波导垂直距离为 h，距离波导馈源水平距离为 z，则考虑多个缝隙的辐射，可以得到 R 点的电场强度为

$$|E| = \left| \sum_{i=1}^{N} E_0 \mathrm{e}^{-\gamma(i-1)d_{\mathrm{slot}}} \sin\theta_i \frac{\mathrm{e}^{-\gamma_0 r_i}}{r_i} \right| \tag{5-3}$$

式中 N——缝隙个数；

E_0——距离馈源第一个缝隙处的强度，可标准化为 1 V/m；

γ——波导中的传播常数，$\gamma=\mathrm{j}\beta$；

θ_i——波导水平方向和第 i 个缝隙辐射到 R 的直线方向的夹角；

γ_0——自由空间的传播常数，$\gamma_0=\mathrm{j}k=\mathrm{j}2\pi/\lambda$；

r_i——第 i 个缝隙到 R 的距离。将电场强度转换为功率，则有：

$$E=20\lg|E|^2 \quad (\mathrm{dB\mu V}) \tag{5-4}$$

$$P_1=20\lg\left(\frac{1.76\times10^{-4}}{f}\times10^{E/20}\right) \quad (\mathrm{dBm}) \tag{5-5}$$

其中，P_1 为漏波到达透镜表面的功率，则车内用户的接收功率可表示为

$$P_R=P_1-\mathrm{PL}(h_{\mathrm{lens}})-X_\sigma \quad (\mathrm{dBm}) \tag{5-6}$$

其中，$\mathrm{PL}(h_{\mathrm{lens}})$表示电磁透镜引起的电磁波功率损耗，这部分损耗主要包括介质损耗和反射失配，针对介质损耗问题，可以采用聚乙烯、聚四氟乙烯、石英等低损耗材料来解决，这些介质材料对电磁波穿透损耗可忽略不计，因此广泛应用于制作透镜材料。针对反射失配问题，一般可以在透镜表面通过安装四分之一波长厚度的防反射涂层来抑制消除，该涂层可以有效抑制电磁波的反射作用，其中涂层材料通常采用含有氧化铝的材料（损耗较低）；X_σ 则为电磁波在车厢内传播时的小尺度衰落分布模型，由于车厢内部的小尺度衰落主要由车厢内壁反射造成，因此可以设计电磁透镜使电磁波以平面波形式在车厢内传播，则可避免车厢内因反射形成的多径影响，提高车内用户通信可靠性。

对电磁介质透镜进行了如下设计：电磁透镜材质考虑选用具有一定相对介质常数的纯介质材料，设计透镜的形状，使电磁波从圆柱形波转化成平面波，收敛电波传播方向，并提高漏泄波导辐射增益，实现车厢内无线电波的均匀覆盖。需要注意的是，漏泄波导是以柱面波的方式在真空管道内辐射电磁波，即在列车行进方向上电磁波的相位是恒定的，因此只需关注透镜在 $z=0$ 截面上的形状设计，即可确定整个电磁透镜的形状。主要有两种设计思路：

①人工电磁表面透镜：这种透镜设计分为两部分，首先推导介质透镜单元厚度与相位变化量关系式，然后根据入射波相位分布确定转变为平面波所需的相位变化量，继而利用厚度与相位变化量关系式确定透镜的厚度，完成透镜设计，实现对入射波进行相位调控；

②单折射面透镜：利用等光程原理设计单折射面透镜，使漏泄电磁波在透镜表面发生折射改变其相位，从而实现波束调控。

5.2.2.2　人工电磁表面透镜

1. 透镜介质单元与相移关系

如图 5-8(a)所示为电磁透镜的典型方形介质单元，材料为聚四氟乙烯(低损耗人工电磁材料)。设该介质单元为第 pq 表面介质单元，介质单元厚度设置为 h_{pq}，相对介电常数设置为 2.9，假设穿透损耗可忽略不计。根据已公布的实验及仿真结果，介质单元的长度 L 设置为电磁波在真空中传输波长的二分之一比较合适，即 $L=\lambda_0/2$，本节设置电磁波频率为 1.875 GHz，则对应波长 λ_0 为 0.16 m。

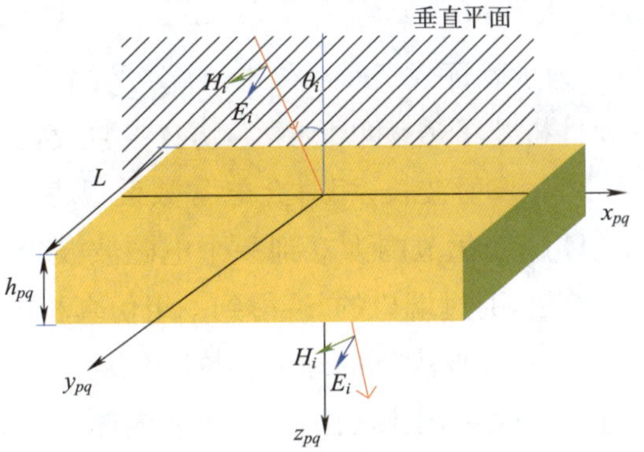

(a) 电磁透镜介质单元

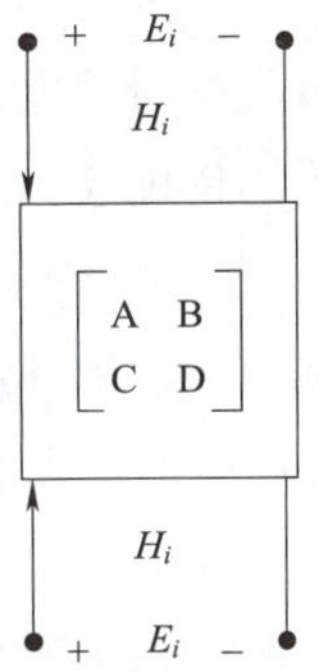

(b) 等效的双端口传输线电路模式

图 5-8　透镜介质单元模型

假设一段 TE 波束入射到该均匀表面介质单元，如图 5-8(a)所示，其中入射平面 $xz\perp pq$，入射角为 θ_i。为了将透镜单元的上下表面电磁场联系起来，如图 5-8(b)所示，利用传输线理论可建立一个二端口网络模型，通过 $ABCD$ 矩阵可得

$$\begin{cases}\begin{bmatrix}E_y(z)\\H_x(z)\end{bmatrix}_{z_{pq}=0}=\begin{bmatrix}\cos(\beta h_{pq}) & \mathrm{j}Z_c\sin(\beta h_{pq})\\ \mathrm{j}Y_c\sin(\beta h_{pq}) & \cos(\beta h_{pq})\end{bmatrix}\begin{bmatrix}E_y(z)\\H_x(z)\end{bmatrix}_{z_{pq}=h_{pq}}\\ \beta=\omega\sqrt{(\varepsilon_r-\sin^2\theta_i)\varepsilon_0\mu_0}\\ Z_c=1/Y_c=\eta_0/\sqrt{\varepsilon_r-\sin^2\theta_i}\end{cases}\tag{5-7}$$

其中，ω 为角频率，$\eta_0=377\ \Omega$，是真空中电磁波的波阻抗。$z_{pq}=0$ 和 $z_{pq}=h_{pq}$ 时，切向场是相同的，因此根据电磁场边界条件理论，透镜单元上下表面切向电磁场是连续的，即有

$$\begin{cases}E_y(0)=-H_x(0)\eta_0/\cos\theta_i+2E_i\\ E_y(h_{pq})/H_x(h_{pq})=\eta_0/\cos\theta_i\end{cases}\tag{5-8}$$

通过联立式(5-7)和式(5-8)，可以得到 $z=h_{pq}$ 透镜单元对入射波的传播系数为

$$T_{pq}=\frac{E_y(h_{pq})}{E_i}=\frac{2\eta_0\cos\theta_i}{2\eta_0\cos(\beta h_{pq})\cos\theta_i+\mathrm{j}\sin(\beta h_{pq})(\eta_0{}^2Y_c+Z_c\cos^2\theta_i)}\tag{5-9}$$

根据式(5-9)可得透镜单元厚度与相位变化量之间的关系式

$$\varphi(h_{pq})=-\arctan\left[\frac{\eta_0^2Y_c+Z_c\cos^2\theta_i}{2\eta_0\cos\theta_i}\tan(\beta h_{pq})\right] \tag{5-10}$$

式(5-10)表明,根据透镜单元厚度 h_{pq},即可计算得到该透镜单元引起的相移量 $\varphi(h_{pq})$。另一方面,为了通过已知相移量得到相应的透镜单元厚度,需要对式(5-10)作反函数,可得

$$h_{pq}=-\frac{1}{\beta}\arctan\left[\frac{2\eta_0\cos\theta_i}{\eta_0^2Y_c+Z_c\cos^2\theta_i}\tan\varphi(h_{pq})\right] \tag{5-11}$$

根据上述分析,若可以确定电磁波频率、入射角以及介质相对介电常数,则相移量完全由表面透镜厚度确定。根据式(5-10),当介质单元厚度 h_{pq} 从 0 变化到一个介质波长($\lambda_n=\lambda_0/\sqrt{\varepsilon_r}$)时,相移量同时也从 0 变化到 2π。为了验证式(5-10)和式(5-11)所揭示的透镜厚度与相移量关系的正确性,利用 CST 仿真软件搭建了透镜单元模型,仿真参数设置如下,介质单元为长度为 L 的正方形,其中 L 为二分之一入射波长;相对介电常数设置为 2.9;电磁波入射角 θ_i 设置为 0。仿真设置介质单元的厚度变化范围为 0 到一个电磁波波长,变化间隔为 0.5 cm,记录每个介质单元厚度下的相移量,通过端口的 S_{21} 得到一组仿真相位变化量。

相应地,利用式(5-10)计算上述每个介质单元厚度下的理论相位变化量,得到一组理论相位变化量。两组相位变化量如图 5-9 所示,其中横坐标表示介质单元的厚度,纵坐标表示传输场的相位变化量。从图 5-9 中可以看出,仿真结果与数学模型比较吻合,随着介质单元厚度从 0 变化到一个介质波长,传输场相位变化量也相应地从 0 变化到 2π。此外,对于其他不同入射角度下的相位变化量,两者结果也是吻合的。因此可以认为式(5-10)和式(5-11)所揭示的介质单元厚度与相位变化量间关系是准确可靠的。

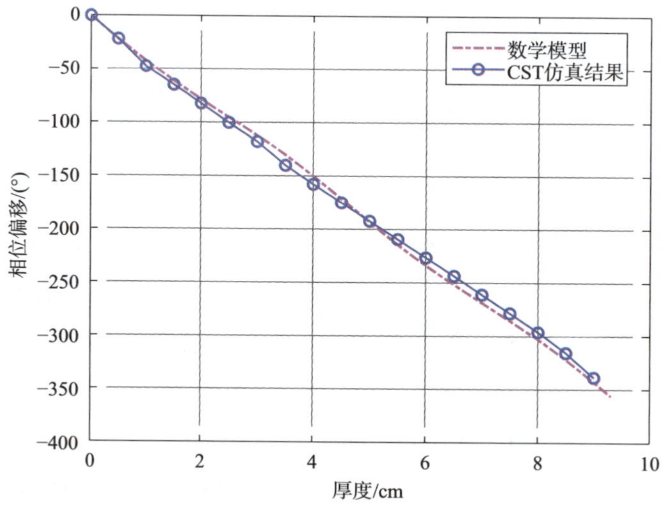

图 5-9 仿真结果与传输线模型结果对比

2. 透镜厚度

通过前文的理论推导，得到了介质厚度与相移之间的关系表达式，根据表达式(5-11)，只需知道透镜在管道 $z=0$ m 截面上不同点所需的相位变化量即可得到该点的介质厚度，由此可以确定所有点对应的介质厚度，完成透镜设计。

根据全波仿真结果可以得到 $z=0$ m 截面上漏泄电磁波在透镜表面的相位分布 $\varphi_i=\{\varphi_i(1),\varphi_i(2),\cdots,\varphi_i(n)\}$(虚拟探针相位记录间隔为 0.01 m，则 n 为 200)。漏泄电磁波透过介质透镜后变为平面波，设电磁波透过电磁透镜后相位均为 φ_0，则各入射点透镜介质单元的相位变化量为 $\varphi_D=\varphi_i-\varphi_0$，根据式(5-11)即可得到各个入射点的透镜介质单元厚度，如图 5-10(a)所示。不难发现，入射相位一般会有波动，因此各个入射点的介质单元厚度 h_{S1} 各不相同，最终经过电磁透镜透射的电磁波出射相位虽相同，但并没有处于同一平面。因此，需要同时考虑介质透镜和空气造成的相位变化，如图 5-10(b)所示。

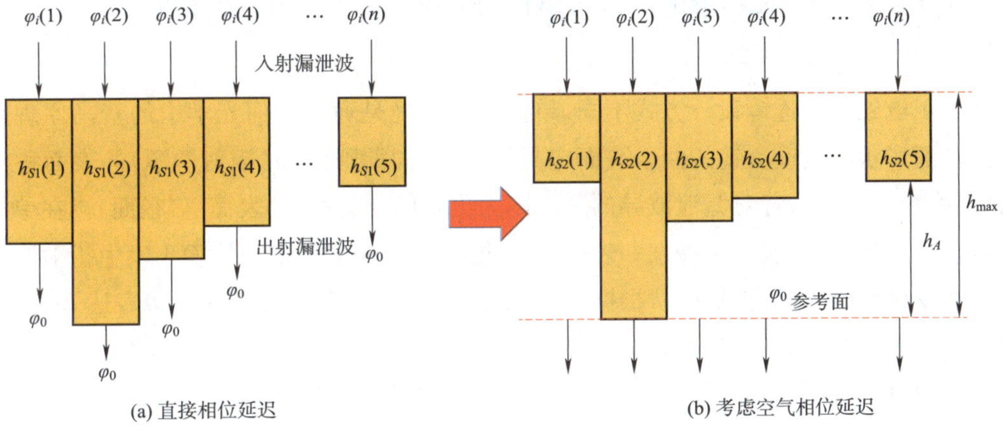

图 5-10　相位校正方法

首先人工设定一个等相位面 φ_0，φ_0 由最大介质单元厚度决定，如图 5-10(a)中 $h_{S1}(2)$ 为最大厚度。令入射电磁波经过介质透镜之后到达该平面时相位均为 φ_0，假设介质透镜造成的相位变化量为 φ_M，介质厚度为 h_{S2}，真空引起相位变化量为 φ_A，则总相位变化量 φ_D 可表示为

$$\varphi_D=\varphi_M+\varphi_A \tag{5-12}$$

根据式(5-10)，可知 φ_M 和 h_{S2} 满足

$$\varphi_M(i)=\varphi(h_{S2}(i))=-\tan^{-1}\left[\frac{\eta_0^2 Y_c+Z_c\cos^2\theta_i}{2\eta_0\cos\theta_i}\tan\beta h_{S2}(i)\right] \tag{5-13}$$

其中，$i=1,2,\cdots,n$。空气相位变化量 φ_A 可以表示为

$$\varphi_A(i)=-k_0(h_{\max}-h_{S2}(i)),\quad i=1,2,\cdots,n \tag{5-14}$$

其中，$k_0=\omega\sqrt{\mu_0\varepsilon_0}$ 为自由空间波数。将式(5-13)、式(5-14)代入式(5-12)可得

$$\varphi_{D}(i)=\varphi_{M}(i)+\varphi_{A}(i)=-\arctan\left[\frac{\eta_0^2 Y_c+Z_c\cos^2\theta_i}{2\eta_0\cos\theta_i}\tan\beta h_{S2}(i)\right]-k_0(h_{max}-h_{S2}(i)) \tag{5-15}$$

式(5-15)表明，在相对介电常数 ε_r 和最大介质单元厚度 h_{max} 都确定时，总相位变化量 φ_D 仅是关于介质透镜厚度 h_{S2} 的函数，若 φ_D 确定，则 h_{S2} 也可确定。因此，确定透镜厚度的关键在于确定最大透镜厚度 h_{max} 和总相位变化量 φ_D。总相位变化量 $\varphi_D=\varphi_i-\varphi_0$，其中透镜表面入射相位 φ_i 可通过全波仿真获得，φ_0 是人为设定的相位常量(可根据实际情况自行确定)，则根据式(5-11)，有：

$$h_{max}=\max\left\{\frac{-1}{\beta}\arctan\left[\frac{2\eta_0\cos\theta_i}{\eta_0{}^2 Y_c+Z_c\cos^2\theta_i}\tan\varphi_D\right]\right\} \tag{5-16}$$

首先人工设定 φ_0，利用式(5-16)即可通过总相位变化量确定最大厚度，再利用式(5-11)和式(5-12)最终得到电磁透镜在 $z=0$ m 截面处厚度分布，完成电磁透镜设计。

5.2.2.3 单折射面透镜

与人工电磁表面透镜设计方式不同，单折射面透镜是通过几何光学中的费马原理来设计透镜表面形状。假设透镜的两个表面定义如下：朝向漏泄波导(辐射馈源)的表面称为照射面(或称为内表面)，背对漏泄波导的一面则为出射面(或称为外表面、口径面)。在单折射面透镜设计过程中，一般先选择某一表面作为非折射面(电磁波在该表面不发生折射)，则另一个面将发生折射(称为折射面)，根据费马原理，可以推导出折射面的形状表达式，完成透镜设计。选用折射率 $n>1$ 的透镜材料，则单折射面透镜有两种情况：一是设定透镜外表面为非折射面，推导内表面的形状表达式，称为内表面透镜；二是设定内表面为非折射面，推导外表面的解析式，称为外表面透镜。内、外表面透镜折射如图 5-11 所示。

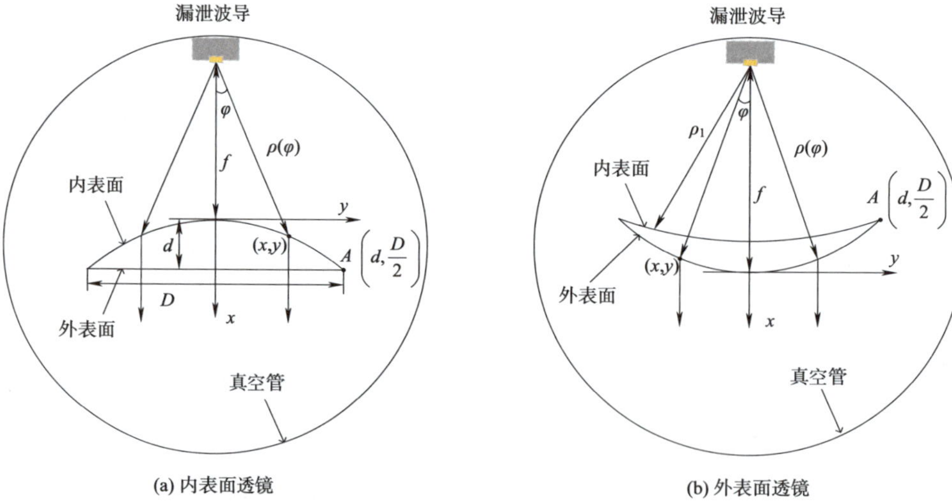

图 5-11 单折射面透镜设计

1. 内表面透镜

如图 5-11(a)所示，设定透镜外表面为非折射面，表明漏泄电磁波通过内表面的折射后垂直透过外表面，不会发生折射现象，此时外表面与折射后的电磁波等相位面重合，可确定外表面是一个平面。接下来确定内表面的解析式。根据费马原理，同一辐射源到同一点的任意两条射束的光程相等的，有：

$$\rho(\varphi)=f+n(\rho\cos\varphi-f) \tag{5-17}$$

整理可得

$$\rho(\varphi)=\frac{(n-1)f}{n\cos\varphi-1} \tag{5-18}$$

式中　n——介质的折射系数，$n=\sqrt{\varepsilon_r\mu_r}$；

f——漏泄波导与内表面的垂直距离；

φ——波束与 x 轴方向的夹角。

波束到内表面的直射距离为 $\rho(\varphi)=\sqrt{(f+x)^2+y^2}$，且 $\cos\varphi=(f+x)/\sqrt{(f+x)^2+y^2}$，代入式(5-18)，可得

$$(n^2-1)x^2+2f(n-1)x-y^2=0 \tag{5-19}$$

式(5-19)表明透镜内表面在 $z=0$ 平面投影形状是一双曲线，漏泄波导位于该双曲线的焦平面或远焦点上。内表面透镜只有内表面是曲面，外表面为平面，设计较为简单，因此加工相对容易。

2. 外表面透镜

如图 5-11(b)所示，首先选定内表面为非折射面，因此该表面与漏泄电磁波等相位面重合，表明该表面形式为一半径 $r=\rho_1$ 的柱面。接下来推导外表面方程，同样利用费马定理，可得

$$\begin{cases} n(f-\rho_1)=f-\rho_1\cos\varphi \\ \rho_1=\text{常量(球面半径)} \end{cases} \tag{5-20}$$

其中，$n=\sqrt{\varepsilon_r\mu_r}$ 为透镜折射系数，f 为漏泄波导与外表面在 x 轴上的垂直距离，φ 为波束与 x 轴方向的夹角。根据图 5-11(b)，有 $\rho(\varphi)=\sqrt{(f+x)^2+y^2}$，$\cos\varphi=f+x/\sqrt{(f+x)^2+y^2}$，代入式(5-20)，整理可得

$$(n^2-1)x^2+2n(n-1)fx+n^2y^2=0 \tag{5-21}$$

式(5-21)表明外表面在 $z=0$ 平面的投影是一椭圆，漏泄波导位于该椭圆的远焦点或焦平面上。与内表面透镜相比，外表面透镜两个面都是曲面，因此加工难度上更大。另外，外表面透镜的宽度 D 小于非折射柱面的直径，而非折射面的直径不超过折射面的 2 倍焦距，表明外表面透镜的宽度受焦距的限制，而内表面透镜没有此限制，因此在焦距相等的情况下，内表面透镜可以接受更大角度的电磁波辐射，具有更高的辐射效率。

3. 透镜厚度

确定了透镜的内外表面形式后，可以通过确定透镜厚度 d 与辐射口径 D 之间的比例来计算透镜厚度 d。对于内表面透镜，如图 5-11(a)所示，其透镜边缘处 A 点坐标为$(d,D/2)$，且满足式(5-19)，代入可得

$$(n^2-1)d^2+2f(n-1)d-\left(\frac{D}{2}\right)^2=0 \tag{5-22}$$

通过上式，整理可得内表面透镜厚度 d 与辐射口径 D 之比为

$$\frac{d}{D}=\frac{f/D}{n+1}+\sqrt{\frac{(f/D)^2}{(1+n)^2}+\frac{1}{4(n^2-1)}} \tag{5-23}$$

同理，根据图 5-11(b)及式(5-21)可得外表面透镜厚度 d 与辐射口径 D 之比为

$$\frac{d}{D}=-\frac{nf}{(n-1)D}+\sqrt{\frac{n^2(f/D)^2}{(n-1)^2}-\frac{n^2}{4(n^2-1)}} \tag{5-24}$$

根据式(5-23)和式(5-24)，确定焦距 f 和辐射口径 D，就可以计算透镜厚度 d。

5.2.2.4 仿真与分析

漏泄波导的配置与 3.2 一致，此外，由于关注的是电磁透镜上的漏泄电磁波相位分布，而场强的大小不会影响相位变化，因此可将漏泄波导的衰减系数 α 设置为 0，即漏泄波导内部电波传播无衰减。虚拟探针记录相位的精度为 0.01 m，得到 $z=0$ m 截面漏泄电磁波相位分布如图 5-12 所示，其中横坐标为管道截面($z=0$ m)的 y 轴，纵坐标表示截面的 x 轴，图中漏泄波导位置在 $x=2$ m、$y=0$ m 处，并以柱面波的形式向下辐射漏泄电磁波。假设电磁透镜与漏泄波导的垂直距离为 0.4 m，利用图 5-12 可以得到漏泄电磁波在透镜上的入射相位，将分析漏波透过电磁透镜后的出射相位分布，验证设计的可行性。

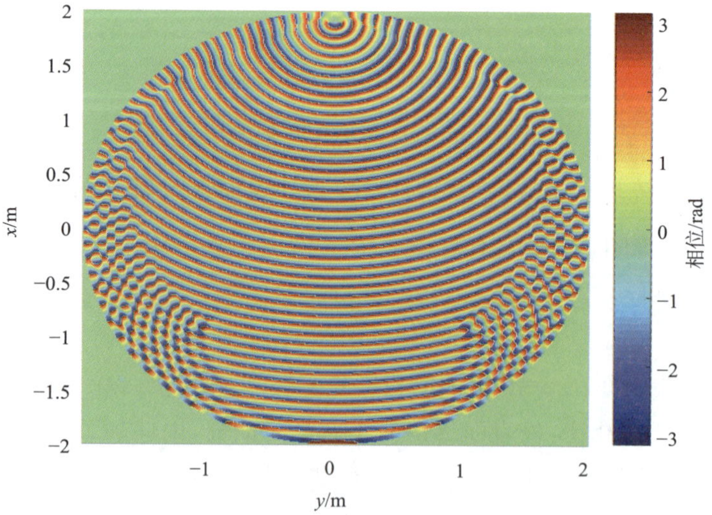

图 5-12 $z=0$ m 截面相位分布

1. 人工电磁表面透镜

假设透镜材料相对介电常数设置为 2.9，透镜与波导垂直距离为 0.4 m，可得电磁波入射角范围为 0～45°。本节设置电磁波频率为 1.875 GHz(LTE 频段)，则对应波长 λ_0 为 0.16 m。首先根据全波仿真结果可以得到 $z=0$ m 截面上电磁波在透镜表面的相位分布 φ_i。然后人工设定 φ_0 为 $-\pi$，根据式(5-16)，即可通过总相位变化量确定最大厚度，再利用式(5-11)和式(5-12)最终得到电磁透镜在 $z=0$ m 截面处厚度分布。如图 5-13 所示，可见透镜最厚处为 0.22 m 左右，但透镜表明形状过于凹凸不平，在加工处理上较为困难。对漏泄电波通过电磁透镜校正后的相位进行验证，如图 5-14 所示，此时电磁波通过电磁透镜后在参考面的相位均为 $-\pi$，表明电磁波已形成平面波前。

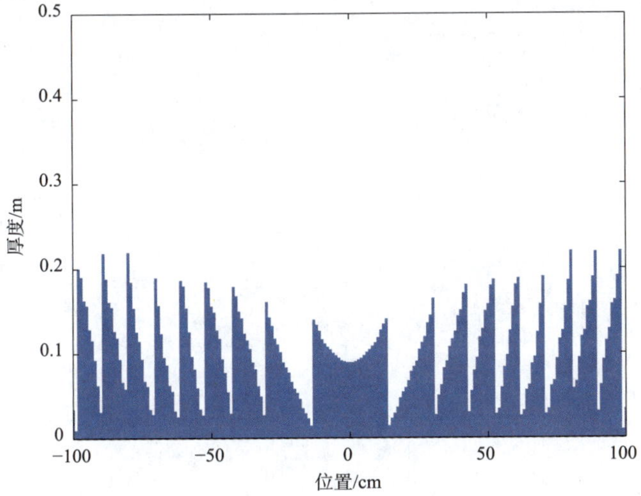

图 5-13　人工电磁表面透镜厚度

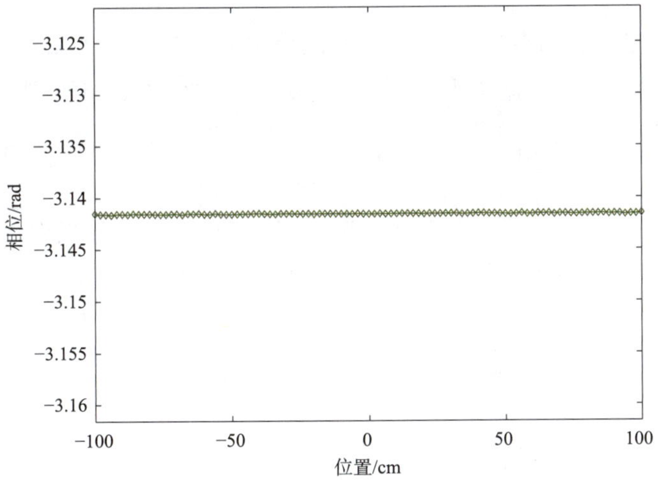

图 5-14　出射相位分布

2. 内表面透镜

同理，透镜材料相对介电常数设置为 2.9，内表面透镜的辐射口径 D（即透镜宽度）为 2 m，漏泄波导在内表面的焦点上，因此焦距 f 为 0.4 m，代入式(5-19)，可得内表面在 $z=0$ 平面投影为

$$7.41x^2+1.52x-y^2=0 \tag{5-25}$$

透镜形状如图 5-11(a)所示，根据式(5-23)，可得透镜厚度 d，利用透镜厚度与相移关系式(5-10)，即可以得到电磁波透过透镜发生的相移 $\Delta\varphi$，已知入射相位 φ，则可得到电磁波出射相位，结果如图 5-15 所示，出射相位均为 -0.72π，表明电磁波已形成平面波前。

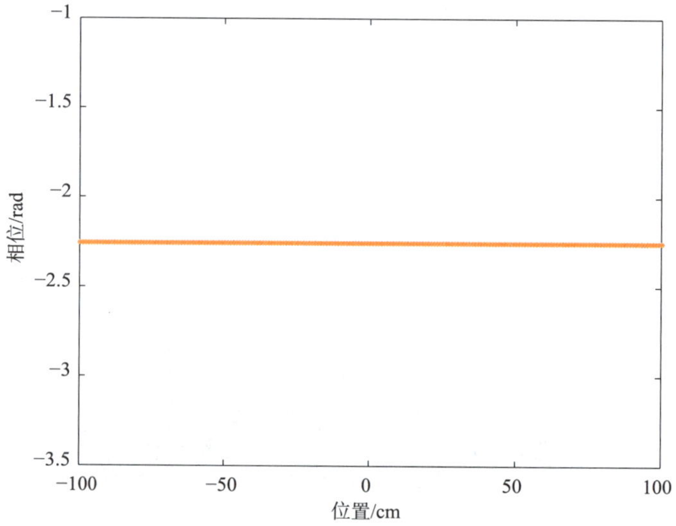

图 5-15　内表面透镜出射相位分布

3. 外表面透镜

同样设置透镜材料相对介电常数为 2.9，假设内表面是半径为 0.35 m 的柱面，由于漏泄波导在内表面的焦点上，因此焦距 f 同样为 0.4 m，代入式(5-21)，则可得外表面在 $z=0$ 平面的投影为

$$7.41x^2+4.408x+8.41y^2=0 \tag{5-26}$$

透镜形状如图 5-11(b)所示，可得 D 仅为 0.48 m，可见相比外表面透镜，在焦距相同的情况下，内表面透镜可以有更大的辐射口径。同样，根据 D、f 和式(5-24)即可得透镜的厚度 d，从而得到电磁波出射相位，如图 5-16 所示，在($-D$，D)范围内，电磁波相位均为 0.69π，表明电磁波已形成平面波前。

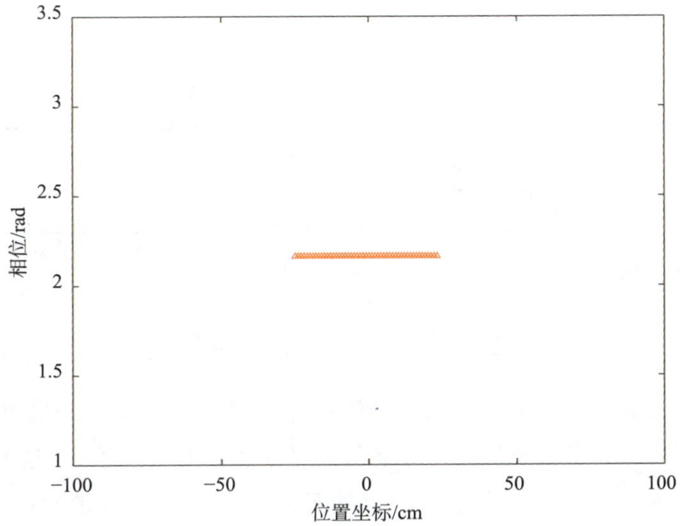

图 5-16　外表面透镜出射相位分布

5.3　新型漏泄波导系统电波传播特征分析

真空管的环境类似于隧道场景，已经有大量的研究来分析隧道场景中的无线信道特性。然而，隧道和真空管场景之间存在一些显著差异，例如金属管和车辆的超高速。本节主要关注车地通信问题：真空管中的高多普勒效应。目前的移动通信系统中，已经有一些有效的措施和方法来降低多普勒效应，例如，LTE 通过补偿由参考信号估计的频率偏移来降低多普勒效应，但由于物理帧结构的设计，LTE 支持 HSR 场景下最高移动速度 500 km/h 的无线接入，无法应用于超高速场景。因此本节在现有通信系统的基础上提出了两种可行的结构来降低多普勒频移。第一种是提出了一种基于小辐射角天线（定向天线）螺旋分布的结构，该结构的主要目的是保持辐射方向与运动方向之间的夹角尽可能小，使多普勒频移在一个很小的范围内变化，可以近似认为是一个常数。通过将真空管磁悬浮列车两侧的传播环境设置为相同，多普勒频移将从两侧接收到的两个信号合并为一个实常数，仅对接收信号的幅度产生一定影响。第二种结构是通过漏泄波导槽的螺旋分布和车载天线的旋转来将辐射方向与运动方向之间的角度尽可能地控制在 90°。与最大多普勒频移相比，多普勒频移的结果值非常低，在保证车地通信质量方面表现出良好的性能。

5.3.1　双螺旋分布定向天线系统

第一个结构是基于定向天线系统的双螺旋分布。所提出的结构由两部分组成：地面定向天线系统(GDAS)和车载天线系统(VAS),如图 5-17 所示。

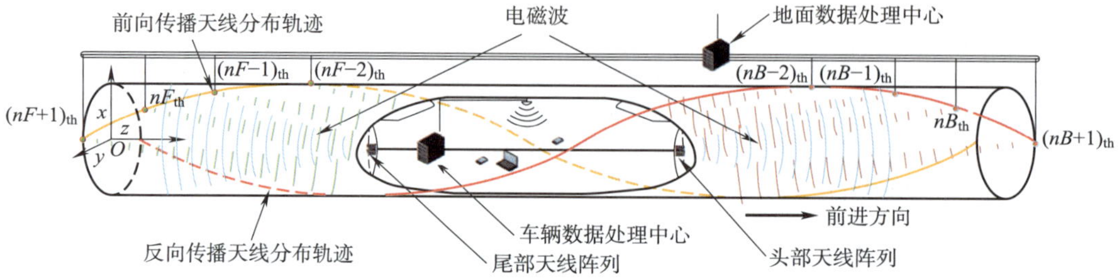

图 5-17　第一种结构的示意图

GDAS 由前向传播天线系统(FPAS)、反向传播天线系统(BPAS)和地面数据处理中心(GDPC)组成。FPAS 和 BPAS 都由大量定向辐射性能好的天线组成,这些天线安装在真空管的内壁上。BPAS 和 FPAS 在真空管内壁的天线分布轨迹均为螺旋曲线。此外,这两条螺旋曲线之间存在 90°相位差。对于天线,真空管中心轴与天线辐射方向的夹角表示为 θ_0,定向天线的辐射角表示为 θ_1,如图 5-18 所示。在相同的 z 位置,FPAS 中的天线角度 θ_0 与 BPAS 中的天线角度正好相反。

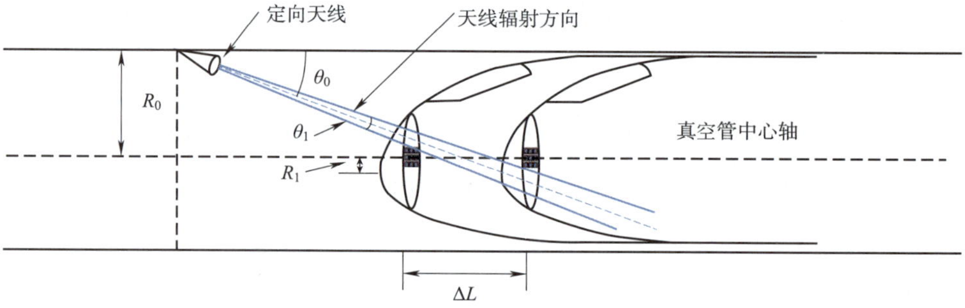

图 5-18　真空管截面图 1

GDPC 控制前向和后向传播天线的数据发送和接收。在传输数据时,控制前向传播定向天线和反向传播定向天线同时发射相同的电信号。在接收数据时,选择一对接收信号最强的正向和反向传播天线,将这两个信号结合起来,可以消除多普勒效应,证明如下。

VAS 包括车头天线阵、车尾天线阵和车内数据处理中心。两个天线阵分别固定在车体的头部和尾部,它们是位于真空管横截面中心的圆形天线阵列。每个天线阵由若干个定向天线组成,其辐射方向平行于真空管的中心轴。如图 5-19 所示,这些天线呈圆形分布在真空管的横截面内,有效接收信号半径为 R_1。车载数据中心的功能与地面数据中心类似,主要负责控制两个天线阵列同时发射同一信号,或者将两个天线阵列的信号合并,消除多普勒效应。实现该结构需要一些约束。在图 5-18 中,使用圆柱形真空管来分析无线传播机制。令 R_0 为真空管半径,R_1 为车载圆形天线阵半径。假设车头天线阵列与 BPAS 中的天线

$(nB-1)_{th}$连接，天线$(nB-1)_{th}$在车载天线阵列平面上的有效接收区域在图 5-20 中用橙色圆圈标记。

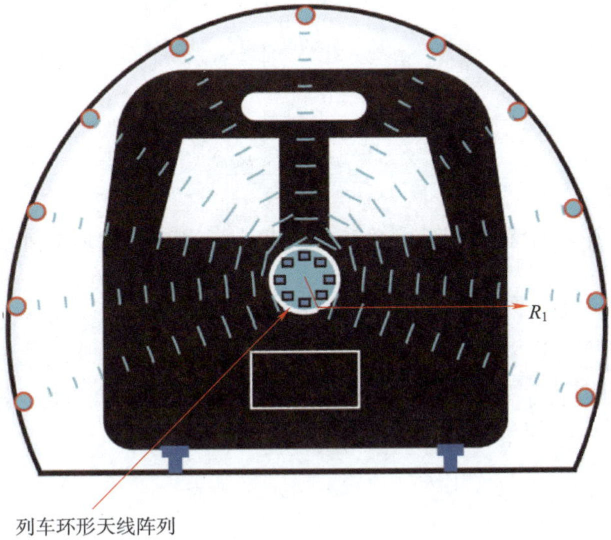

图 5-19　真空管截面图 2

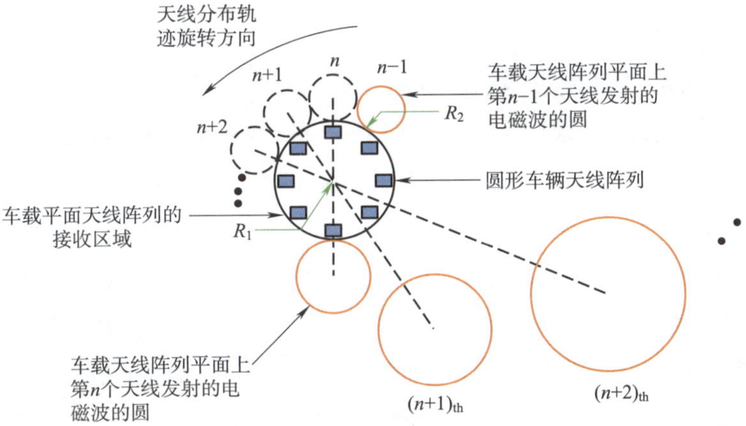

图 5-20　车载圆形天线阵列示意图

随着真空管磁悬浮列车在真空管中向前运动，车载天线阵列与定向天线$(nB-1)_{th}$失去连接，与天线 nB_{th}建立新的连接。同时，定向天线$(nB-1)_{th}$对应的圆在车载天线阵列平面内沿车载天线阵列的直径从一侧移动到另一侧。换句话说，$(nB-1)_{th}$橙色圆圈在连接时先与圆形天线阵列相交，然后在不连接时分开。需要注意的是，一旦这两个圆圈分开，天线$(nB-1)_{th}$发射的电磁波将到达倾斜的列车表面而不是车载天线阵列，并且在真空管中反复反射后不会再次到达车载天线阵列。R_2 表示在车载天线阵列平面上与车载天线阵列失去联系的定向天线$(nB-1)_{th}$对应的圆的半径。显然，由于定向天线的螺旋分布，圆形车载天线阵列周围有几个圆圈。如果圆圈 nB_{th} 与圆圈 $(nB+1)_{th}$ 之间的间隔过大，则在从天线 nB_{th} 切换到天线 $(nB+1)_{th}$ 时，会出现车载天线阵列脱节的时间间隔，危及真空管磁悬浮列车的安全。因此，一段螺旋曲线内的定向天线数量存在一个最小限值，可由下式求得

$$R_2 \approx \frac{\theta_1(R_0-R_1)}{\sin\left(\theta_0-\frac{\theta_1}{2}\right)} \tag{5-27}$$

$$N \geqslant \frac{\pi(R_1+R_2)}{R_2} \tag{5-28}$$

BPAS 或 FPAS 中两个相邻定向天线之间沿 z 轴的间隔可以表示为

$$\Delta L = L_2 - L_1 = \frac{R_0+R_1}{\tan\left(\theta_0-\frac{\theta_1}{2}\right)} - \frac{R_0-R_1}{\tan\left(\theta_0+\frac{\theta_1}{2}\right)} \tag{5-29}$$

从头部天线阵列到属于连接的 BPAS 的定向天线的无线信道可以表示为

$$h_{nF} = \alpha_{nF}\delta(\tau-\tau_{nF})e^{-j2\pi f_{nF}} \tag{5-30}$$

式中 α_{nF}——信道的路径增益；

τ_{nF}——时间延迟，s；

f_{nF}——多普勒频移，Hz，可以用下列公式求得

$$f_{nF} = v_0\cos\theta_0/\lambda \tag{5-31}$$

其中 v_0——列车速度；

λ——定向天线发射的电磁波的波长。

类似地，从尾部天线阵列到连接中属于 FPAS 的天线的信道表示为

$$h_{nB} = \alpha_{nB}\delta(\tau-\tau_{nB})e^{-j2\pi f_{nB}} \tag{5-32}$$

其中，α_{nB}、τ_{nB} 和 f_{nB} 与上面描述的 α_{nF}、τ_{nF} 和 f_{nF} 具有相似的含义。当位于列车两端的车载天线阵列发射相同的信号时，包括 nF_{th} 和 nB_{th} 天线在内的第 n_{th} 对天线，第 $(n+1)_{th}$ 对天线和其他对天线接收到的信号如图 5-17 所示。通过几何约束，天线 nF_{th} 到尾部天线阵列 nB_{th} 的距离近似于天线到头部天线阵列的距离，其他对也是如此。并且由于是最短的视距传播路径，这 n_{th} 对天线有接收到幅度最强的信号，因此可以得出以下结论：

$$\tau_n = \tau_{nF} \approx \tau_{nB} \tag{5-33}$$

由于列车前后的无线环境几乎相同，因此双螺旋的两条路径的路径增益相同。然后可以推断

$$\alpha = \alpha_{nF} \approx \alpha_{nB} \tag{5-34}$$

值得注意的是，天线 nF_{th} 方向与真空管中心轴的夹角与 nB_{th} 的正好相反，也就是说 $f = f_{nF} \approx -f_{nB}$。因此，如果将从天线 nF_{th} 和 nB_{th} 接收到的两个信号组合起来，则等效无线信道可以描述为

$$h_{eq} = 2\alpha\cos 2\pi f\delta(\tau-\tau_n) \tag{5-35}$$

从上式可知，经过上述处理步骤后，多普勒频移以实系数而非复数的形式影响信道。换句话说，如果列车速度变化缓慢，多普勒效应只会影响基于该结构的接收信号的幅度，可以通过放大接收信号轻松解决。

当有几对天线时，例如 n_{th}、$(n+1)_{\text{th}}$等对天线同时发射相同的信号时，车载天线阵列将接收到多个信号。但很明显，振幅最强、时延最短的信号来自这对 n_{th}天线，并且由于天线的几何布局和列车两端的倾斜表面，来自其他对的信号将不会到达车辆天线阵列。

5.3.2　基于漏泄波导的等相面螺旋分布

另一种解决通信问题的结构是基于漏泄波导的。从式(5-27)可以得出结论，如果辐射方向与运动方向的夹角接近 90°，则多普勒频移几乎可以消除为 0，这是第二个结构的基础。受螺旋曲线的启发，通过将漏泄波导槽的分布轨迹布置成螺旋曲线，试图使运动方向垂直于辐射方向。所提出的系统由漏波系统(GLWS)和车载天线系统(VAS)两部分组成，如图 5-21 所示。

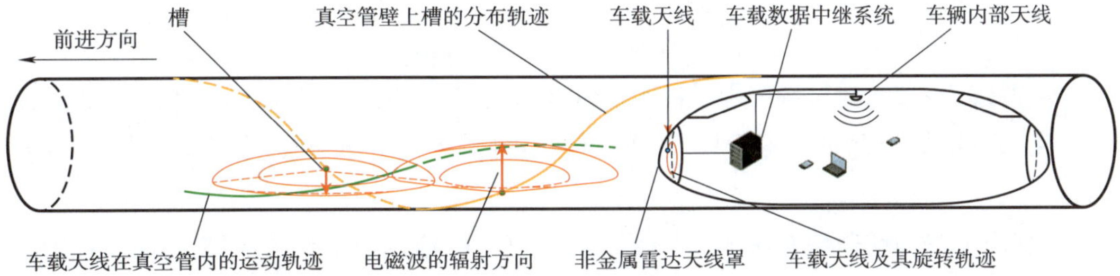

图 5-21　第二种结构示意图

车载天线系统由车载天线(VA)、车载数据中继系统(VDRS)和车体内部天线组成。车载天线位于列车头部，在真空管截面上绕真空管中心轴匀速旋转。此外，车载天线由外部非金属天线罩保护，具有电磁波穿透损耗低的特点。车体内部的天线主要负责与乘客进行通信。车载数据中继系统的主要功能是将车辆数据从车载天线转发到用户终端或反向。GLWS 主要是指槽缝螺旋分布的漏波导系统。将缝隙发射的电磁波的等相面视为球面。可知真空管磁悬浮列车匀速前行时，旋转车载天线的运动轨迹为螺旋线，因此将漏泄波导的分布轨迹设计为螺旋曲线，使运动方向尽可能垂直于辐射方向。同样，在应用这种结构时也有一些限制。令 R_{rot}表示车辆天线旋转的半径，ω_{rot}表示旋转速度的角速度，如图 5-22 所示。

假设车载天线在一个旋转周期内接有 N 个槽，则每个槽负责一段螺旋曲线，对应的时延为 $\Delta t=2\pi/(\omega_{\text{rot}}N)$。缝隙发射的电磁球面波的半径为$(R_0+R_{\text{rot}})$，然后在圆弧的中点及其在真空管中心轴上的垂直点所在处画一条线，该线与真空管的另一交点为槽的位置。通过以上设置，可以使运动方向尽可能垂直于辐射方向。上述约束可以表示为

$$\left\|\left(R_{\text{rot}}+R_0\cos\frac{\omega_{\text{rot}}\Delta t}{2},R_0\sin\frac{\omega_{\text{rot}}\Delta t}{2},-\frac{v_0\Delta t}{2}\right)\right\|=R_0+R_{\text{rot}} \tag{5-36}$$

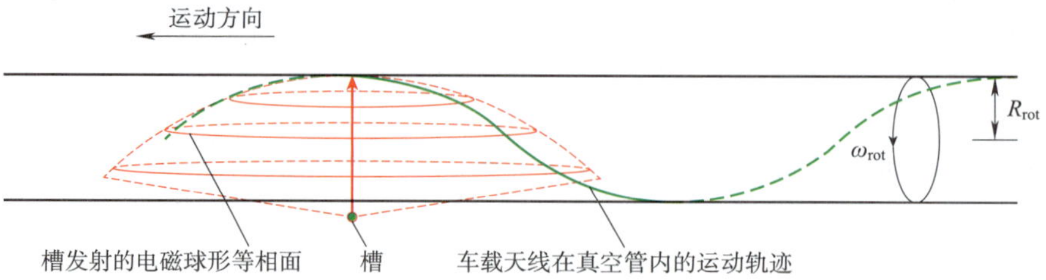

图 5-22 第二种结构的细节

上式可以简化为

$$v_0\Delta t=4\sqrt{R_0R_{rot}}\sin\frac{\omega_{rot}\Delta t}{4} \tag{5-37}$$

或

$$\frac{\pi v_0}{\omega_{rot}N}=2\sqrt{R_0R_{rot}}\sin\frac{\pi}{2N} \tag{5-38}$$

为了使上述超越方程有正实数解，还需要另外一个约束条件，即

$$v_0\leqslant\omega_{rot}\sqrt{R_0R_{rot}} \tag{5-39}$$

综上所述，通过漏泄波导缝隙的螺旋分布构造近似等相面，使列车运动方向与缝隙辐射方向的夹角尽可能接近 90°。当列车匀速前行时，多普勒效应可以控制在很低的水平，为车地通信提供良好的无线环境。并且金属真空管起到了电磁屏蔽的作用，隔绝了外界的电磁信号。因此，无论当前通信系统的信号干扰如何，都可以选择最合适的载波频率。好的用户体验需要大的信道容量，所以可以选择毫米波。但是较高的中心频率容易导致严重的多普勒效应。因此将这两种情况都考虑在内，这在两种结构中均将载波频率设置为 5～20 GHz。

5.3.3 仿真与分析

本节对上述两种结构进行仿真，验证消除多普勒效应的效果。真空管磁悬浮列车以 1 000 km/h 的速度沿 z 轴向前移动。真空管的半径 R_0 设置为 2.5 m，载波频率设置为 5 GHz。应用第一种结构时，车载圆形天线阵半径 R_1 设为 0.5 m，θ_0 为 15°，θ_1 为 10°。根据式(5-25)，相邻两根定向天线的间距为 11.5 m，一个周期内定向天线的数量为 3.92，所以设置一圈周期内的密度为 8，以保证连续通信。在第二种结构中，车辆旋转半径 R_{rot} 设置为 0.5 m，ω_{rot} 单位为 80π rad/s，Δt 为 40 ms，表示两个相邻槽沿 z 轴的跨度为 1.11 m。仿真结果如图 5-23 所示。

图 5-23 显示了两种结构的多普勒频移结果。蓝色曲线表示第一个结构的结果，黑色虚线表示由 $f_{max}=v_0/\lambda$ 计算的最大多普勒频移。如图 5-23 所示，第一个结构的多普勒频移保持在一个高值，几乎与最大多普勒频移相似，并且在大约 $\Delta f=0.28$ Hz 的小范围内变化。然而，当列车移动到下一个天线的覆盖区域时，会出现急剧增加。品红色曲线表示第二种结

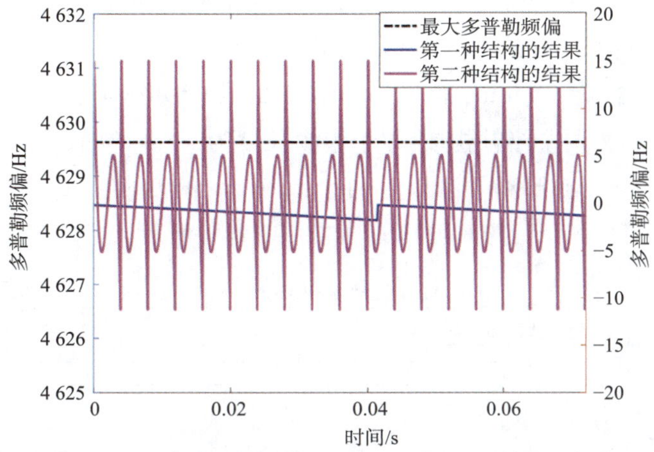

图 5-23　两种结构的多普勒频移的细节

构的多普勒频移结果。很明显，与最大多普勒频移相比，整体多普勒频移值相对较小，证明在消除多普勒效应方面具有良好的性能。该值在天线范围内从－5 Hz～5 Hz 不等。

本节提出了两种用于真空管磁悬浮列车的宽带无线通信结构。通过构建两个特殊结构来解决真空管磁悬浮列车超高速所带来的强多普勒效应问题。这两种结构旨在控制运动方向与天线辐射方向之间的角度分别接近 0°和 90°。这两种结构的结果都显示出消除多普勒效应的良好性能。

5.4　真空管磁悬浮列车车地通信传输性能研究

本节研究了在真空管磁悬浮列车运行场景下 LTE-A(LTE-advanced)与 5G 网络的系统性能。基于系统级仿真，研究了单基站与多基站两种场景下 LTE-A 与 5G 系统的列控业务与乘客业务通信的误块率(block error rate，BER)、频谱效率与吞吐量分析结果。根据基于位置的列控业务和乘客业务的 BLER、频谱效率和吞吐量，对 LTE-A 与 5G 网络在真空管磁悬浮列车车地通信场景下的系统性能进行了评估。

5.4.1　背景分析

2009 年，3GPP 制定了 LTE-A 的基本需求和研究方向。由于 LTE-A 可后向兼容 LTE，从技术上看一般认为 LTE-A 是 LTE 的演进版本。在 LTE-A 技术中，采用了包括载波聚合、多天线系统、多点协作传输中继等关键技术，大大提高了无线系统的传输速率与频谱效率。

LTE-A 帧结构：LTE-A 可支持两种双工方式，即时分双工(time division duplexing，TDD)

与频分双工(frequency division duplexing,FDD),在不同的双工模式下,LTE-A 的帧结构也有所不同。在 TDD 双工模式下,一个无线帧长度为 10 ms,由 10 个的子帧组成,每个子帧长度为 1 ms 并包含两个 0.5 ms 的时隙,如图 5-24(a)所示。而在 FDD 双工模式下,一个无线帧时长为 10 ms,由两个半帧构成,每个半帧长度为 5 ms,包括 4 个普通子帧和一个特殊子帧,其中普通子帧与 FDD 相同,由两个 0.5 ms 的时隙构成,而其特殊子帧则由 DwPTS、GP 和 UpPTS 三个特殊时隙构成,如图 5-24(b)所示。

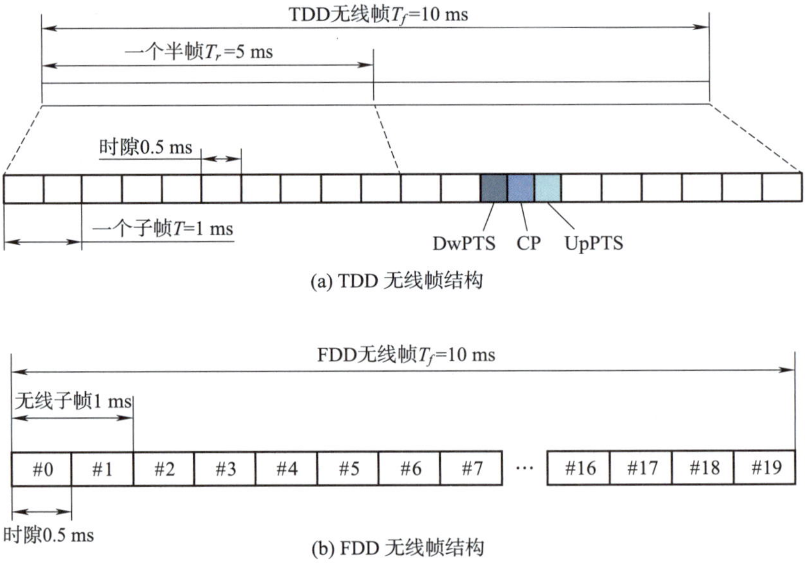

(a) TDD 无线帧结构

(b) FDD 无线帧结构

图 5-24 LTE 帧结构

OFDM:LTE-A 下行信道中采用 OFDM 技术。与 FDM 相比,OFDM 更加充分地利用了系统的带宽。OFDM 可以将信道划分成为若干个相互正交的子信道,从而将高速数据流转换为多个并行的低速子数据流,再经过调制后可以并行在多个子信道上传输。各个子频带间正交,因而在接收端无须分离频谱,只需通过相关技术就可将信号接收下来并区分出各个正交子信号,从而减少子信道之间的相互干扰。每个子信道上的信号带宽小于信道的相关带宽,因此每个子信道上可以看成平坦性衰落,从而可以消除码间串扰,而且由于每个子信道的带宽仅仅是原信道带宽的一小部分,信道均衡变得相对容易。

Turbo 码:Turbo 码是 Claude Berrou 等人在 1993 年首次提出的一种级联码。Turbo 码是一类重要的纠错编码类型,具有接近香农限的性能,在第三代移动通信系统(IMT-2000)中已经将 Turbo 码作为其传输高速数据的信道编码标准。3GPP LTE 协议中使用的 Turbo 码为 1/3 码率的并行级联码,Turbo 码与 OFDM 调制、差分检测技术相结合,具有较高的频率利用率,可有效地抑制短波信道中多径时延、频率选择性衰落、人为干扰与噪声带来的不利影响。

5G 帧结构:5G 帧由固定结构和灵活结构两部分组成,如图 5-25 所示,其中固定结构这部分与 4G 相比没有变化，包含了 14 个符号。但如果当 LTE 和 NR 共模时，时隙与帧结构要同步，所以 5G NR 加入一个灵活的子架构，时隙和字符长度取决于子载波间隔，具体值可以灵活定义。一个无线帧为 10 ms，将其分为 10 个子帧，每个子帧的时长为 1 ms；其次，每个子帧可以进一步划分为 1～4 个时隙(根据选用的子载波间隔而灵活变化)，每时隙包含 14 个符号。NR 带宽利用率最高可以达到 97%。同时，5G 也做出了其他革新，比如定义了一种新的子时隙构架——mini-slot，这个新定义可以用于实现更加快速灵活的服务调度需求，比如超可靠低时延应用场景。

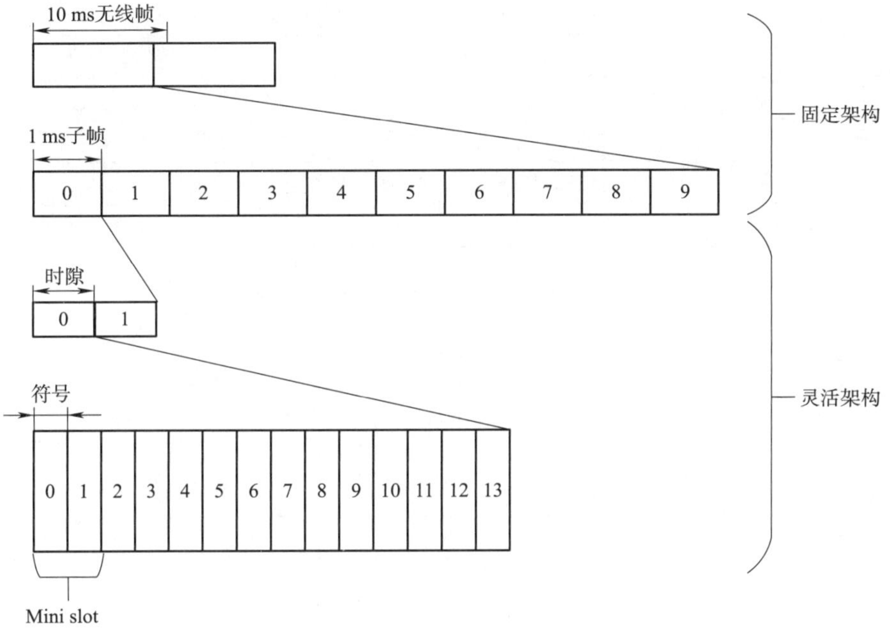

图 5-25　5G 帧结构

基于循环前缀(cyclic prefix orthogonal frequency division multiplexing，OFDM)：在 5G NR 下行信道中采用了与 4G 相同的 CP-OFDM 技术，CP-OFDM 波形是一种多载波传输技术，在调度上更加灵活，在高信噪比环境下链路性能较好，可适用于小区中心用户。

Polar 码与低密度奇偶校验码(low-density parity-check，LDPC)：5G 移动通信系统采用了性能更佳的信道编码技术。其中，在上下行控制信道中采用了 Polar 码，Polar 码是由 Arıkan 基于信道极化理论给出的第一种能够被严格证明达到信道容量的信道编码方法。而在上下行业务信道中采用了 LDPC。与 LTE-A 通信系统下行链路原本使用的编码相比，5G NR 下行链路中的 LDPC 码可以在大幅提升吞吐量效率的提高和峰值吞吐量的同时降低解码复杂度和提高的并行度从而减少短译码的解码延迟。

与现有的 LTE 网络相比，5G NR 采用了更加灵活的物理层参数配置方式，如灵活多变的子载波间隔、更大的带宽，基于此 5G 相对于 LTE-A，在速率、时延、连接数、移动性支持等方面均大幅提升，能够为未来智能交通提供更有力的支撑。例如，数据传输速率远远高于以前的蜂窝网络，最高可达 10 Gbit/s，比当前的有线互联网要快，比先前的 4G LTE 蜂窝网络快 100 倍；5G 拥有较低的网络延迟(更快的响应时间)，低于 1 ms，而 4G 为 30～70 ms；5G 网络的连接密度达到每平方公里 100 万台。5G 的高数据传输速率、超可靠低时延，以及海量连接等特征，是满足未来铁路新业务、新场景、新需求的关键。根据 ITU 目前已发布的 5G 标准，在表 5-1 和表 5-2 中列出了部分 5G NR 与 LTE-A 的关键性能指标(key performance indicator，KPI)和物理层参数对比。

表 5-1　5G NR 与 LTE-A 部分 KPI 对比

场　景	KPI	5G NR		LTE-Advanced	
		DL	UL	DL	UL
eMBB	峰值速率	20 Gbit/s	10 Gbit/s	1 Gbit/s	500 Mbit/s
	峰值频谱效率	30(bit/s)/Hz	15(bit/s)/Hz	30(bit/s)/Hz	15(bit/s)/Hz
	移动速度	500 km/h		350 km/h	

表 5-2　5G NR 与 LTE-A 部分物理层参数对比

参数名称	5G NR		LTE-Advanced	
	DL	UL	DL	UL
波形	CP-OFDM	CP-OFDM、DFT-S-OFDM	CP-OFDM	DFT-S-OFDM
子载波间隔/kHz	15/30/60/120/240		15	
每载波最大子载波数量	3 300		1 200	
无线帧长/ms	10		10	
信道编码	Polar、LDPC		TBCC、Turbo 、RM block	

可以看出，5G NR 比 LTE-A 系统对设备的移动性有着更高的支持性：能够支持速度高达 500 km/h 的设备连接；同时 5G NR 所提供的下行峰值速率比 LTE-A 提高 20 倍。这对当前移动通信系统性能带来了极大的提升，可以有效支持时速 500 km 以下的移动通信系统。但在时速 1 000 km 以上的真空管磁悬浮列车运行场景下 LTE 与 5G NR 的系统性能指标仍有待进一步研究。由于目前没有实际运行的真空管磁悬浮列车，无法开展时速 1 000 km 真空管磁悬浮列车运行场景要求，因此有必要先采用 LTE、5G 仿真平台对时速 1 000 km 的真空管磁悬浮列车场景展开仿真性能分析，从而为今后的实际应用奠定基础。

5.4.2　真空管磁悬浮列车车地通信系统级仿真

5.4.2.1　系统级仿真流程

无线通信系统的物理过程如图 5-26 所示。数据比特经由包括信道编码器、比特交织器、调制器的发端发送，经由无线信道传播后，由包括均衡滤波器、解调器、解码器的收端接收处理。图 5-26 所示为实际模型的简化模型，仅考虑了当前小区并忽略了来自其他相邻小区的干扰。在系统级仿真中，应考虑来自其他相邻小区的干扰。在仿真过程中直接去仿真所有终端间的整个物理层无线链路是不切实际的，因为其需要大量的计算复杂度和消耗。因此，为了简化，系统模型进一步划分为链路质量模型和链路性能模型。在系统级仿真中，LTE-A 与 5G 的通信过程可以进一步阐述为图 5-27 所示，除了表示链路质量模型与链路性能模型间的输入输出关系外，还进一步展示了整个网络的主要输入、输出参数，其中输入参数包括移动性管理、流量模型、资源调度和功率分配策略等。

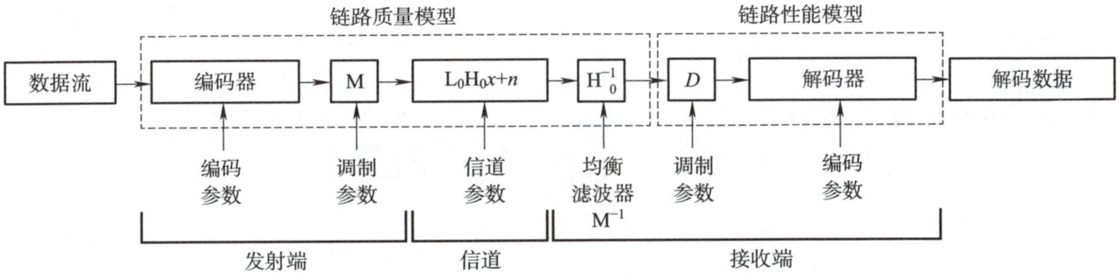

图 5-26　无线通信系统物理流程

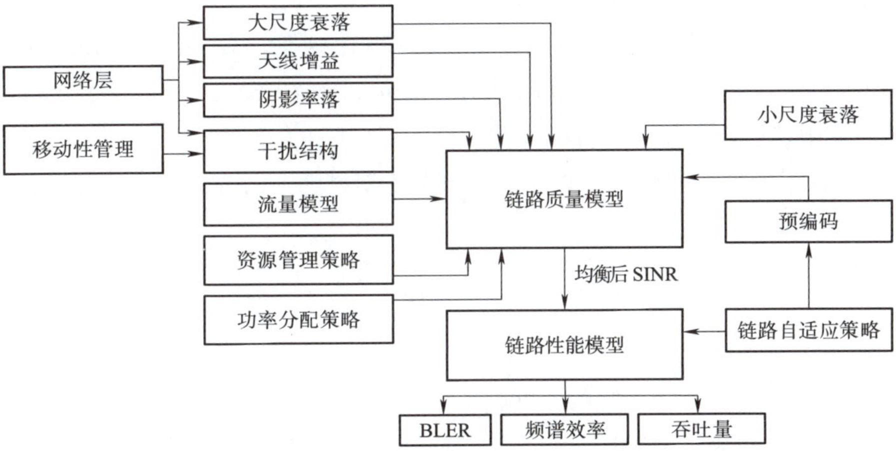

图 5-27　系统级仿真平台结构框图

链路质量模型反映了用户端反馈的测量报告并据此决定资源分配方案。基于所采用的编码和调制方案（modulation and coding scheme，MCS），链路性能模型将依据信道质量指示（channel quality in-dication，CQI）获得误块率（block error rate，BLER），进而得到该信道条件下的频谱效率和有效吞吐量。LTE-A 与 5G 采用的编码调制方案均为 15 种，分别为 CQI 1～15，不同等级的 CQI 所使用的调制方式和有效码率不同，图 5-28 展示了 LTE-A 与 5G 不同 CQI 下 SNR 与 BLER 的对比关系。

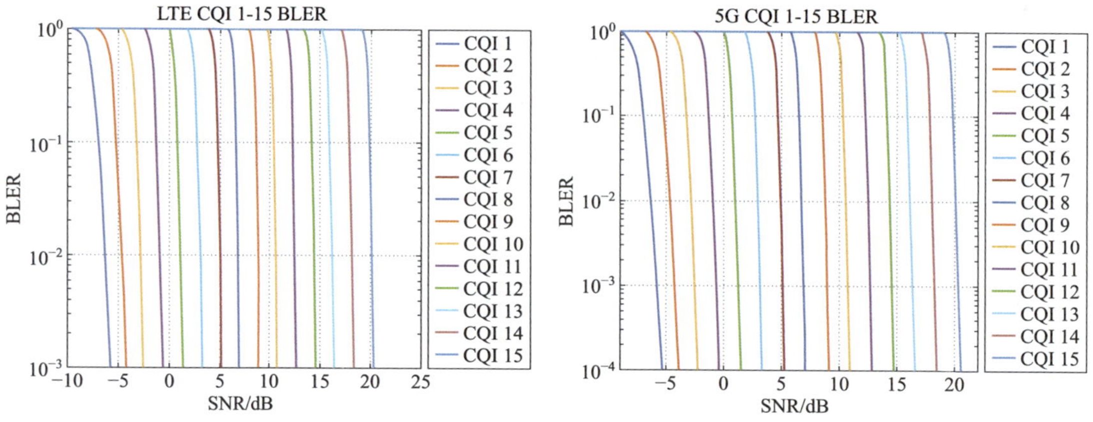

(a) LTE CQI 1-15 BLER　　(b) 5G CQI 1-15 BLER

图 5-28　LTE-A 与 5G 中不同 CQI 下 BLER 曲线

用户在链路质量模型中计算接收到的子载波有效信干噪比 SINR(signal-to-interference and noise ratio,SINR),并且根据 SINR 到 CQI 的映射关系生成 CQI 报告,然后根据 CQI 报告,发射机将选择合适的 MSC 以实现所需的 BLER。一般有两种有效 SINR 映射方式:指数有效信噪比映射 EESM(exponential effective signal to Interference and noise ratio mapping,EESM)以及互信息有效信噪比映射 MIESM(mutual information effective signal to Interference and noise ratio mapping,MIESM)。

在 EESM 中,其基本思想是将信道的瞬时状态值映射为有效 SINR,通过有效 SINR 从高斯白噪声条件下的性能曲线得到当前信道状态下系统的 BLER。EESM 可以如式(5-40)所示

$$\gamma_{\mathrm{eff}} = \mathrm{EESM}(\beta,\gamma) = -\beta \cdot \ln\left(\frac{1}{R} \cdot \sum_{r=1}^{R} \mathrm{e}^{-\frac{\gamma_r}{\beta}}\right) \tag{5-40}$$

式中　γ——每个子载波的 SNR,$\gamma=[r_1, r_2, \cdots, r_n]$;

β——由编码调试方式确定的尺度因子;

R——子载波的数目。通过改变 β,EESM 可以适用于不同编码调制方案。

EESM 的缺点在于要求同一个用户的所有子载波都必须使用相同的编码调制方案,这使得自适应编码调制方案无法应用,并且其计算得出的有效 SINR 是各个子载波 SINR 的平均近似值。因此,提出 MIESM 来解决这一问题。在 MIESM 中,同一个用户的各个子载波可以使用不同的编码调制方案,这使得自适应编码调制技术得到了充分得到应用。在 MIESM 中,有效 SINR 的计算方式如下:

$$\gamma_{\mathrm{eff}} = \mathrm{MIESM}(\beta,\gamma) = -\beta \cdot I^{-1}\left[\frac{1}{R} \cdot \sum_{r=1}^{R} \frac{\gamma_r}{\beta}\right] \tag{5-41}$$

其中,$I(\cdot)$表示 MIESM 的信息测度函数,由比特交织编码调制的容量所确定,其表达式如下:

$$I(x)=m-E_Y\left[\frac{1}{2^m}\sum_{i=1}^{m}\sum_{b=0}^{1}\sum_{z\in X_b^i}\operatorname{lb}\frac{\sum\limits_{\hat{x}\in X}\exp\left(-\left|Y-\sqrt{x}(\hat{x}-z)\right|^2\right)}{\sum\limits_{\hat{x}\in X_b^i}\exp\left(-\left|Y-\sqrt{x}(\hat{x}-z)\right|^2\right)}\right] \tag{5-42}$$

MIESM 的通用性与 SINR 映射的准确性都较好，但其计算复杂度相对较高，在系统级仿真中大大降低了仿真的速度，但一般可以通过提前计算每种调制方式下的互信息，然后在系统仿真时通过查表来提高 MIESM 的效率。

在得到当前系统的 CQI 后，需要注意在计算和信号传输引起的反馈延迟期间，如果信道状态发生显著变化，系统性能将明显下降，尤其在超高速情况下需要考虑。随后在链路性能模型中，根据后均衡 SINR，可以查找到所采用 CQI 等级下对应 SINR 的 BLER 值。根据获得 BLER 值可以作为计算每个传输块确认返回/确认不返回概率，这些确认返回/确认不返回与传输块大小相结合来计算链路吞吐量，根据系统的吞吐量与网络的传输带宽，相应的频谱效率也可以得到。

5.4.2.2　真空管磁悬浮列车车地通信系统模型

在真空管磁悬浮列车运行场景下，为了使无线信号有效的穿过管道壁，从而对运行中列车进行覆盖，结合传统高铁车地通信接入方式除直接覆盖法外，常见的还有直放站覆盖方式、中继覆盖方式，以及电磁透镜直接覆盖方式。将电磁透镜与真空管磁悬浮列车运行的管相结合如图 5-29 所示。

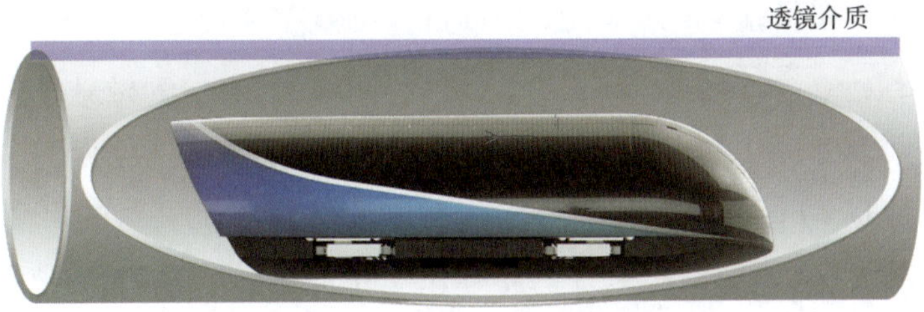

图 5-29　具有透镜介质的真空管道

基站发出的信号可以通过电磁透镜对管道内环境进行直接覆盖，最大程度降低无线信号穿透管道壁的损耗，从而有效实现轨旁基站对管道内运行的真空管磁悬浮列车的信号覆盖。

为评估 LTE-A 与 5G 网络中真空管磁悬浮列车在时速 1 000 km 运行场景下的系统性能，首先引入系统模型。图 5-30 所示为地面列车通信场景架构。由于列车沿线的基站覆盖在带状区域，因此考虑了沿路部署的两个具有代表性的基站场景。在单基站通信场景中，仅考虑真空管磁悬浮列车在单个基站覆盖范围内运行时的情形，忽略来自其他基站的干扰。在多基站中，4 个基站沿铁路线均匀分布，彼此相距 2 000 m，列车在基站 2 和基站 3 之间运行，该场景下考虑到了相邻小区之间信号的干扰。在单基站与多基站场景下，研究 LTE-A

与 5G 系统在真空管磁悬浮列车运行场景下列车运行的列控业务与乘客业务车地通信性能，包括 BLER、频谱效率以及吞吐量等。

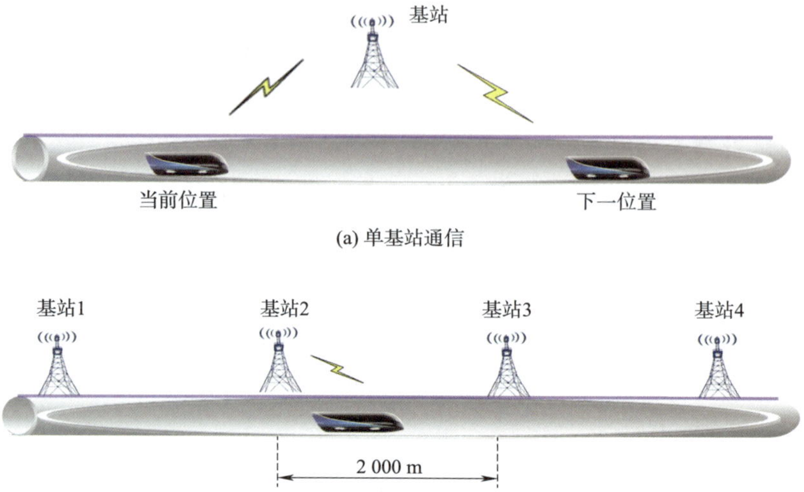

(a) 单基站通信

(b) 多基站通信

图 5-30　真空管磁悬浮列车车地通信架构

真空管磁悬浮列车的控制信息是通过车厢外部的天线经由管道内的电磁透镜与运行轨道旁的基站进行通信的。基站的覆盖范围沿轨道长度为 d_1，基站高度为 h_b 距离轨道 d。假设真空管磁悬浮列车在基站 i 的覆盖范围内运行，则真空管磁悬浮列车的中心位置相对于基站 i 的距离为 $d_B=\sqrt{(\delta d_1)^2+d^2+h}$，$0\leqslant\delta\leqslant 1$。同样的，真空管磁悬浮列车到基站 j 的距离可以表示为 d_j。从基站 i 发出的信号将经历了对数距离的路径损耗 $L_i(d_B)$ 和服从伽马分布的小尺度衰落 $G\sim\Gamma[N_{Tx},\theta]$，其中 N_{Tx} 为发送天线数，θ 是衰落的尺度参数。假设在传输环境中阴影衰落为 χ_σ，真空管磁悬浮列车在位于距离基站 i 为 d_B 的位置时接收到基站 i 的信号功率可以表示为

$$P_i^{Rx}(d_B)=P_i^{Tx}GL_i(d_B)+\chi_\sigma \tag{5-43}$$

其中，$P_i{}^{Tx}$ 为基站 i 的信号发送功率。以上的分析是仅考虑列车控制信息的传输情况。至于在车厢内的乘客通信情况，需要进一步考虑车体的穿透损耗。

考虑多基站的影响时，接收信号 S 与干扰信号 I 的功率如式(5-44)、式(5-45)所示

$$S(d_B)=\sum_{\{i|eNB_i\in\varphi\}}P_i^{Rx}(d_B) \tag{5-44}$$

$$I(d_B)=\sum_{\{i|eNB_i\in\phi\}}P_i^{Rx}(d_B) \tag{5-45}$$

其中，φ 表示期望通信的基站，在本节中仅考虑真空管磁悬浮列车当前时刻所处的基站，ϕ 表示产生干扰信号的基站。

此外随着真空管磁悬浮列车的不断增加,多普勒效应将会显著增加,因此有必要考虑载波间功率的干扰。载波干扰 ICI(inter carrier interference)功率 I_{ICI}可以表示为

$$I_{\mathrm{ICI}}=\frac{1}{N^2}\left(N+2\sum_{n=1}^{N-1}(N-n)J_0\left(\frac{2\pi f_{\mathrm{d}}Tn}{N}\right)\right) \tag{5-46}$$

其中,N 表示子载波数,$J_0(\cdot)$表示第一类零阶贝塞尔函数,f_{d} 为多普勒频偏。因此在位置 d_{B} 的接收信号信干噪比为

$$\mathrm{SINR}(d_{\mathrm{B}})=\frac{S(d_{\mathrm{B}})}{N_{\mathrm{w}}+I(d_{\mathrm{B}})+I_{\mathrm{ICI}}} \tag{5-47}$$

其中,N_{w} 表示热噪声功率。根据当前位置接收信号的信干噪比,可以确定所采用的编码和调制方案,进而计算 BLER、吞吐量和频谱效率。

吞吐量与频谱效率反映了网络中数据传输的速率以及对频谱的利用效率。在系统级仿真中,吞吐量的计算是根据接收到每个传输块中所包含的数据比特所计算,在单位时间内接收成功的所有传输块中的数据比特即为所统计的吞吐量,吞吐量的计算过程可以理解如下:

$$C=\frac{\sum_{n}^{N}a_n b_n}{T} \tag{5-48}$$

式中　N——传输块个数;

a_n——该传输块的 ACK 指示,接收成功则为 1,反之为 0;

b_n——传输块的大小;

T——传输时间间隔。

频谱效率的计算是基于吞吐量获得的,根据系统吞吐量与带宽即可计算得到相应的频谱效率,即

$$\eta=\frac{C}{B} \tag{5-49}$$

式中　B——信道带宽。

5.4.3　仿真与分析

考虑图 5-30 所示的单基站通信和多基站通信两种典型车地通信场景,并对每个场景中的列控业务和乘客业务单独进行研究。在单基站通信场景中,只考虑真空管磁悬浮列车当前所在的基站,而忽略其他基站的干扰。在多基站通信场景中,考虑了四个等距离基站,真空管磁悬浮列车在基站 2 和基站 3 之间移动。每个基站的覆盖范围为半径 1 000 m,相邻基站之间的距离为 2 000 m,每个基站使用一个总发射功率为 40 W 的全向发射天线,每个 UE 配备一个接收天线。基站和列车之间的信号将经历路径损耗和快衰落。为了简化,假定 100 个活跃用户在长度为 50 m 的车厢内随机分布,如图 5-31 所示,车厢内乘客业务通信主要考虑经由车窗的穿透损耗。表 5-3 是仿真的详细参数。

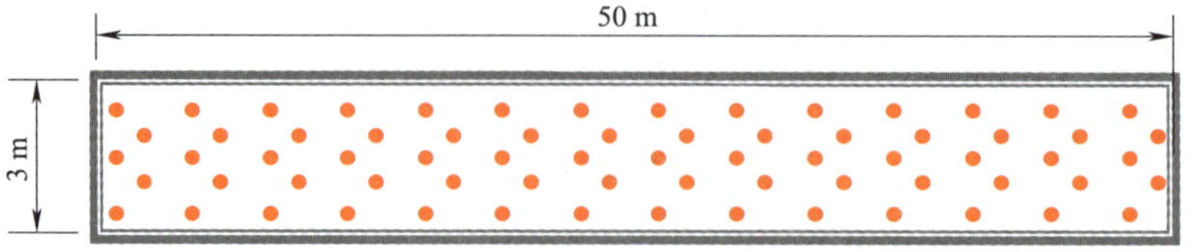

图 5-31　车厢内乘客分布示意图

表 5-3　真空管磁悬浮列车车地通信系统仿真参数设置

参　数	取　值	参　数	取　值
频率	2.14 GHz	阴影衰落模型	空间相关对数正态分布
带宽	20 MHz	噪声功率谱密度	−174 dBm/Hz
子载波间隔	15 kHz	车内乘客数	100
信号发送功率	40 W	管道电磁透镜穿透损耗	3 dB
基站覆盖半径	1 000 m	车厢穿透损耗	20 dB
相邻基站间距离	2 000 m	每用户天线数	1
传输模型	SISO	仿真时长	NTTL=100(0.1s)
天线类型	全向天线	仿真运行次数	每位置 24 次
路径损耗模型	TS25.814	真空管磁悬浮列车运行速度	1 000 km/h
信道模型	ITU-Veh A		

图 5-32 展示了单基站场景下，LTE-A 与 5G 系统下列控业务与车内乘客业务的 BLER、SE 以及吞吐量的仿真结果。在单基站场景中基站设立在位置为 0 m 处。

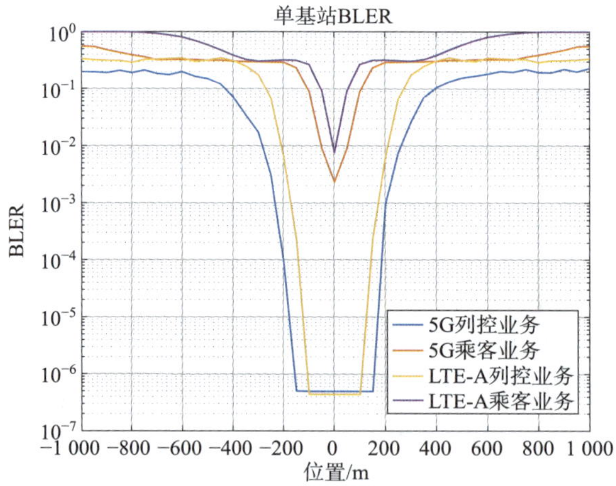

(a) BLER

图　5-32

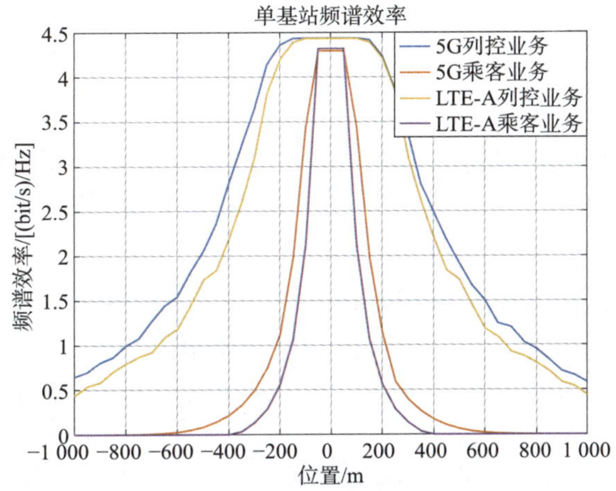

(b) 频谱效率

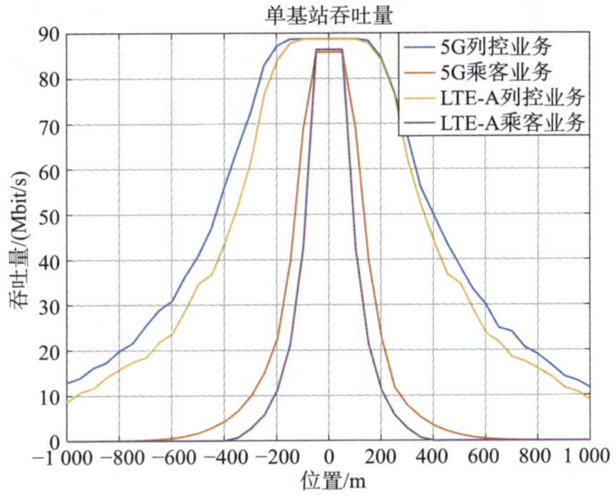

(c) 吞吐量

图 5-32　单基站场景基于位置的系统性能仿真结果

从总体上看，随着真空管磁悬浮列车运行逐渐远离基站，LTE-A 与 5G 通信系统性能均明显下降。5G 系统下，真空管磁悬浮列车在距离基站 150 m 范围内时，列控业务吞吐量、频谱效率始终处于最大值，随着距离不断增加，吞吐量、频谱效率逐渐下降，在距离基站 1 000 m 处时，下降到不足 15 Mbit/s，而乘客业务的吞吐量与频谱效率下降趋势更为明显，在距离基站约 600 m 处已经下降至 0，这明显无法满足车内乘客复杂多样的多媒体通信需求，但对于现有的列控系统而言，从吞吐量的角度来看，仍可以满足列控业务车地通信数据的传输要求，但从 BLER 角度考虑，在超过 150 m 范围后，列控业务 BLER 均上升明显，远远不足列控系统的数据传输要求，无法保障列车的安全平稳运行，而乘客业务的 BLER 在距离基站超过 50 m 后始终保持在 10^{-2} 以上，影响着车内乘客通信体验。LTE 系统下的仿真结果也反映出了同样的趋势，在 100 m 范围内时，列控业务的吞吐量频谱效率虽不及 5G 系统下性能表现，但也始终处于较高水平，超过 100 m 范围后，频谱效率、吞吐量逐渐下降，

BLER 上升明显。在距离基站 1 000 m 位置时，列控系统吞吐量下降至不足 10 Mbit/s，而乘客业务吞吐量在列车距离基站超过 400 m 时下降至 0。对于单基站场景下的 LTE-A 系统，其吞吐量仍能较好地满足列控系统的通信需求，但仍然受到 BLER 的限制。对比列控业务与乘客业务的通信情况，列控业务通信的整体性能明显优于车内乘客业务的整体通信性能，这主要是由于车厢的穿透损耗对基站信号有着严重的影响，致使车内乘客业务通信性能低于列控业务通信性能。

图 5-33 展示了多基站场景下，LTE-A 与 5G 系统下列控业务与车内乘客业务通信的 BLER、SE 以及吞吐量的仿真结果。在多基站场景中共设有 4 个基站，真空管磁悬浮列车在基站 2 与基站 3 之间运行，基站 2、基站 3 分别位于−1 000 m 与 1 000 m 位置处。

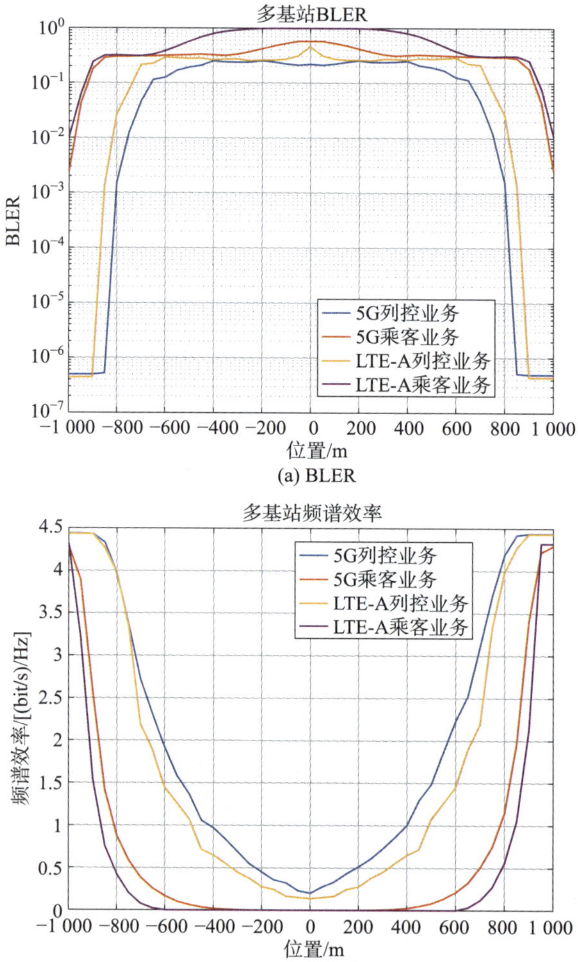

(a) BLER

(b) 频谱效率

图 5-33

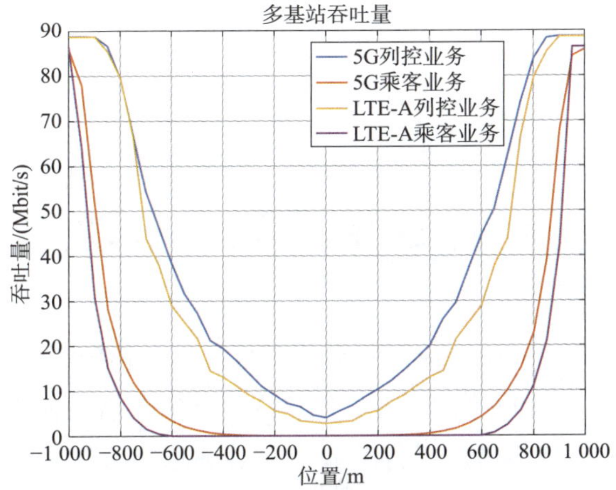

(c) 吞吐量

图 5-33　多基站场景基于位置的系统性能仿真结果

多基站场景下 LTE-A 与 5G 通信系统性能表现出了与单基站场景同样的变化趋势。随着真空管磁悬浮列车运行逐渐远离基站时，其 BLER 逐渐上升，吞吐量与频谱效率下降明显。与单基站场景性能对比，多基站场景的系统性能下降更为明显。在 5G 系统下，真空管磁悬浮列车仅在距离基站 100 m 范围内时，列控业务吞吐量、频谱效率始终处于最大值，在距离基站 1 000 m 处时，列控业务吞吐量下降到约 5 Mbit/s，乘客业务吞吐量则在 600～1 000 m 时已经下降至接近于 0。列控业务的 BLER 仅在距离基站 150 m 范围内保持在 10^{-6} 以下，乘客业务的 BLER 始终处于 10^{-3} 以上。多基站场景下 LTE-A 系统的性能同样不及 5G 系统的性能，同时较单基站场景下的性能也有所下降。列控业务吞吐量与频谱效率仅在 100 m 范围内保持较高水平（低于同场景 5G 吞吐量与频谱效率），BLER 仅在约 100 m 范围内保持在 10^{-6} 以下，而乘客业务吞吐量则在距离基站不足 400 m 时已经下降至接近于 0，BLER 也始终保持在 10^{-3} 以上。

多基站场景下的 LTE-A 与 5G 系统对于列控系统吞吐量方面总体上也仍有较好支持，但 BLER 支持范围更小。通过对比可以明显发现，多基站场景下的 5G 与 LTE-A 通信系统性能均有所下降，其中，乘客业务通信性能下降尤为明显。这主要是由于在多基站场景中考虑到了来自其他基站的干扰，致使通信系统性能下降。

总体来看，现有的 LTE-A 与 5G 通信系统虽然最高可支持移动速度分别为 350 km/h 与 500 km/h，但在吞吐量方面可以较好地支持时速为 1 000 km 的真空管磁悬浮列车车地间的列控业务通信需求，其性能受限于系统的 BLER，仅在有限范围内可以提供较好的 BLER 支持。超过该范围后，随着列车与基站距离增加，路径损耗不断增大，致使接收信号信干噪比降低，BLER 将上升明显，无法有效保障列车的安全平稳运行。

第 6 章　真空管磁悬浮列车车地通信资源管理

真空管磁悬浮列车车地无线通信需要承载多种业务，且在传输延时、误码率、传输速率等指标上有不同的需求。一方面，用户互联网接入业务需要满足大带宽高速率需求，对时延和误码率要求不高；另一方面，列车运行类业务需要满足超低时延（上行/下行 1 ms）、高可靠连接（1 ms 单向时延下 99.999%可靠性），且具有业务产生时间随机性的特点，而突发性运行业务在产生时就需要立刻参与调度。本章针对真空管磁悬浮列车运行的特殊需求，提出几种车地通信资源管理技术，为真空管磁悬浮列车的车地通信提供一定的技术支撑。

6.1　基于无线资源复用的低时延高可靠安全类业务通信

6.1.1　业务复用

真空管磁悬浮列车车地无线通信需要承载多种业务，如果针对不同的业务分别采用不同的频段进行传输，则需要在真空管道内部署多套不同工作频段的漏泄波导，造成过高的建设成本。因此，本节考虑将低时延突发性运行业务（burst operational services，BOS）与大带宽用户互联网业务（users internet services，UIS）进行复用传输，即突发性运行业务可以优先占用用户互联网业务的资源进行传输，从而满足运行时突发性业务的超低时延和超高可靠性要求。

6.1.1.1　复用方式

1. 预留资源

预留资源方案指的是预留固定的带宽给 BOS，图 6-1 所示为资源预留复用系统模型，表明资源预留复用方法可以使 UIS 与 BOS 共存在同一频段。

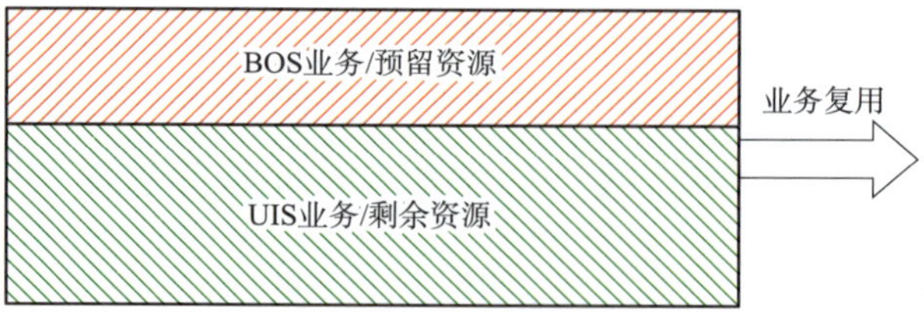

图 6-1　资源预留复用模型

不考虑参数集不同造成的边界影响，预留带宽大小的变化也会造成 BOS 和 UIS 业务性能影响，BOS 的性能会随着预留带宽的增大而变高。这种在相同频段中直接预留一部分固定带宽给 BOS 的方案是最简便的频分复用方案，但同时效率也比较低，由于划分给 BOS 的固定带宽大小一般是通过控制中心利用控制信令周期性改变的，因此可以将这种方案称为静态/半静态式频分复用。此外，BOS 业务占用了 UIS 业务的一部分带宽，不可避免会造成 UIS 的性能下降，因此需要在保障 BOS 的 KPI 约束条件下对 BOS 占用带宽实现最小化，减少对 UIS 业务性能影响。

2. 资源抢占

上述资源预留方案在 BOS 低负载情况下会造成空闲资源浪费，明显降低频谱效率。资源抢占是一种动态复用方案，这种方案是指突发性的 BOS 业务在网络层生成时，由于时延限制，需要立即参与调度，因此 BOS 业务通过抢占已经分配给 UIS 业务的资源进行传输。资源预留方法与资源抢占方法都是以保护 BOS 业务优先级为前提。资源抢占主要通过两种方式占用 UIS 的资源，分别是叠加方式和穿插方式。一般认为穿插方式比叠加方式对 UIS 性能影响更大。

需要注意的是，UIS 和 BOS 在调度模式上有所不同，参考 LTE 网络，其中 UIS 为 slot-based 调度，而 BOS 为了保障超高可靠性与超低时延特性，需要保证频域上有足够的调度带宽，时域上表现为 mini-slot 调度。为了论述方便，本节将 UIS 的调度间隔称为 Normal TTI，BOS 的调度称为 Short TTI。

6.1.1.2　复用场景

真空管磁悬浮列车车地通信中，BOS 和 UIS 两种业务在不同传输方向上的四种业务碰撞场景如图 6-2 所示。其中下行与下行复用和上行与上行复用场景属于同向传输业务复用，因此主要应用于 FDD 工作模式。上行与下行复用和下行与上行复用场景则主要应用于 TDD 工作模式。FDD 可以以 RBG 为单位预留空闲资源，而 TDD 模式下必须从时域划分单位预留空闲资源，因为 BOS 不需要全频带传输，所以相比 FDD 要更加浪费一些。此外，TDD 需要频繁切换数据传输方向，为了满足 BOS 的超低传输时延需求，方向切换时间应不大于 0.25 ms。TDD 中上下行切换需要额外时隙作为保护间隔，造成时域资源的浪费，影响 UIS 业务的传输性能。

1. 下行与下行复用场景

下行与下行复用场景属于 FDD 模式下的下行同向业务复用场景。BOS 和 UIS 业务的 KPI 需求不同，参数集配置也不同，最简单的复用方法就是资源预留方法，即 UIS 业务需要分割一部分资源用于独立承载 BOS 业务。但如前所述，资源预留法具有明显的缺点：预留资源量过少会导致 BOS 业务 KPI 无法保障；预留资源量过多则导致系统资源浪费（BOS 业务较少时），严重降低频谱效率。为了避免预留资源带来的性能下降，该场景中可以采用资

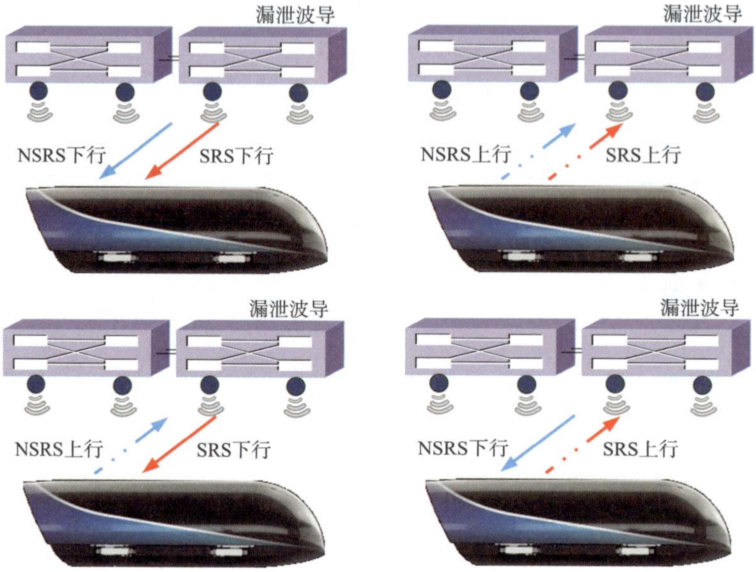

图 6-2 业务复用场景

源抢占法，即为随机到达的 BOS 业务抢占已经分配给 UIS 业务的资源。这种抢占式的资源动态复用法可以避免资源的闲置浪费，保证频谱效率。但同时也引入了一个新的问题，由于 BOS 业务随机占用破坏了 UIS 的资源位，增大了接收端在解调 UIS 业务数据时的失败率，造成较高误码率。为了解决这一问题，需要传输额外的位图指示信令（pre-emption indication，PI）给接收端告知 BOS 抢占的资源位置信息，保证 UIS 业务的正确解调。当发生 BOS 资源抢占时，系统通知接收端周期性的检测 PI 信令。PI 信令一般位于 UIS 调度间隔的起始或末尾位置，PI 精度越高，占用位置信息越明确，同时也增加了 UIS 的资源开销。如何权衡 PI 占用资源与精度是实现下行业务高效动态复用的关键之一。总之，下行与下行复用场景在复用方式上可以利用动态复用法避免资源预留法带来的资源浪费，但同时引发了额外的 HARQ，影响 UIS 业务的正确解调。因此接收端需要周期检测 PI 信息接收资源占用的位置信息实现 UIS 业务的正确解调，而 PI 占用资源与精度关系又是需要进一步权衡以保证复用的高效性。

2. 上行与上行复用场景

虽然同是 FDD 模式下的同向传输，但由于基站无法中断上行传输的 UIS 业务，因此资源抢占法无法应用于上行与上行复用场景，必须采用预留资源法，即通过静态或半静态调度方式周期性预留出一定资源给 BOS 突发性业务传输。因此需要权衡好预留带宽大小、BOS 业务 KPI 需求、频谱效率之间的关系保证高效复用。

3. 上行与下行复用场景

上行与下行复用场景属于 TDD 模式下的复用场景。跟上行与上行复用场景类似，基站无法中断上行 UIS 业务的传输，因此该场景需要应用预留资源法，上行 UIS 业务需要以 Short TTI 为时间间隔为 BOS 业务预留时域资源。

4. 下行与上行复用场景

下行与上行复用场景中可以在下行 UIS 业务中应用资源抢占法实现上行 BOS 业务的复用。在下行 UIS 业务的调度间隔 Normal TTI，突发的上行 BOS 业务，以 Short TTI 为单位抢占 UIS 用户的下行资源。

6.1.2　系统模型与理论建模

根据上述分析，可知对于资源复用法，需要保障 BOS 的 KPI 的约束条件下对 BOS 占用带宽实现最小化，可以通过随机网络演算分析推导预留资源下界从而实现最优化业务复用；对于资源抢占法，在占用位置信息指示指令 PI 精度一定的情况下，关键问题是如何在保证 BOS 的可靠性要求的前提下实现 UIS 业务的传输速率最大化。本节针对穿插式资源抢占法，研究了一种 BOS 和 UIS 业务下行链路资源调度的优化问题，首先对系统模型和理论问题进行建模分析。

6.1.2.1　系统模型

系统中，时域上设置 UIS 调度时隙间隔 Normal TTI 为 1 ms（与现行蜂窝网相同）。同时为了达到 BOS 的超低延迟要求，每个 Normal TTI 时隙被进一步划分为多个 Short TTI 微时隙。在每个 Normal TTI 时隙的开始，系统以资源块（resource blocks，RB）形式给列车内不同信道状态的 UIS 用户分配资源。RB 是一个在时间轴和频率轴都占有一定的范围的矩形块。在 4G 中，RB 矩形块的频率宽度为 180 kHz，时间长度为一个时隙，而 5G NR 中，RB 频率宽度可从 15 kHz 到 480 kHz 动态变化。

在突发的 BOS 业务到达时，当前时隙的 RB 资源可能已经分配给 UIS 业务，但是由于 BOS 业务的超低时延特性，无法将其延迟到下一个 UIS 时隙传输。因此，可以将随机到达的 BOS 业务立即以穿插方式放置到下一个 Short TTI 时隙传输，如图 6-3 所示。

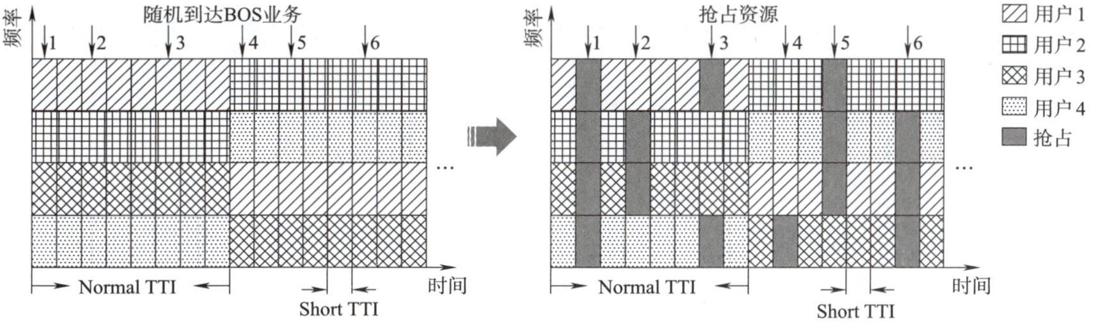

图 6-3　UIS/BOS 业务的复用

由此提出一个优化问题，目标是在满足 BOS 可靠性约束的同时，最大化所有 UIS 用户的总数据速率。把优化问题拆分成两个子问题：一是 UIS 用户资源分配最优问题；二是 BOS 业务资源抢占最优问题。

（1）UIS 用户传输速率最大化实质上就是 RB 的分配最优化，将 RB 的分配最优化建模为一个二维 HNN 神经网络，使用 HNN 的主要原因是其网络中各神经元的状态在运行过程中不断更新，网络演变到稳定时各神经元的状态便是问题之解。具体过程如下：

①首先基于广义比例公平公式（generalized proportional fair，GPF）对 RB 的分配最优化进行理论建模；

②然后利用 2D HNN 的能量函数形式对得到的理论公式重写，利用 2D HNN 能量函数的收敛特性解决资源分配优化。

（2）为了满足 BOS 的超低时延需求，随机突发的 BOS 数据需要立即抢占 UIS 资源中的下一个 Short TTI，对 UIS 的传输速率造成影响。因此，为了达到 UIS 最大传输速率的同时保证 BOS 满足 KPI 需求，优化过程如下：

①首先把 BOS 与 UIS 的资源调度问题考虑为一个机会约束优化问题；

②然后研究随机 BOS 业务的累积分布函数（CDF），将机会约束放宽为线性约束，由此产生的优化问题是一个凸优化问题，可以利用凸求解器来求解。

6.1.2.2 用户资源分配问题建模

首先对 UIS 用户的资源分配进行分析，使得所有 UIS 用户的总数据速率最大化，同时确保用户之间一定程度的公平性。考虑到对于信道条件较差的用户和已经被 BOS 业务抢占过资源的用户的公平性，在 UIS 时隙边界处给 UIS 用户分配 RB 资源时，需要先考虑每个用户的信道状态和截至时隙 t 之前的平均数据速率。因此采用了基于信道感知的广义比例公平（GPF）调度，该调度考虑了多用户分集。基于 GPF 的公式可以通过使用 GPF 参数 α 的不同值在总数据速率和公平性之间给出了不同程度的权衡。传输速率和用户公平性的权衡优化问题指的是在所有用户的总数据速率达到最大的同时，必须保持 UIS 用户间一定程度的长期公平性。假设 $\boldsymbol{B}=\{1,2,\cdots,B\}$ 表示可用 RB 资源集，$\boldsymbol{U}=\{1,2,\cdots,U\}$ 表示 UIS 用户集。因此，UIS 用户 u 在时隙 t 的最大数据速率可以基于 Shannon 容量模型来近似如下：

$$\hat{r}_u(t)=\sum_{b\in B} f_b x_{u,b}(t)\log_2\left(1+\beta\frac{p_u h_u(t)}{N_0 F}\right) \tag{6-1}$$

式中 $x_{u,b}$——RB 分配结果，$x_{u,b}=1$ 表示 RB b 被分配给用户 u，$x_{u,b}=0$ 则为相反情况；

f_b——RB b 的带宽；

F——总带宽；

p_u——用户 u 的传输功率；

h_u——用户 u 的信道增益；

N_0——噪声功率；

β——与目标误码率(BER)有关的常数,由以下公式给出:

$$\beta=\frac{1.5}{-\ln(5\mathrm{BER})} \tag{6-2}$$

用户 u 到时间 t 的平均数据速率可以定义如下:

$$\begin{aligned}\overline{R}_u(t)&=\frac{t-1}{t}\overline{R}_u(t-1)+\frac{1}{t}\hat{r}_u(t)=\\&\overline{\eta R}_u(t-1)+(1-\eta)\hat{r}_u(t),\eta\in[0,1]\end{aligned} \tag{6-3}$$

为了在确保公平分配的同时实现 UIS 用户的总数据速率最大化,因此该优化问题可表述如下:

$$\begin{aligned}&\underset{x}{\mathrm{MAX}}\sum_{u\in\boldsymbol{U}}\hat{r}_u(t)/[\overline{R}(t)]^{\alpha}\\&\text{s. t.}\begin{cases}\sum\limits_{b\in\boldsymbol{B}}x_{u,b}\leqslant 1, & \forall u\in\boldsymbol{U}\\ x_{u,b}\in\{0,1\}, & \forall u\in\boldsymbol{U},b\in\boldsymbol{B}\end{cases}\end{aligned} \tag{6-4}$$

其中,α 为 GPF 调度参数,α 越大表明信道条件不好的用户和在被 BOS 业务抢占过资源的用户获得更多资源的概率更高。式(6-4)中的约束条件是为了确保每个 RB 只能被同时分配给一个用户。该优化问题目标是找到在确保公平分配的同时最大化 UIS 用户的总数据速率的分配矩阵 $\boldsymbol{x}$。分配矩阵 $\boldsymbol{x}$ 的每个元素定义如下:

$$x_{u,b}=\begin{cases}1, & b\in\boldsymbol{B}_u\\0, & \text{其他}\end{cases} \tag{6-5}$$

其中,$\boldsymbol{B}_u$ 是分配给 UIS 用户 u 的所有 RB 集合。

6.1.2.3 突发性运行业务抢占资源问题建模

每个时隙的 UIS 用户传输速率的损失量与被抢占的资源量成正比。假设 $\gamma_u(t)$定义为时隙 t 处的 BOS 业务抢占 UIS 用户 u 的资源量。因此,UIS 用户 u 在 t 时隙被 BOS 业务抢占 $\gamma_u(t)$资源量的情况下的传输速率可近似为

$$r_u(t)=\Big(\sum_{b\in\boldsymbol{B}}f_b x_{u,b}(t)-\gamma_u(t)\Big)\log_2\Big(1+\beta\frac{p_u h_u(t)}{N_0 F}\Big) \tag{6-6}$$

定义 $\varphi_u(t)$为在时隙 t 分配给 UIS 用户 u 的所有资源量,即有 $\varphi_u(t)=\sum\limits_{b\in\boldsymbol{B}}f_b x_{u,b}(t)$。因此式(6-6)可改写为

$$r_u(t)=(\varphi_u(t)-\gamma_u(t))\log_2\Big(1+\beta\frac{p_u h_u(t)}{N_0 F}\Big) \tag{6-7}$$

定义随机变量 $D(t)$表示时隙 t 处的传入 BOS 业务量。因此,BOS 业务的中断概率为

$$P(E)=P\Big[\sum_{u\in U}\gamma_u(t)\log_2\Big(1+\beta\frac{p_{\mathrm{srs}}h_{\mathrm{srs}}}{N_0 F}\Big)<D(t)\Big] \tag{6-8}$$

BOS 和 UIS 业务调度的目标是在满足 BOS 指标约束的同时最大化 UIS 用户的总传输

速率。因此优化问题可描述如下：

$$\max_{\gamma}\sum_{u\in \boldsymbol{U}} r_u(t)$$
$$\text{s.t.}\begin{cases}P(E)\leqslant \varepsilon \\ \gamma_u \leqslant \varphi_u, \quad \forall u\in \boldsymbol{U}\end{cases} \tag{6-9}$$

式(6-9)中，ε 表示最大允许中断概率(即 BOS 业务的可靠性要求)。因此，上式中约束 $P(E)\leqslant\varepsilon$ 表示 BOS 业务的可靠性限制，约束 $\gamma_u\leqslant\varphi_u$，$\forall u\in\boldsymbol{U}$ 是为了确保分配给 BOS 的资源小于已分配给 UIS 用户的资源总数。在下一节，为了简化优化问题得到闭合式，将放松机会约束 $P(E)\leqslant\varepsilon$。

6.1.3　资源分配问题解决方案

利用 2D HNNs 的能量函数重写式(6-4)，通过能量函数的收敛性质解决 RB 分配给 UIS 用户的最优化问题。然后放松了优化问题式(6-9)的机会约束，将其转换成一个闭合凸优化的形式，并进行求解。

6.1.3.1　用户资源分配优化

人工神经网络(ANNs)具有并行处理、在线求解等优点，是一种广泛应用于求解优化问题的方法。神经网络由多个相互连接的神经元组成，这些神经元可以共同解决特定的问题。根据神经网络的结构，可以将其分为前馈网络和反馈网络。神经网络权值的计算有两种方法：一种方法是训练神经网络，让其权重根据学习规则变化；另一种方法是非训练网络，利用先验知识显式地设置权重。HNNs 是一种反馈网络，且属于非训练模型。

研究发现如果 HNNs 模型是对称的，那么整个网络就会存在一个全局能量函数，系统能够收敛到一个最低能量处。因此研究的 Hopfield 网络是一个对称网络。这里所谓的对称即每个节点的输出状态都反馈回来作为除自身外每一个节点的输入。在 HNNs 中，每个神经元的输出是“1”或“0”，这取决于神经元的输入小于或大于设定的阈值。HNNs 中的每个神经元，如神经元(i,j)和神经元(k,l)，都连接着一个权重 w_{ijkl}。在 HNNs 中，神经元的自连接权重被设置为 0(即 $w_{ijij}=0$)，并且任意两个神经元之间的连接是对称的(即有 $w_{ijkl}=w_{klij}$)。对于神经元 ij，其更新规则是

$$v_{ij}(t+1)=\begin{cases}1, & \sum\limits_{k}\sum\limits_{l} w_{ijkl}v_{kl}(t)\geqslant\theta_{ij}\\ 0, & 其他\end{cases} \tag{6-10}$$

其中，v_{kl} 是神经元(k,l)的状态，w_{ijkl} 是神经元(i,j)和神经元(k,l)之间的连接权重，θ_{ij} 是神经元(i,j)的阈值。按照能量变化为负的思路，可以定义神经元(i,j)的能量为

$$E_{ij}=-\left(\sum_{k}\sum_{l} w_{ijkl}v_{kl}-\theta_{ij}\right)v_{ij} \tag{6-11}$$

对于整个网络，总能量可通过对式(6-11)求和得到。但由于 HNNs 网络是对称的，即

有 $w_{ijkl}=w_{klij}$，如果直接求和，将会对 E_{ij} 中的每一项重复计算两次。因此最终能量函数可表示为

$$E(v)=\frac{-1}{2}\sum_i\sum_j\sum_k\sum_l w_{ijkl}v_{kl}v_{ij}+\sum_i\sum_j\theta_{ij}v_{ij} \tag{6-12}$$

HNNs 中与网络的每个状态相关联的值由网络的能量函数 $E(v)$ 控制。当神经元根据更新规则随机更新时，能量函数的值减小，并收敛到能量函数的局部最小值的稳定状态。本节利用 HNNs 网络研究 RB 分配最优问题，通过定义和表示神经元状态 x_i 的目标函数来研究这种最小化性质。然后通过比较能量函数和所建立的目标函数，计算连接权值 w_{ij} 和阈值 θ_i。

首先将 RB 分配问题建模为二维 HNN。这里可以认为每个 UIS 用户都有 B 个神经元（即每个用户的神经元数量等于 RB 的总数）。因此可以通过神经网络的触发状态矩阵 X 来表示每个用户的 RB 分配状态，即，触发神经元(u,b)意味着 RB b 被分配给用户 u，因此 $x_{ub}=1$。图 6-4 (a)所示为神经网络触发状态，图 6-4 (b)表示相应的 RB 分配情况。

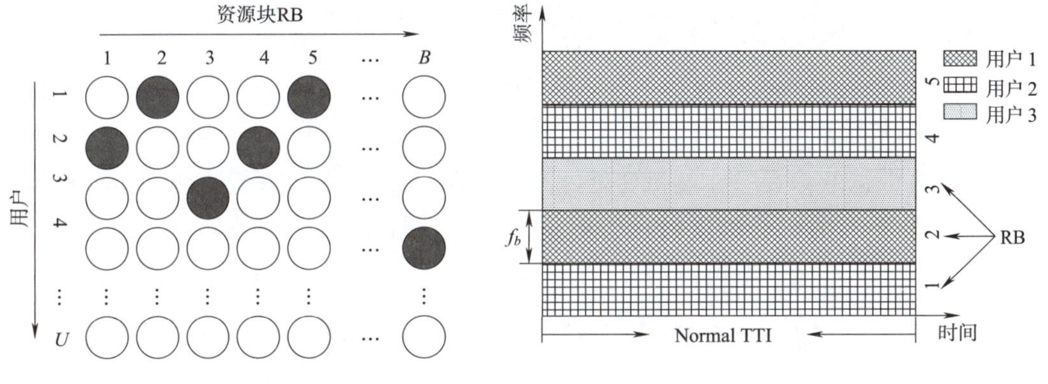

(a) 神经网络的触发模式　　(b) RB资源分配

图 6-4　神经网络触发方式与 RB 分配的关系

因此，式(6-4)中的优化问题可以修改并以最小化的形式改写，如下所示：

$$\begin{cases}\min\limits_{x} -\sum\limits_{u\in\boldsymbol{U}}\hat{r}_u(t)/\left[\overline{R}(t)\right]^{\alpha}\\ \text{s. t.}\begin{cases}\sum\limits_{b\in\boldsymbol{B}}x_{u,b}\leqslant 1,\forall u\in\boldsymbol{U}\\ x_{u,b}\in\{0,1\},\forall u\in\boldsymbol{U},b\in\boldsymbol{B}\end{cases}\end{cases} \tag{6-13}$$

然后把目标函数改写成 HNN 能量函数的相同形式：

$$\begin{aligned}f(x)=&-\sum_{u\in\boldsymbol{U}}\hat{r}_u(t)/\left[\overline{R}(t)\right]^{\alpha}=\\&-\sum_{u\in\boldsymbol{U}}\sum_{b\in\boldsymbol{B}}\frac{f_b x_{u,b}}{\left[\overline{R}(t)\right]^{\alpha}}\log_2\left(1+\beta\frac{p_u h_u(t)}{N_0 w_u}\right)=\\&-\sum_{u\in\boldsymbol{U}}\sum_{b\in\boldsymbol{B}}\sum_{k\in\boldsymbol{U}}\sum_{l\in\boldsymbol{B}}\frac{f_b x_{u,b}\delta_{ubkl}}{\left[\overline{R}(t)\right]^{\alpha}}\log_2\left(1+\beta\frac{p_u h_u(t)}{N_0 w_u}\right)\end{aligned} \tag{6-14}$$

其中，δ_{ubij} 定义如下：

$$\delta_{ubkl}=\begin{cases}1, & u=k、b=l\\0, & 其他\end{cases} \tag{6-15}$$

通过比较等式(6-14)中的 $f(x)$ 和等式(6-12)中 2D HNN 能量函数 $E(x)$，可以计算得到连接权重和阈值：

$$w_{ubkl}=\frac{f_b\delta_{ubkl}}{[\overline{R}(t)]^{\alpha}}\log_2\left(1+\beta\frac{p_u h_u(t)}{N_0 w_u}\right) \tag{6-16}$$

$$\theta_{ub}=0, \quad \forall u\in \boldsymbol{U}、b\in \boldsymbol{B} \tag{6-17}$$

为了满足每个 RB 只能同时分配给一个用户，将等式(6-10)中 2D-HNN 的更新规则修改为：

$$x_{ub}(t+1)=\begin{cases}1, & y_{ub}(t+1)=\mathrm{MAX}[y_{1b}(t+1),\cdots,y_{ub}(t+1)]\\0, & 其他\end{cases} \tag{6-18}$$

其中

$$y_{ub}(t+1)=\sum_{k\in B}\sum_{l\in U}w_{ubkl}x_{kl}(t)-\theta_{ub} \tag{6-19}$$

6.1.3.2 突发性运行业务资源抢占问题求解

BOS 业务数据量 D 是一个随机变量，符合一定随机分布，因此利用随机变量 D 的累积分布函数将式(6-9)的机会约束转化为确定性形式。因此，BOS 业务的可靠性约束可以写成：

$$\begin{cases}P(E)=P\left[D(t)>\sum_{u\in \boldsymbol{U}}\gamma_u(t)\log_2\left(1+\beta\frac{p_{\mathrm{srs}}h_{\mathrm{srs}}}{N_0F}\right)\right]\leqslant\varepsilon\\ P(E)=1-F_D\left(\sum_{u\in \boldsymbol{U}}\gamma_u(t)\log_2\left(1+\beta\frac{p_{\mathrm{srs}}h_{\mathrm{srs}}}{N_0F}\right)\right)\leqslant\varepsilon\\ P(E)=\sum_{u\in \boldsymbol{U}}\gamma_u(t)\log_2\left(1+\beta\frac{p_{\mathrm{srs}}h_{\mathrm{srs}}}{N_0F}\right)\geqslant F_D^{-1}(1-\varepsilon)\end{cases} \tag{6-20}$$

其中，$F_D(x)$ 是 D 的 CDF 函数。因此，结合式(6-20)，可以把优化问题(6-9)写成：

$$\begin{cases}\max\limits_{\gamma}\sum_{u\in \boldsymbol{U}}r_u(t)\\ \mathrm{s.\,t.}\begin{cases}\sum_{u\in \boldsymbol{U}}\gamma_u(t)\log_2\left(1+\frac{p_{\mathrm{srs}}h_{\mathrm{srs}}}{N_0F}\right)\leqslant F_D^{-1}(1-\varepsilon)\\ \gamma_u\leqslant\varphi_u, \quad \forall u\in \boldsymbol{U}\end{cases}\end{cases} \tag{6-21}$$

可以认为传入的 BOS 通信量 D 遵循帕累托分布，帕累托分布的 CDF 由下式给出：

$$F(x)=P(X\leqslant x)=1-\left(\frac{x_m}{x}\right)^{\beta}, \quad x\geqslant x_m \tag{6-22}$$

其中，x_m 是 X 的最小值，β 是一个正数。因此，根据式(6-22)和式(6-20)，式(6-21)优化问题可以改写为：

$$\begin{cases} \max\limits_{\gamma} \sum\limits_{u\in \boldsymbol{U}} r_u(t) \\ \text{s. t.} \begin{cases} \left[\sum\limits_{u\in \boldsymbol{U}} \gamma_u(t) \log_2\left(1+\dfrac{p_{\text{srs}} h_{\text{srs}}}{\text{N}_0 F}\right)\right]^{\beta} \geqslant \dfrac{x_m^{\beta}}{\varepsilon} \\ \gamma_u \leqslant \varphi_u, \quad \forall u \in U \end{cases} \end{cases} \tag{6-23}$$

设置 $\beta=1$，式(6-23)转化成一个凸优化问题，该凸优化问题易于使用任何凸求解器求解最优解 γ^*，在这里使用 Matlab 中的 cvx 解决这一凸优化问题，得到 BOS 抢占 UIS 资源最优解。

算法(6-1)

```
开始：输入用户集 U、仿真参数 α
利用公式(6-1)计算 r_u^l
随机生成所有神经元的初始状态 X
w_ubij = (w_b ξ_ubij / [R̄(t)]^α) log2(1 + β p_u |h_u|^2 / (N0 w_u))
θ_ub = 0
E(x) = (-1/2) Σ_u Σ_b Σ_i Σ_j w_ubij x_ub x_ij + Σ_u Σ_b θ_ub v_ub
重复：
    for b∈B do
        for u∈U do
            y_ub = Σ_{k∈B} Σ_{l∈U} w_ubkl v_kl(t) − θ_ub
        end
        利用式(6-18)更新 x_{u,b}
    end
    E(x) = (-1/2) Σ_u Σ_b Σ_i Σ_j w_ubij x_ub x_ij + Σ_u Σ_b θ_ub v_ub
直到 E(x)收敛或达到最大迭代次数
φ_u = Σ_{b∈B} f_b x_ub
解决式(6-23)得到最优解 γ*
计算 r(t+1)和 R̄(t+1)
等待时间 t
返回开始
```

其中各步公式为：

$$w_{ubij}=\frac{w_b\xi_{ubij}}{[\overline{R}(t)]^{\alpha}}\log_2\left(1+\beta\frac{p_u|h_u|^2}{\text{N}_0 w_u}\right)$$

$$E(x)=\frac{-1}{2}\sum_u\sum_b\sum_i\sum_j w_{ubij}x_{ub}x_{ij}+\sum_u\sum_b\theta_{ub}v_{ub}$$

$$y_{ub}=\sum_{k\in \boldsymbol{B}}\sum_{l\in \boldsymbol{U}} w_{ubkl}v_{kl}(t)-\theta_{ub}$$

$$\varphi_u=\sum_{b\in \boldsymbol{B}} f_b x_{ub}$$

6.1.4 性能分析

本节将根据 UIS 用户的总数据速率和公平性来评估所提出方法的性能。假设系统由 10 个不同信道状态的 UIS 用户组成,仿真参数见表 6-1。

表 6-1 仿真参数设置

参 数	取 值	参 数	取 值
RB 数	100	传输时隙	1 ms
UIS 用户数	10	仿真时长	200 ms
RB 块带宽	180 kHz	BER	1×10^{-5}
载频	3.3 GHz	噪声密度	−114 dBm/Hz
UIS 用户发送功率	24 dBm		

通过使用不同的 GPF 参数 α 和 BOS 可靠性水平 ε 来评估所提出的方法[算法(6-1)]的性能,并计算了所有 UIS 用户的长期数据传输速率以及不同 α 和 ε 值下的分配公平性。在 UIS 时隙 t 中,用户传输速率的 Jains 公平指数如下:

$$f_t(R_1,R_2,\cdots,R_U)=\frac{\sum_{i=1}^{U}R_i}{U\sum_{i=1}^{m}R_i^2} \tag{6-24}$$

其中,R_i 表示用户 i 在 t 时隙的传输速率,Jains 公平指数的值在区间[0, 1]内,Jains 指数接近 1 时,分配接近公平;反之则不公平。

图 6-5 和图 6-6 分别展示了 $\alpha=1$ 时,不同可靠性度量值 ε 下 UIS 用户的总传输速率及其经验累积分布函数(empirical cumulative distribution function,ECDF)。从图 6-5 和 6-6 可以看出,随着 ε 的增大,UIS 用户的传输速率也越高。ε 越高,表明 BOS 业务抢占的资源就越少,因此对 UIS 用户传输速率的影响也就越小,从而增加了整体传输速率。但是,降低 ε 值意味着 BOS 业务更高的可靠性要求,因此 BOS 业务会抢占更多的资源,降低了 UIS 用户的传输速率。

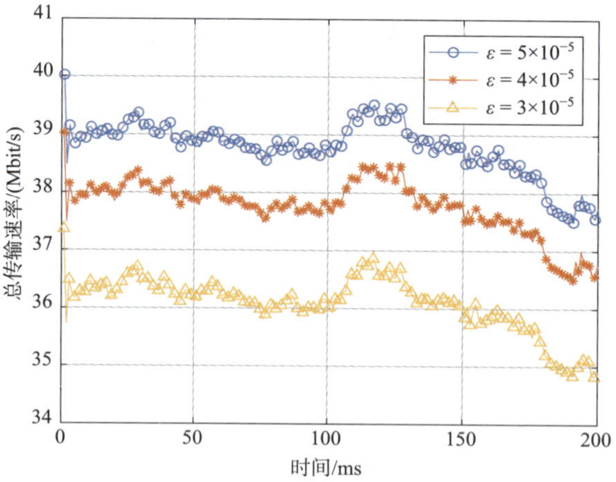

图 6-5 $\alpha=1$ 时,不同 ε 值下 UIS 用户总数据速率

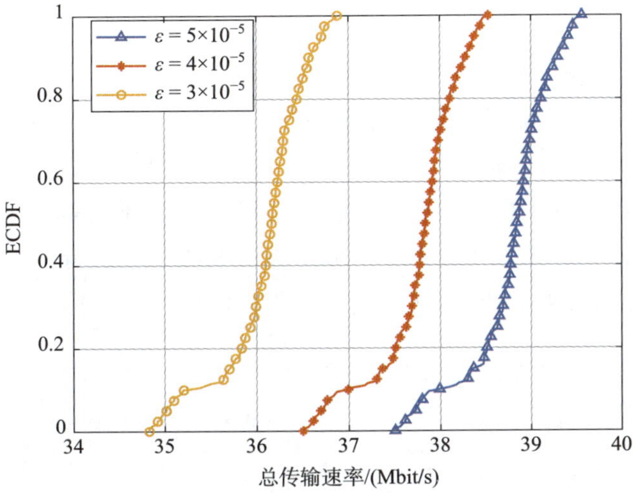

图 6-6 $\alpha=1$ 时，不同 ε 值下 UIS 用户总数据速率的 ECDF

图 6-7 展示了在 $\varepsilon=5\times10^{-5}$ 时，GPF 参数 α 取不同值时 UIS 用户的公平性情况。

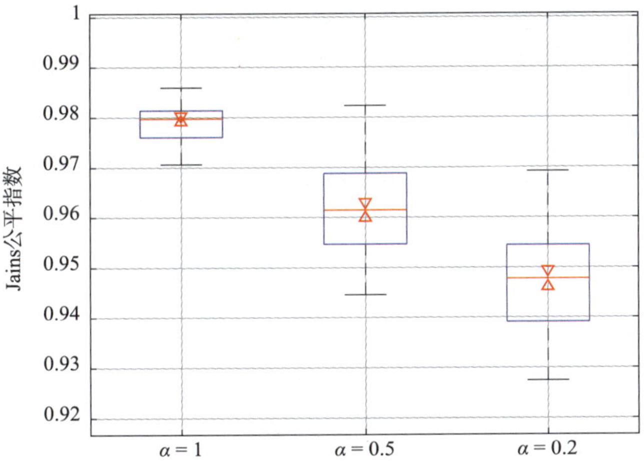

图 6-7 不同 α 值下 UIS 用户间的公平性

RB 分配算法旨在使每个时隙的总数据传输速率最大化，同时考虑每个用户在之前一段时间内的平均传输速率。因此 α 的值越大，则表明 GPF 在分配资源时会更多地考虑用户的平均传输速率，UIS 用户之间的公平性也越高。因此，RB 分配算法会将更多的资源分配给了信道条件不好的用户以及在前一个时隙中被 BOS 业务抢占过资源用户。反之，降低 α 值会降低公平性。在这种情况下，RB 分配算法会更倾向于最大化每个时隙的总数据速率，而更少考虑每个用户在一段时间内的平均数据速率。显然这种情况下，具有良好信道条件的用户会获得更多的资源。$\alpha=1$ 时，Jains 公平指数最大可达 0.996 9，中位数落在 0.978；

$\alpha=0.2$ 时，Jains 公平指数最低为 0.926，中位数降低到 0.947；随着 α 的减小，Jains 公平指数也随之降低。

图 6-8 和图 6-9 展示了在 $\varepsilon=5\times10^{-5}$ 时，不同 α 值下的 UIS 用户的总数据传输速率及其 ECDF。α 值越小，RB 分配算法会更倾向于最大化每个时隙的总数据速率，因此总数据速率越高。而当 α 增大时，随着时间的推移，RB 分配算法中每个用户的平均数据速率的重要性增加，这使得信道条件不好的用户和在前一时隙被 BOS 业务抢占过资源的用户获得更多资源的概率更高，从而导致总传输速率下降。总结来说，α 值较低时，RB 分配算法将更多的资源分配给信道条件良好的用户，从而提高了所有用户的总数据速率。

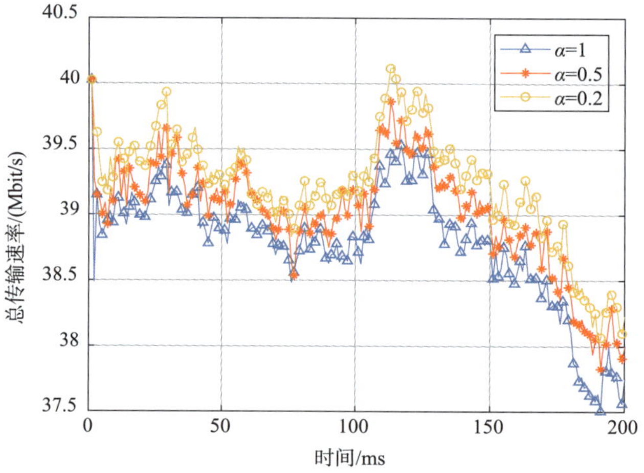

图 6-8　$\varepsilon=5\times10^{-5}$ 时，不同 α 值下 UIS 用户总数据速率

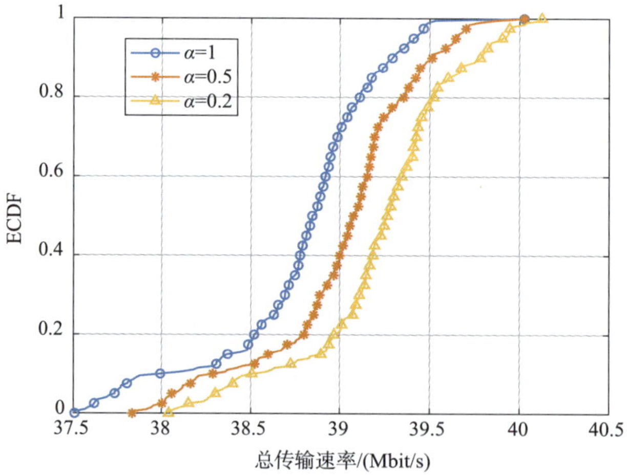

图 6-9　$\varepsilon=5\times10^{-5}$ 时，不同 α 值下 UIS 用户总数据速率的 ECDF

6.2　基于缓存的面向乘客通信业务的预下载资源管理

近年来，已有大量文献从无线信道测量与建模、无线接入方式、无线资源调度以及网络架构等方面深入探究了高铁场景下的通信网络性能，但是高铁场景下频繁的越区切换导致乘客通信服务质量较低。此外，随着多媒体技术的不断发展，越来越多的乘客在旅途中通过电子邮件、视频会议、观看高清视频、多媒体语音等方式实现多元化办公与娱乐。其中一些大文件网络资源的实时通信，如高清视频，需要一定的传输带宽以保障流畅播放，这就对网络实时传输速率提出了较高的要求。因此，如何利用有限的资源来承载更多的网络流量成为业界广泛关注的热点问题。

随着5G商用步伐的加快，C-RAN作为一种重要网络架构，旨在通过集中化基带处理单元来提高资源利用率以及降低网络运行成本。许多文献从能耗最小化、缓存分配策略等方面研究了C-RAN网络性能，但高铁场景的特殊性使得C-RAN架构不能发挥其最佳性能，高铁场景下大量集中式的通信行为对通信网络产生巨大的负担。根据图6-10可知，约束高铁通信网络吞吐量主要有两个因素：一是受限的无线链路资源的传输速率，具体表现为高速移动场景下的快衰落信道、车体穿透损耗、大量用户等导致的链路速率下降；二是受限的前程链路容量。针对第一个问题，已有大量文献探讨了高铁场景下无线资源利用率最大化的问题，如采用大规模天线阵列、波束赋形、车载中继等技术，本节主要探究在第二个约束条件下网络吞吐量最大化的问题。

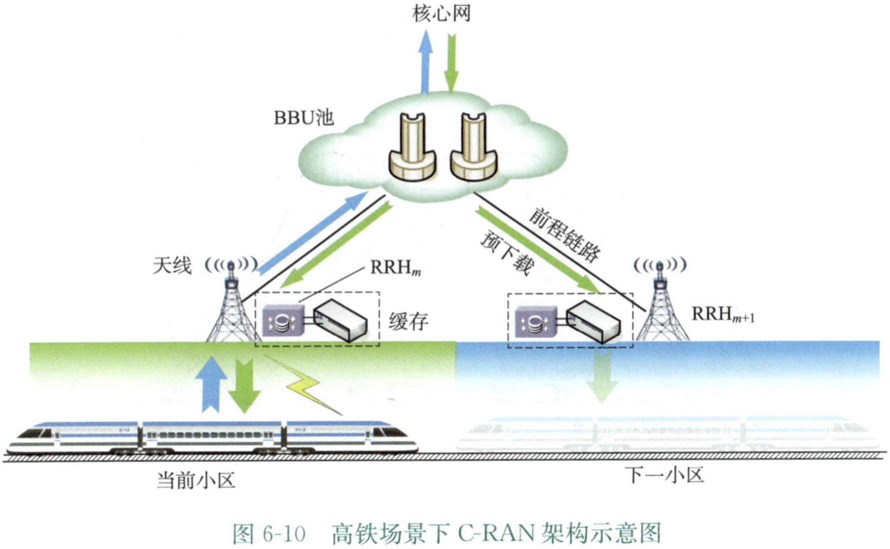

图6-10　高铁场景下C-RAN架构示意图

6.2.1 基于 C-RAN 的高铁通信系统

6.2.1.1 系统描述

C-RAN 是实现致密化网络的重要方式之一。C-RAN 主要包含三部分:BBU 池、RRH 和前程链路。在 C-RAN 架构中,传统分散式分布的 BBU 被集中到一个基带处理池中(通常由大型计算机群实现),RRH 通过前程链路与 BBU 池进行数据交换。C-RAN 架构的优点是集中化的基带处理池可根据当前资源的实时使用情况灵活地为用户分配处理资源,大大提高资源利用的灵活性及效率。

与传统移动通信场景不同的是,在高铁场景下,列车的运行轨迹、实时速度等要遵循预先规划好的路径,运行轨迹沿着既定线路,因而列车的实时运行状态(包括速度、位置、无线传播环境等)是可知的。这些先验信息为通信性能的提升提供了一个新的视角。有文献基于列车先验信息提出了移动小区方案来实现高铁场景下的无缝越区切换方案,在此基础上,进一步探讨了移动小区方案结合 C-RAN 架构在超高速移动环境下的广阔应用前景。本节后续分析以 C-RAN 架构为基础展开。

6.2.1.2 前程链路状态划分

基于前程链路是否在传输数据,将其划分为三个不同的状态:“空闲”“可用”和“繁忙”。如图 6-11 所示,绿色区域表示前程链路处于空闲状态,此时前程链路中无数据可传输,一般发生在小区内无列车运行时;红色区域表示前程链路处于繁忙状态,此刻其以最大传输速率进行资源传输;黄色区域表示介于两种状态间的“可用”状态。与陆地移动通信系统不同的是,高铁场景中列车以极高的速度在小区内运行,这导致小区服务时间较短,前程链路大部分时间处于空闲状态,造成了资源的浪费。

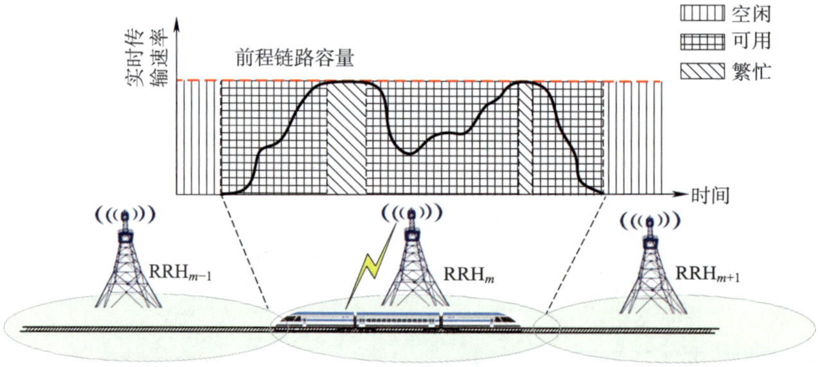

图 6-11 前程链路状态示意图

6.2.2　基于缓存机制的预下载

当今多媒体网络技术的飞速发展导致乘客对高清视频等大文件网络资源的请求率变高，在真空管磁浮场景下，乘客大量集中式的通信需求加重了列车所在小区的网络负担。针对这些海量非安全业务数据的通信，本节将利用缓存机制，从网络吞吐量和资源平均传输速率方面来提升真空管磁浮通信网络的性能。

6.2.2.1　变量预定义

为了便于分析，将一些重要变量定义如下：RRH 集合$\{m|m\in M\}$；指示列车是否运行在小区 m 的因子 $e_m\in\{0,1\}$（0 为否，1 为是）；小区 m 开始位置 p_m^{start} 与结束位置 p_m^{end}，乘客集合$\{k|k\in K\}$；网络资源集合$\{t|t\in T\}$；C_t^j 表示网络资源 t 的文件大小，j 表示该资源对应的请求热度排名；$\theta_{k,t}\in\{0,1\}$指示乘客 k 是否请求资源 t；$i_{m,k}\in\{0,1\}$指示资源 t 是否存储在 RRH_m 缓存中；$\phi_{k,t}\in\{0,1\}$指示是否完成资源 t 的传输；RRH_m 的前程链路最大带宽为 F_m；每位乘客在前程链路上分配的最大带宽为 $R_F^{\max}$；$N_a(p)$表示位于位置 p 时的活跃用户数；$N_m^F(p)$表示此时占用 RRH_m 前程链路的用户数，则列车位于位置 p 时前程链路上乘客 k 所分类的传输速率为 $R_k^{F_m}(p)=\min\{R_F^{\max},F_m/N_m^F(p)\}$，乘客 k 的无线链路传输速率是 $R_k^{\text{wire}}(p)$，实际传输速率为 $R_k(p)$，由于无线链路和前程链路可视为级联关系，所以有

$$R_k(p)=\min\{R_k^{\text{wire}}(p),R_k^{F_m}(p)\} \tag{6-25}$$

设列车在位置 p 处的速度 $v=f(p)$，则列车从 p_1 运行至 p_2 所需时间为

$$\Delta T_{p_1}^{p_2}=\int_{p_1}^{p_2}\frac{1}{f(p)}\mathrm{d}p \tag{6-26}$$

若 p_1 与 p_2 均位于同一小区 m，假设实际传输速率函数为 $r_k(p)$，则其可传输的信息量为

$$C_k(p_1,p_2)=\int_{p_1}^{p_2}\frac{r_k(p)}{f(p)}\mathrm{d}p \tag{6-27}$$

6.2.2.2　预下载方案

传统缓存方案的核心思想是将用户请求频率较高的网络资源预先存储至距离最近的 RRH 缓存器中，当用户请求该资源时，基站无须向核心网请求资源，而将该资源通过无线链路直接发送至用户即可。

由于乘客通信业务数据的数据量较大、安全性不高，且对时延要求不高，因而本节通过缓存的方案实现对前程链路的优化，预下载方案如图 6-12 所示。

假定每个小区覆盖范围均相同，根据式(6-26)可计算出列车通过每个小区所需的时间 ΔT。列车总人数为 N，一个小区内平均活跃用户所占比例为 $\alpha\in(0,1)$。设定前程链路处于繁忙状态，始终以最高速率进行资源传输。

(1)当不采用缓存技术时，列车在小区 m 内的最大网络吞吐量为

$$Q_1=F_m\Delta T \tag{6-28}$$

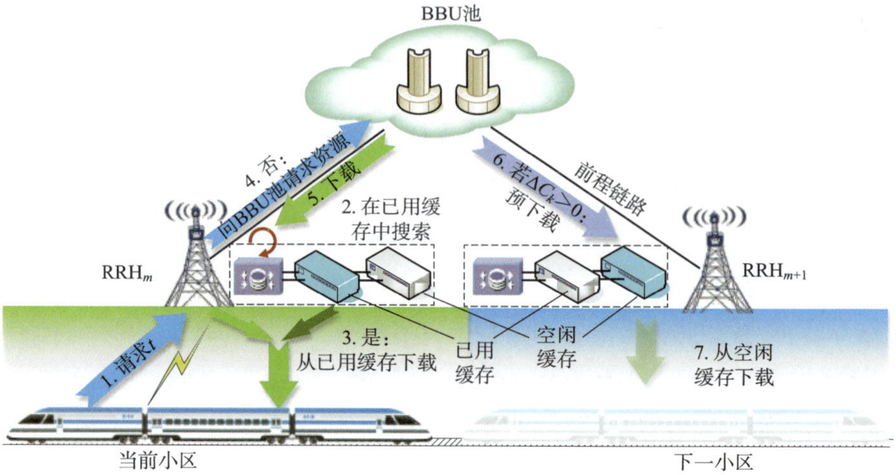

图 6-12　预下载方案示意图

式中，ΔT 表示列车运行通过一个小区所需时间。

（2）当采用传统缓存方案时，RRH 缓存中预先存储部分请求热度较高的资源，假设这部分资源被请求的概率为 β，则列车在该小区内的网络吞吐量为

$$Q_2=(\alpha\beta N\overline{R_k^{\text{wire}}}+F_m)\Delta T \tag{6-29}$$

式中，$\overline{R_k^{\text{wire}}}$表示每位乘客的平均无线传输速率，可知吞吐量 Q_2 由前程链路所传部分（资源未存储在缓存中）和无线链路所传部分（资源存储在缓存中）两部分组成。

（3）若采用预下载方案，则列车行驶至下一小区前，可预下载的资源文件大小为

$$Q^{\text{PDL}}=F_{m+1}\Delta T \tag{6-30}$$

当列车驶入下一小区时，可将资源从缓存中通过无线链路直接传输给用户。由于列车速度较快，其在一个小区内暂驻时间较短，在该时间内，用户请求资源的行为较为随机，因此假定下一小区的 RRH 将预缓存的资源传输给用户后立即删除该资源以便为其他用户资源缓存提供更多的存储余量。缓存中预存储资源文件大小为 Q^{PDL}（可视为库存量），无线链路传输速率为 $\alpha(\beta+\Delta\beta)N\overline{R_k^{\text{wire}}}$（可视为流出速率），其中 $\Delta\beta$ 表示预下载存储的资源被请求的概率，前程链路的传输速率为 F_{m+1}（可视为流入速率），则每位用户以最大无线链路传输速率$\overline{R_k^{\text{wire}}}$传输的持续时间为

$$T_1=\min\left\{\frac{Q^{\text{PDL}}}{\alpha(\beta+\Delta\beta)N\overline{R_k^{\text{wire}}}-F_{m+1}},\Delta T\right\} \tag{6-31}$$

当缓存中资源传输完毕后（即库存量为 0），则继续经由前程链路向核心网请求资源，即此时无线传输速率由 $\alpha(\beta+\Delta\beta)N\overline{R_k^{\text{wire}}}$降为 F_{m+1}。列车在该小区内的网络吞吐量可分为两部分：传统缓存方案产生的吞吐量 Q_2 与预下载方案产生的吞吐量，即

$$Q_3=Q_2+\underbrace{\alpha\Delta\beta N\overline{R_k^{\text{wire}}}T_1}_{A_1}+\underbrace{u(\Delta T-T_1)F_{m+1}}_{A_2} \tag{6-32}$$

通过上文可知，预下载方案中缓存的存储容量大小应至少为

$$C=F_{m+1}(\Delta T+T_1)+C_0 \tag{6-33}$$

式中，C_0 表示预存储在缓存中资源的文件大小。

值得注意的是，上文分析中 α、β、$\Delta\beta$ 是已知信息，实际应用中，需预先对大量的用户行为进行统计，得到 α、β 的经验值。在实际应用中，即使在一个小区内这些基于大量统计结果得到的先验信息也并非一成不变的，这必然会导致实际性能与理想性能有一定出入（如所设计的缓存容量过小导致预下载效果性能下降等问题，在工程应用中，可通过适当增加缓存容量来缓解该问题）。同时，对这些信息进行精准的预测也是本节后续的研究方向。但是可确定 $\Delta\beta$ 的取值范围，根据其与 $F_{m+1}\Delta T$ 的关系，可知 $\Delta\beta$ 应大于预下载资源全为热度排行最低的资源对应的请求概率，并小于预下载资源全为热度排行最高的资源对应的请求概率。

考虑列车从小区 m 行驶至小区$(m+1)$，当列车在小区 m 运行时，即 $e_m=1$，乘客 k 请求资源 t $(\theta_{k,t}=1)$，该请求经由无线链路到达距离最近的 RRH_m，其先在 RRH_m 的缓存中搜索是否存在该资源。若存在$(i_{m,k}=1)$，则通过无线链路以 $R_k^{\mathrm{wire}}(p)$的传输速率直接发送至乘客；若不存在$(i_{m,k}=0)$，则向 BBU 池请求该资源，BBU 池从核心网获取该资源后先以 $\min\{R_F^{\max},F_m/N_m^F(p)\}$的速率经由前程链路发送至 RRH_m，再由 RRH_m 以 $R_k(p)$速度转发至乘客 k。

对于未预存储在缓存中的请求资源 t，即 $i_{m,t}=0$，根据式(6-25)～式(6-27)可知列车在小区 m 内即从发起请求位置 p_0 至小区结束位置 p_m^{end}，可传输的文件大小为

$$C_k^m=C_k(p_0,p_m^{\mathrm{end}})\big|_{r_k(p)=R_k(p)} \tag{6-34}$$

根据式(6-25)，可知实时传输速率 $R_k(p)$受到当前占用前程链路用户数 $N_{Fm}(p)$的影响，其处于动态随机变化的状态，因而无法准确预测该值。由于前程链路和无线链路是级联关系，可知在前程链路较为空闲时，约束实时传输速率 $R_k(p)$的主要因素为无线传输速率 $R_k^{\mathrm{wire}}(p)$和 $R_F^{\max}$，而这两个变量是确知的，因而在前程链路状况最佳时，其在小区 m 内可传输文件大小的预测值 C_k^{pred} 为

$$C_k^{\mathrm{pred}}=C_k(p_0,p_m^{\mathrm{end}})\big|_{r_k(p)=\min\{R_F^{\max},R_k^{\mathrm{wire}}(p)\}} \tag{6-35}$$

则 BBU 池需预下载至 RRH_{m+1}缓存中的部分为

$$\Delta C_t=\underbrace{\{\theta_{k,t}C_t^j-C_k^{\mathrm{pred}}-C_k(p_0,p)\}}_{A1}\underbrace{(1-i_{t,m+1})}_{A2} \tag{6-36}$$

式中，$C_k(p_0,p)$表示从起始位置 p_0 至位置 $p(p\geqslant p_m^{\mathrm{end}})$过程中实际传输的文件大小，$A1$ 表示预下载资源文件大小，$A2$ 表明该资源并未完全存储在 RRH_{m+1}缓存中。在实际情况中，拥挤的前程链路会导致 $C_k^{\mathrm{pred}}\geqslant C_k^m$，由此可知，当列车驶入下一小区时，其已传输给用户的文件大小与预下载的文件大小之和可能小于该资源的文件大小，对于该种情况，将在后文中进行详细说明。

考虑对每个资源公平对待，在预下载过程中，RRH_{m+1}的前程链路上预下载资源 t 分配的传输速率为

$$R_k^{F_{m+1}}(p)=F_{m+1}/N_{m+1}^F(p) \tag{6-37}$$

根据上式，可知列车在小区 m 行驶时，其在 RRH_{m+1} 缓存中预存储的文件大小为

$$C_k^{\mathrm{PDL}}=C_k(p_0,\min\{p_m^{\mathrm{end}},p_k^{\mathrm{end}}\})|_{r_k(p)=R_k^{F_{m+1}}(p)} \tag{6-38}$$

其中，p_k^{end} 表示预下载完毕时列车的位置。当列车驶入下一小区($m+1$)时，则直接将预下载资源通过无线链路以速率 $R_k^{\mathrm{wire}}(p)$ 传输给乘客，直至缓存中的资源传输完毕后速率降低至 $R_k(p)$，即满足的临界条件为

$$C_k^{\mathrm{PDL}}+C_k^{m+1}(p_{m+1}^{\mathrm{start}},p)=C_k^{\mathrm{wire}}(p_{m+1}^{\mathrm{start}},p) \tag{6-39}$$

同时 BBU 池实时计算已传输的文件大小为

$$C_k^{\mathrm{done}}=C_k^{\mathrm{PDL}}+C_k^m+C_k(p_{m+1}^{\mathrm{start}},p) \tag{6-40}$$

若 $C_k^{\mathrm{done}}<C_k^j$，表明未传输完毕，$\mathrm{RRH}_{m+1}$ 继续从 BBU 池下载该资源；若 $C_k^{\mathrm{done}}=C_k$，则表示传输完毕 $\phi_{k,t}=1$。根据上述分析，现将基于缓存的预下载方案总结为算法(6-2)。

算法(6-2)　基于缓存的预下载算法

输入：$p,R_k^{\mathrm{wire}},R_F^{\max}$
计算：$\phi_{k,t}(p),e_m(p)$
while$\theta_{k,t}(p)=1$and $\phi_{k,t}(p)=1$：
更新：$e_m,R_k,R_k^{F_m},R_k^{F_{m+1}},C_k^{\mathrm{pred}},C_k^{\mathrm{PDL}},\Delta C_t,C_k^{\mathrm{done}}$
if$e_m(p)=1$
　　if $i_{m,t}=1$
　　　　RRH_m：从缓存以速率 R_k^{wire} 传输
　　else
　　　　RRH_m：从缓存以速率 R_k 传输
　　if $\Delta C_t>0$
　　　　RRH_{m+1}：以 $R_k^{F_{m+1}}$ 速率预下载
　　　　end
　　end
　end
if $e_{m+1}(p)=1$
　　if EQ(15) is TRUE
　　　　RRH_{m+1}：以 R_k 速率传输给乘客
　　else
　　　　RRH_{m+1}：以 R_k^{wire} 速率传输给乘客
　　end
　end
$p\leftarrow p+\Delta p$
　end

6.2.3　仿真与分析

假设一列载有 1 000 名乘客的列车以速度 300 km/h 的速度匀速穿越两个小区，每个小区可覆盖 10 km 的铁路沿线通信，每个 RRH 的前程链路最大传输速率均为 $F_m=500$ Mbit/s，每位乘客可占用的最大前程链路带宽 $R_F^{\max}=3$ Mbit/s，假设通过闭环功率控制，每位乘客的无线链路最大传输速率 $R_k^{\text{wire}}=2$ Mbit/s。设定网络资源总数目为 500，乘客请求资源的行为服从 Poisson 过程，平均每分钟收到 30%乘客发出的资源请求，即 $\alpha=0.3$（Poisson 过程的到达率为 300），每位乘客在任意时刻最多只能请求一个资源。资源 t 被请求的概率服从 Zipf 分布 $\rho_t=t^{-\lambda}/\sum_t t^{-\lambda}$，其中参数 $\lambda=0.7$。资源 t 文件大小服从均值 $S=200$ MB 且在(0,400] MB 上的均匀分布。在仿真中将对比：①无缓存方案（方案 1）；②带有缓存但未启用预下载算法的传统缓存方案（方案 2），且缓存中预存储 20 个热度排名靠前的资源，即 $\beta=29.2\%$，$E[C_0]=4$ GB，其中 E[·]表示数学期望；③带有缓存并启用预下载算法的方案（方案 3）三种方案的性能。

根据式(6-33)计算缓存空间大小。根据前文所述，可知 $F_{m+1}\Delta T/S=30$，即 $\Delta\beta$ 对应 30 个资源的请求概率，则 $\Delta\beta$ 可取范围为[2.1%，14%]，故 $T_1=120$ s，表明由于较快的列车运行速度导致在小区 2 内并不能将预缓存的资源全部传输给乘客，需要后续小区进行预下载接力。此时所需缓存空间大小为 $C=124$ GB。

图 6-13 所示为不同位置处的用户活跃度。

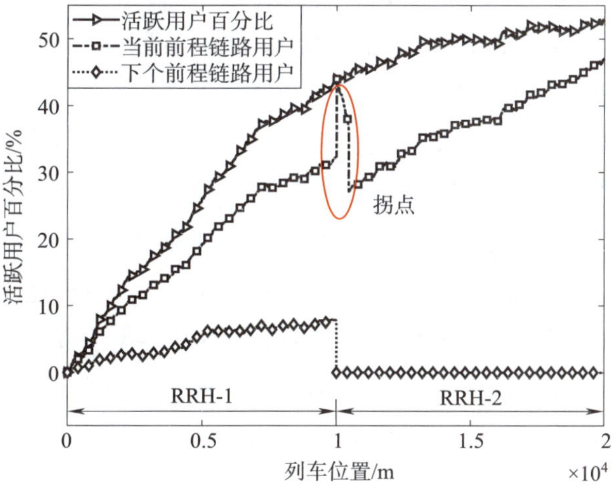

图 6-13　列车位置与用户活跃度关系图

列车从小区 1 始发，随着列车的前行，用户请求资源数目剧增。其中所请求的资源中，大部分请求资源并未存储在本地缓存中，因而当前前程链路用户所占百分比较高。同时，

BBU 池针对部分资源不能在该小区全部传输完毕的问题，启用预下载方案，即图中小区 2 的前程链路用户数目开始增加，而且随着列车即将离开小区，此时小区 2 前程链路的用户数目越来越多。当列车刚驶入小区 2 时，由于部分预下载的资源并未全部传输完毕，因而仍需调用前程链路进行资源的传输，即图 6-13 中椭圆区域处的当前前程链路比例出现了急剧增高，当预下载资源全部加载完毕时，则其出现了回降。

图 6-14 所示为不同列车位置处的网络实时吞吐量。

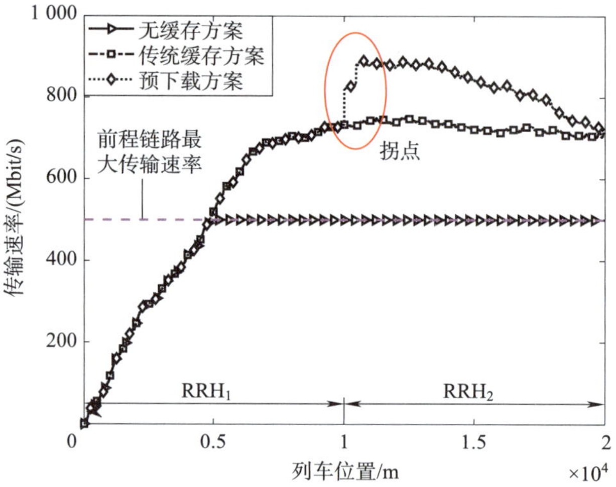

图 6-14　列车位置与实时吞吐量关系图

从图 6-14 中可知，列车在小区 1 的 0～5 km 范围内行驶时，三个方案的吞吐量是一致的，这是由于当前请求资源的数目较少，前程链路比较“空闲”，传输速率的限制在于无线传链路。随后乘客请求的资源数量增大，速率限制转移至前程链路上。方案 1 的传输速率达到前程链路的峰值并保持不变，方案 2 的传输速率突破了前程链路的极限值，在小区 2 中更是达到了均值为 727 Mbit/s 的传输速率。方案 3 在小区 1 中的传输速率与方案 2 一致，这是由于列车从小区 1 始发，当前缓存中仅存有预存储的资源。列车在小区 1 行驶时 BBU 池启用预下载方案，当列车驶入下一小区时，即图 6-14 中拐点，传输速率得到大幅度提升，最高可达 893 Mbit/s，均值为 828 Mbit/s，网络吞吐量性能要优于方案 2。

图 6-15 表示已传输完毕资源的文件大小与传输所耗时间的关系。图中红色菱形散点表示采用预下载方案传输的资源，蓝色圆形散点表示未启用该方案传输的资源。对数据进行线性拟合，则斜率表示平均传输速率。从图中可知，采用预下载方案的资源的平均传输速率为 1.93 Mbit/s，非常接近无线链路的传输速率 2 Mbit/s，而蓝色散点(未启用预下载方案的资源)比较分散，其传输速率在 1.11～2 Mbit/s 范围内。可知与传统缓存方案相比，预下载方案可大大提升资源平均传输速率。

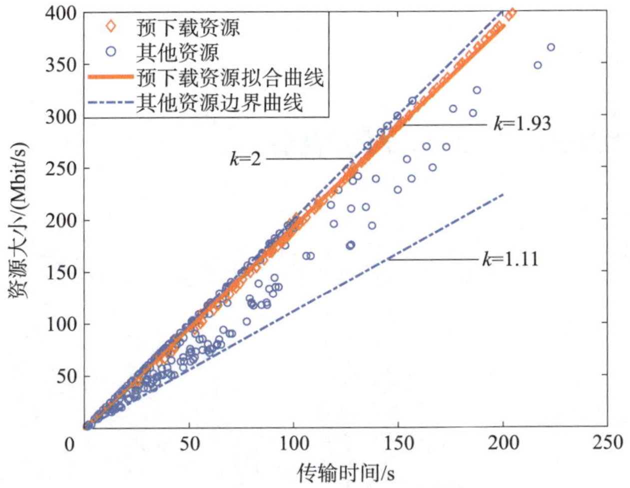

图 6-15　资源传输时间与文件大小关系图

根据图 6-13 可计算出在小区 2 内平均用户活跃度 $\alpha=49.3\%$，缓存中预存储资源命中概率 $\beta=29.2\%$，采用预下载方案后 RRH_2 缓存中资源命中概率增加了 $\Delta\beta=54.5\%$。根据式(6-28)～式(6-32)，可计算出三种方案的吞吐量见表 6-2，同时表 6-2 还给出了实际微观仿真结果，可知从宏观层面分析结果与微观层面分析结果几乎一致，验证了算法的合理性。

表 6-2　三种方案吞吐量

吞吐量	理论/($\times10^4$ Mbit/s)	仿真/($\times10^4$ Mbit/s)
Q_1	6	6
Q_2	9	8.73
Q_3	10.1	9.94

6.3　基于缓存机制的“错峰”数据传输方案

云无线接入网(C-RAN)是一种集中式、基于云计算的无线接入网(RAN)架构，可实现大规模部署、协同无线技术支持和实时虚拟化能力。具体来说，BBU 从各个站点重新定位到一个集中式站点，通常称为 BBU 池。BBU 池通过高速光纤连接到分布式 RRH。

本节采用结合缓存的云无线接入网络(C-RAN)架构，通过使用可预测的列车信息来提高系统吞吐量性能。具体来说，RRH 添加了由两部分组成的缓存设备。一部分预先存储一定数量的最流行的内容，另一部分动态存储预取和后上传的内容。基于此配置，在有限容量前传链路的考虑下，提出了两种内容交付策略，即预下载方案和后上传方案。通过联合协调两个相邻的 RRH，可以根据实时传输状态充分利用前传链路。仿真结果表明，该方法优于传统的启用缓存的策略。

6.3.1 基于 C-RAN 的高速铁路通信网络

6.3.1.1 网络架构

典型的基于 C-RAN 的高速铁路通信网络由三个部分组成：BBU 池、前传链路和轨道侧 RRH，如图 6-16 所示。

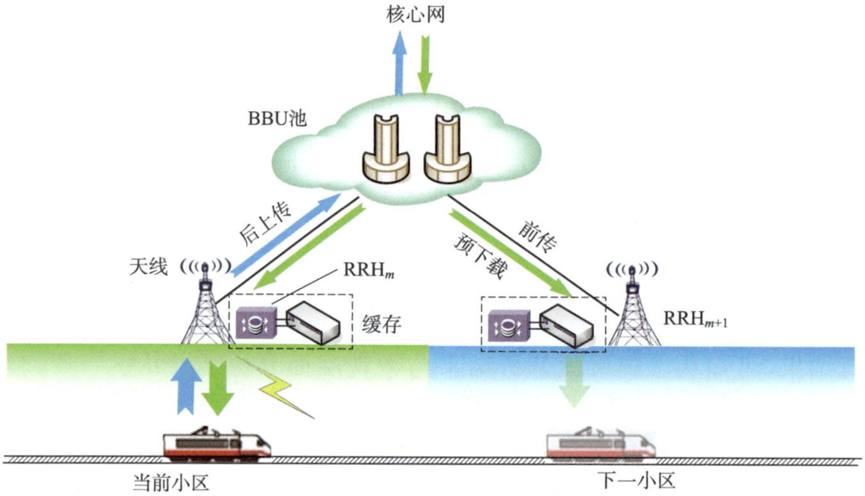

图 6-16 HSR 场景的 C-RAN 架构

RRH 沿轨道分布，多个 BBU 集中在一个池中。RRH 通过前传链路连接到 BBU。集中的 BBU 池可以实现基站信号的负载均衡和协同处理，极大地提升了网络性能。对于真空管磁悬浮列车，实时速度是确定和可控的，可以利用此功能来增强通信性能。例如，为了降低切换频率，提出了移动小区方案。

值得注意的是，前传链路状态从使用情况的角度可以分为三种类型：空闲、繁忙和可用。"空闲"状态表示前传链路上没有发生数据传输。当没有列车在小区内行驶时，就会发生这种情况，如图 6-17 中的绿色区域所示。"繁忙"状态表示前传链路正在以最大速率传输数据。"可用"状态表示实时传输速率未达到最大值，显示为黄色区域。

实际上，前传链路的状态并不总是繁忙的，有时在小区没有列车时甚至是空的，这是一种极大的资源浪费。因此，在轨道侧 RRH 中添加缓存以提高前传链路的利用率。

6.3.1.2 高铁服务分类

根据国际铁路联盟(UIC)E-Train 项目，高铁系统的车地无线通信服务主要包括三种类型：一是列车控制服务，专门为列车乘务员提供列车控制、列车操作员或其他通讯员；二是列

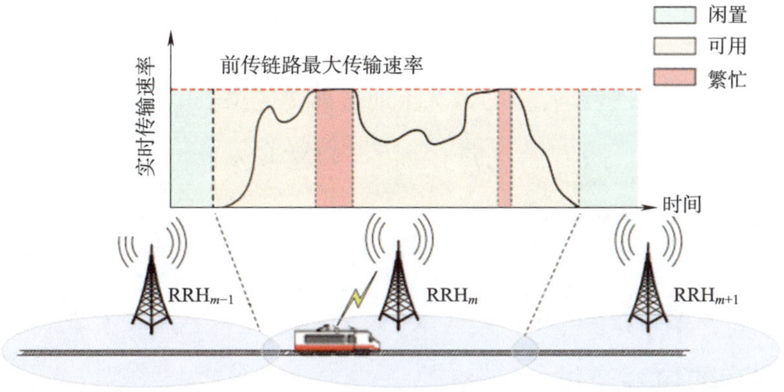

图 6-17　不同前传链路状态图

车监控服务，负责列车自动监控和诊断系统；三是来自/到互联网的旅客多媒体服务。一般来说，这些服务从安全的角度可以分为两类，即关键任务服务和非关键服务。

关键任务服务通常是指运行控制系统（OCS）、牵引力控制系统（TCS）、运行语音通信系统（OVCS）、列车运行状态监控系统（TOSMS）、视频监控系统（VMS）等。这些服务不仅需要高通信可靠性，还需要低传输延迟，而 VMS 需要大带宽，但可以容忍一定的延迟。非关键业务是指旅客终端产生的旅途中语音数据、互联网浏览、在线办公、电子邮件、高清视频、云数据服务等多媒体业务数据。值得注意的是，这些多媒体服务，如高清视频，通常文件较大，但可靠性要求相对较低，很容易堵塞有限容量的前传链路。

6.3.1.3　符号定义

为了方便分析，将一些重要的变量符号罗列如下：RRH 集合表示为$\{m \mid m \in \mathrm{M}\}$，用户集合$\{k \mid k \in \mathrm{K}\}$，内容集合$\{t \mid t \in \mathrm{T}\}$；$\{C_t^j \mid t \in \mathrm{T}\}$表示内容的文件大小 t，上标 j 表示相应的流行度 t；$i_{m,t} \in \{0,1\}$表示内容是否完全存储在 RRH$_m$ 的缓存中（1 表示是，0 表示否）；$\theta_{k,t} \in \{0,1\}$指示用户 k 是否请求内容。$\phi_{k,t} \in \{0,1\}$表示传输任务是否完成。$e_m(p) \in \{0,1\}$表示列车是否在第 m 个小区中的位置 p 行驶。

F_m 表示最大前传链路传输速率 RRH$_m$。$R_{F_m}^{\max}$表示前传链路 RRH$_m$ 上每个用户的最大传输速率。$R_k^{\mathrm{wire}}(p)$表示用户 k 在位置 p 处通过无线链路的传输速率。$R_k^{F_m}(p)$表示通过位置 p 的前传链路 RRH$_m$ 的内容实时传输速率 t。$N_{F_m}(p)$表示列车到达位置 p 时使用前传链路 RRH$_m$ 的用户数。$N_{F_{m+1}}(p)$表示位置 p 处预下载方案服务的用户数。所以 $R_k^{F_m}(p)=\min\{F_m/N_{F_m}(p), R_{F_m}^{\max}\}$。由于无线链路与前传链路级联，实际传输速率 $R_k(p)$为两者中的最小值，可表示为

$$R_k(p)=\min\{R_k^{\mathrm{wire}}(p), R_k^{F_m}(p)\} \tag{6-41}$$

式中，p_m^{start} 和分别 p_m^{end} 代表 RRH$_m$ 的开始和结束位置。$g(p)$表示列车在位置 p 的速度 v。因此，当列车从 p_1 行驶到 p_2 时（假设 p_1 和 p_2 位于同一个小区 m 内），t 在不考虑有限前传

容量的情况下，通过无线链路传输的最大文件表示为

$$C_t^{\text{wire}}(p_1,p_2)=\int_{p_1}^{p_2}\frac{R_k^{\text{wire}}(p)}{g(p)}\mathrm{d}p \tag{6-42}$$

并且在不考虑有限无线链路容量的情况下通过前传链路表示为

$$C_t^{F_m}(p_1,p_2)=\int_{p_1}^{p_2}\frac{R_k^{F_m}(p)}{g(p)}\mathrm{d}p \tag{6-43}$$

实际转移的部分可以计算为

$$C_t(p_1,p_2)=\int_{p_1}^{p_2}\frac{R_k(p)}{g(p)}\mathrm{d}p \tag{6-44}$$

6.3.2 启用缓存的内容交付

6.3.2.1 预下载

启用缓存的预下载策略的核心理念是将一些最流行的互联网内容存储在轨旁 RRH 缓存中。一旦乘客需要这些内容，附近的 RRH 可以直接通过无线链路将它们传送给乘客，而不是从核心网络获取，这可以大大缩短数据传输延迟。此外，此过程不涉及前传链路，为关键业务留出更多传输带宽。

存储容量大的缓存可以让前传链路更加可用。因此，缓存应该尽可能地预先存储一些最流行的互联网内容。但是，RRH 缓存即使有足够的存储容量也不能真正存储所有请求的内容，因此，如果乘客请求未存储在缓存中的内容，RRH 只能通过前传链路从核心网络获取内容并将其传输给乘客，从而不可避免地产生高传输延迟。

为了解决上述问题，可以将缓存分为两部分：已用缓存和空缓存。使用缓存的作用是预先预存一些最流行的互联网内容。至于空缓存，它通常不存储任何内容，但它存储了列车驶近时预先下载的内容和列车在单元格内行驶时要后期上传的 VMS 数据。

通常，请求频率最高的内容是视频块，视频块通常被分割以实现断点传输。在图 6-12 中，列车在第 m 个单元格内的位置 p 行驶并前往下一个小区。当对内容 t 的请求到达 RRH_m 时，它将首先在已使用的缓存中进行搜索 t。如果 t 存在($i_{k,t}=1$)，则将 t 以 $R_k^{\text{wire}}(p)$ 的速率通过无线链路直接传输给乘客。否则，RRH_m 将从核心网络获取 t 并将其传输给乘客。但是，在移动到下一个小区之前，RRH_m 可能无法将内容 t 完全传输给乘客。为了实现连续不间断的内容传输，BBU 池会在小区 RRH_m 期间计算出可以传输的部分，并将剩余部分预下载到 RRH_{m+1} 空缓存中。在第 m 个小区中可以传输给乘客的部分，即从 p_0 到 p_m^{end}，表示为 $C_t^m=C_t^{\text{wire}}(p_0,p_m^{\text{end}})$。

由式(6-41)可知，实际传输速率 $R_k(p)$ 是随 $N_{F_m}(p)$ 动态变化的，使得 C_t^m 难以预测。当前传链路几乎为空时，此约束源于无线链路速率 $R_k^{\text{wire}}(p)$。在这种情况下，C_t^m 可以预测为

$$C_t^{\text{pred}}=C_t^m\big|_{R_k(p)=\min\{R_k^{\text{wire}}(p),R_{F_m}^{\max}\}} \tag{6-45}$$

繁忙的前传链路会减慢 t 的实际传输速率，使 $C_t^{\text{pred}} > C_t^{\text{actual}}$ 基于式(6-45)的预下载部分可以表示为

$$\Delta C_t = \underbrace{\{\theta_{k,t} C_t^j - C_k^{\text{pred}}\}}_{A_1} \underbrace{(1 - i_{t,m+1})}_{A_2} u(C_t^j - C_k^{\text{pred}}) \tag{6-46}$$

式中，A_1 表示内容 t 需要预下载的部分，A_2 表示内容 t 没有完全存储在 RRH_{m+1}空缓存中。$u(\cdot)$表示单位阶跃函数。由式(6-46)可知，$\Delta C_t = 0$ 表示可以在进入下一个小区之前转移给乘客 k，而 $\Delta C_t > 0$ 表示 t 在进入下一个小区之前不能完全转移。因此，BBU 池预先下载了部分请求的内容 ΔC_t，并将其存储在如图 6-12 所示 RRH_{m+1}的空缓存中。

RRH_{m+1}的预下载速率，表示为 $R_k^{F_{m+1}}(p)$，取决于预下载内容的数量$N_{F_{m+1}}(p)$，可以表示为

$$R_k^{F_{m+1}}(p) = \frac{F_{m+1}}{N_{F_{m+1}}(p)} \tag{6-47}$$

根据等式(6-47)，当列车从第 m 个小区内从 p_0 到 p_m^{end} 行驶时，总的实际预下载部分 t 可以表示为

$$C_t^{\text{PDL}} = C_t^{F_{m+1}}(p_0, \min\{p_t^{\text{end}}, p_m^{\text{end}}\}) \tag{6-48}$$

式中，p_t^{end} 表示 t 预下载过程完成的位置。由于 p_t^{end} 随动态变量$N_{F_{m+1}}(p)$而变化，BBU 池无法预测 p_t^{end} 的准确值。

当列车在位置 p 进入第$(m+1)$个小区时，RRH_{m+1}将空缓存中内容 t 的预下载部分以速率R_k^{wire}直接传输给用户 k。假设 RRH 将存储的内容传输给用户后立即删除，以节省存储容量。这种情况会持续一段时间，直到存储的部分用完，令

$$\Delta C_t' = C_t^{\text{PDL}} + C_t^{F_{m+1}}(p_{m+1}^{\text{start}}, p) - C_t^{\text{wire}}(p_{m+1}^{\text{start}}, p) \tag{6-49}$$

式中，$\Delta C_t'$表示 RRH_{m+1}传输给用户 k 并同时从 BBU 池下载的 t 的剩余部分。若 $\Delta C_t' \leqslant 0$，则传输速率将降级为 $R_k(p)$。同时，BBU 池会计算总的传输完成部分 t，表示为

$$C_t^{\text{done}} = C_t^{\text{PDL}} + C_t^m + C_t(p_{m+1}^{\text{start}}, p) \tag{6-50}$$

式(6-50)意味着总的完成部分 t 是预下载部分 C_t^{PDL} 的总和，通过小区 RRH_m 内的无线链路传输的部分 C_t^m，以及在 RRH_{m+1} 的 $C_t(p_{m+1}^{\text{start}}, p)$。如果 $C_t^{\text{done}} < C_t^j$，那么它将继续以 $R_k(p)$的速率从 BBU 池中下载 t，直到 $C_t^{\text{done}} = C_t^j$，即$\phi_{k,t} = 1$。

6.3.2.2　后上传

对于关键业务数据，其中部分如 TCS 数据等文件较小，需要低传输时延来保证高可靠性。因此，前传链路应始终提供足够的带宽以确保它们的传输。VMS 数据在监控列车实时状态、故障预发现、故障诊断等方面起着关键作用。该类数据主要来源于车体内部的监控检测设备。与其他类型的数据不同，VMS 数据不像列控数据那样对时延敏感，但文件体积较大，可能会降低其他关键业务数据的实时传输速度。因此，提出了一种启用缓存的后上传策略来处理 VMS 数据。具体而言，空缓存仍用于临时存储 VMS 数据，当前传链路处于非高峰期时，RRH 将其转发至 BBU 池，如图 6-18 所示。

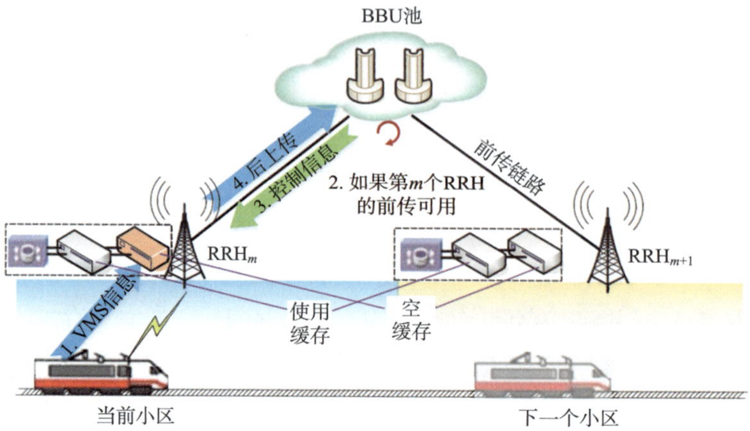

图 6-18 后上传方案的示意图

当列车在第 m 个小区内行驶时，VMS 数据将首先通过无线链路到达 RRH。这些数据不是直接通过前传链路传输到 BBU 池，而是暂时存储在缓存中，直到 RRH$_m$ 收到来自 BBU 池的传输控制信号。考虑到有限的前传链路容量，BBU 池在以下情况时发送传输信号：①列车移出第 m 个小区并进入下一个第 $m+1$ 个小区。此时，前传链路 RRH$_m$ 由忙变为空闲，可用于将空缓存中的 VMS 数据上传 RRH$_m$ 到 BBU 池；②当列车在第 m 个小区内行驶时，前传链路 RRH$_m$ 可用，即使它同时传输其他类型的数据（例如，非关键服务数据、列车控制数据、牵引力控制数据）。

接下来关注缓存的准确存储容量。显然，存储容量大的缓存可以存储更多的 VMS 数据，为关键业务数据的传输获得更多的带宽。然而，这将导致高昂的设备成本。综合以上分析，缓存存储容量应为下载前部分和后上传部分之和，可表示为

$$C_{E\text{-cache}}=\underbrace{(G+2F_m)\int_{p_m^{\text{start}}}^{p_m^{\text{end}}}\frac{\mathrm{d}p}{g(p)}}_{-A_3}\underbrace{\int_{p_m^{\text{start}}}^{p_m^{\text{end}}}\frac{F_m-h(p)}{g(p)}\mathrm{d}p}_{-A_4}+\underbrace{N_{E\text{-cache}}\,\mathbb{E}[C_t^j]}_{A_5} \tag{6-51}$$

式中，A_3 代表生成的 VMS 数据以及列车穿过小区时下载和预下载的部分；G 表示 VMS 数据生成速率，可以近似看成一个常数；A_4 表示前传链路可用时可以传输的部分；函数 $h(p)$ 表示前传链路的实时传输速率，由于乘客请求的行为是随机的，因此 $h(p)$ 无法准确预测，但是，$h(p)$ 可以通过 BBU 池对前传链路的实时监控来大致估算；A_5 表示预下载方案的存储容量，其中 $N_{E\text{-cache}}$ 表示预下载内容的个数，$\mathbb{E}(\cdot)$ 指的是期望算子。因此，基于该方案，可以在一定程度上保证关键业务数据的传输。

6.3.3 仿真与分析

本节将验证提出的预下载和后上传策略。假设一列列车由 8 节车厢组成，每节车厢可容纳 80 名乘客，以 300 km/h 的恒定速度运行。沿线每个 RRH 的有效通信范围为 10 km。

乘客请求内容的行为服从泊松分布，平均每分钟有30%的乘客主动请求互联网内容。总内容数 $T=50$ 和内容流行度服从Zipf分布 $\rho_t = t^{-\lambda}\sum_t t^{-\lambda}$，其中衰减因子 $\lambda=0.7$。假设内容文件大小服从从10 MB到110 MB的均匀分布。每条前传链路的最大速率为60 Mbit/s，其中30 Mbit/s预留给关键业务数据传输。每个乘客的无线链路传输速率 $R_k^{\mathrm{wire}}=2$ Mbit/s和每个用户的前传链路最大速率 $R_{F_m}^{\max}=3$ Mbit/s。三种方案，即不带缓存的方案（方案1）、传统的启用缓存但不带预下载算法的方案（方案2）和提出的预下载方案（方案3）将在列车经过时进行演示两个小区。应用方案3时，在已用缓存中预先存储5个热门内容，空缓存可容纳另外20个资源用于预下载方案。需要注意的是，一些仿真参数被设置为较小的值，以实现清晰高效的仿真。

图6-19(a)显示了不同位置的总实际用户传输速率，图6-19(b)表示相应的活跃用户比例。随着列车在第一个小区中前进，乘客需要越来越多的内容，其中许多内容并未存储在已使用的缓存中。显然，当列车在这个小区运行时，前传链路 RRH_1 一直处于繁忙状态。在第一个小区期间，方案2的总速率几乎是方案1的两倍，表明传统的基于缓存的方案可以明显提高网络吞吐量。方案3的结果与第一个小区中的方案2完全相同，可以解释方案2和方案3使用的缓存存储相同的资源，而空缓存不存储任何内容，因为列车从 RRH_1 开始移动，那里没有预下载资源存储在其空缓存中。

当列车接近第二个单元时，预下载方案被启用，部分请求的资源被预存储到 RRH_2 的空缓存中。相应地，使用下一个前传链路的乘客比例有所增加[图6-19(b)]。因此，一旦列车进入第二个小区，在图6-19(a)所示的转折点之后，可以根据方案3从缓存中检索这些资源并直接传输给乘客。实际传输转折点后方案3的利率约为方案2的1.63倍，说明方案3优于方案2。

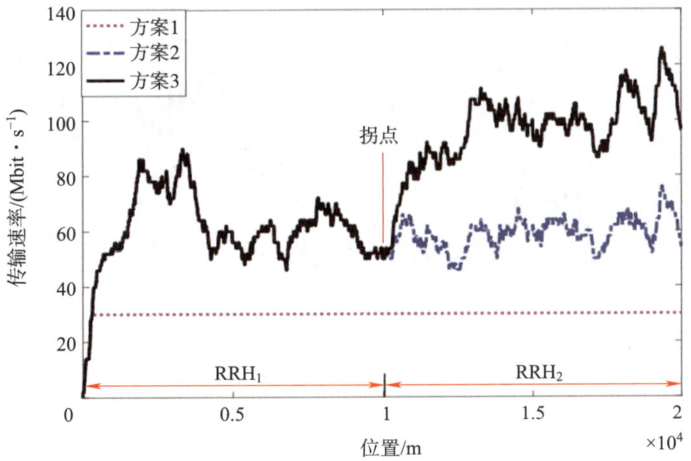

(a) 列车在不同位置的传输速率

图 6-19

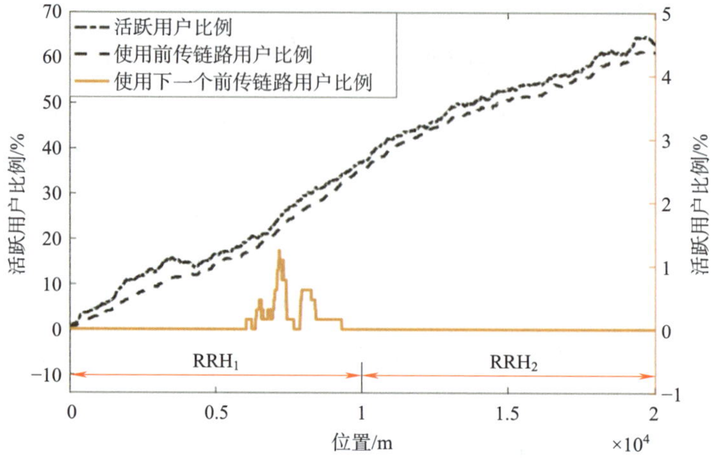

(b) 方案3的不同列车位置上的活跃用户比率

图 6-19　三种方案的仿真结果

对于 VMS 数据，假设 G=10 Mbit/s 并且它需要 ΔT=2 min 才能通过一个小区。前传链路几乎一直处于忙碌状态，因此根据式(6-51)可以计算出空缓存的存储容量为 $C_{E\text{-cache}}$ = 2.4 GB。

图 6-20 为方案 3 在不同预下载存储容量条件下的吞吐量结果。红色曲线代表方案 3 当空缓存容纳 20 个资源时的结果，绿色为 30 个资源，黑色为 45 个资源。可以看出，存储容量越大的缓存在转折点后对总传输速率的提升越显著。黑色曲线相当于所有互联网资源都存储在缓存中。因此，其在转折点后的总实际传输速率 13% 高于红色曲线。而空缓存对应的存储容量为 $C_{E\text{-cache}}$=3.9 GB，而另外两个为 2.4 GB 和 3 GB，表明缓存设备成本最高。

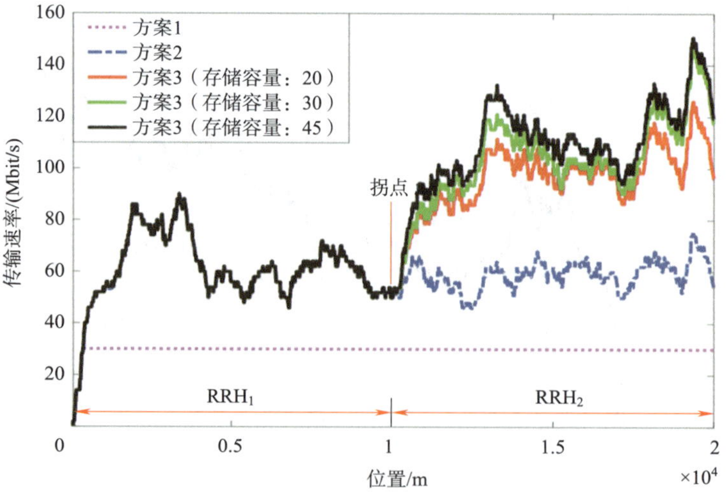

图 6-20　不同缓存容量下的传输速率

6.4　基于松弛时延的真空管磁悬浮列车 uRLLC 贪心复用机制

真空管磁悬浮列车的安全运行需要多种车地通信业务的有效支撑，包括超高可靠低时延通信（ultra-reliable low latency communications，URLLC）业务与增强移动带宽（enhanced mobile broadband，eMBB）通信业务，异质业务资源共存时，可通过临时抢占 eMBB 业务的时频域资源优先保障 uRLLC 业务的传输。根据误码率和时延指标将 uRLLC 业务划分为 5 个等级并将 uRLLC 业务复用时延范围进行松弛，本节在考虑 uRLLC 业务误比特率和复用时频域范围约束条件下构建了以最小化 uRLLC 业务总功率为目标的优化问题，提出一种贪心策略在指定步骤内得到次优解以应对高速变化的环境。仿真结果表明，在信道状态较差或噪声功率谱密度较高的情况下，所提复用策略能显著降低 uRLLC 业务复用所消耗的功率，提升了车地无线通信的可靠性。

5G 通信中的切片技术可为不同业务提供定制化的服务，类比切片概念，适当松弛业务时延，采用灵活的复用方案能提高通信系统性能。真空管磁悬浮列车车地通信 uRLLC 业务类型多、指标不尽相同，本节在满足各 uRLLC 业务 BER 约束基础上，通过松弛时延约束降低资源复用功耗，并提出一种贪婪策略来实现快速复用以应对高速时变的通信场景。

6.4.1　异质业务资源复用

6.4.1.1　车地无线通信业务需求分析

真空管磁悬浮列车需要多类 uRLLC 业务以保障列车能在时速至少 1 000 km 时实现列车的可管可控。可以将不同的 uRLLC 业务划分为 5 个等级，各项指标要求及等级划分见表 6-3。

表 6-3　真空管磁悬浮列车车地无线通信业务需求分析

业　务	速　率	时　延	BER	等　级
uRLLC 业务				
牵引控制系统 TCS	200 kbit/s	1 ms	10^{-7}	5
运行控制系统 OCS	400 kbit/s	40 ms	10^{-6}	4
运行语音通信系统 OVCS	32 kbit/s/通道	40 ms	10^{-5}	3
列车运行状态监测与诊断 TOSM	1 Mbit/s	50 ms	10^{-5}	3
视频监控 VS	18 Mbit/s	0.3 s	10^{-3}	2
旅客信息服务 PIS	8 Mbit/s	0.3 s	10^{-3}	1
eMBB 业务				
乘客服务	0.378～3.78 Gbit/s	—	—	0

6.4.1.2 各等级业务资源块映射

真空管磁悬浮列车的可管可控离不开多种 uRLLC 业务的传输，而每类业务其时延、BER 等需求不一致，因而需先将不同等级的安全类业务映射到不同大小的资源块。在 5G 通信系统中，其采用了参数集(Numerology)的技术，可实现灵活的组帧，为多种业务共存的通信场景提供物理层基础。

图 6-21 所示为真空管磁悬浮列车车地通信多种等级业务的资源块映射示意图。在复用过程中，uRLLC 业务抢占了 eMBB 业务中的部分时频资源，即 uRLLC 的资源块叠加在 eMBB 资源块上。图中仅展示了两种等级(Level)uRLLC 业务的资源块映射。其中高等级 uRLLC 类业务对延时较敏感，因而对其分配的资源块具有较短时长以便快速地响应传输，其在频域上占据较大的带宽；类似地，低等级业务对时延敏感程度较低，故对其分配的资源块具有较长时长，其在频域上占据较小带宽。

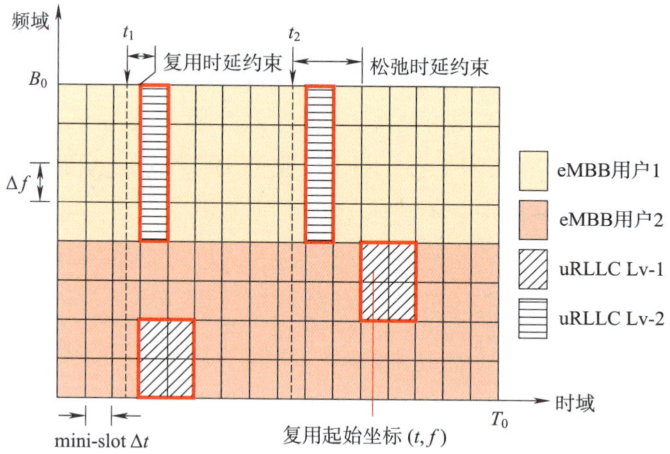

图 6-21 松弛复用时延约束示意图

6.4.1.3 基于松弛时延约束的资源复用

资源复用是应对异质通信业务共存的一种有效的解决方案。当今的 5G 系统对 uRLLC 通信业务并不做区分对待，在 uRLLC 业务到达的下一个 mini-slot 中对该业务进行复用处理，是一种“即到即处理”的方案。真空管磁悬浮列车通信业务种类较多，各类 uRLLC 业务对延时和误比特率指标要求均不同，因而适当松弛时延约束，将复用时间范围放宽至 uRLLC 业务的最大允许时延，以图 6-21 为例进行详细阐释。

如图 6-21 所示，以最小子载波间隔 Δf 和 mini-slot 时长 Δt 为基本单位将时频域资源划分为若干个方格，最小方格尺寸为 $\Delta t \times \Delta f$，仿照资源粒子(resource element)的定义，将其定义为 mini-RE。在时刻 t_1 同时到达两个不同级别的 uRLLC 业务，传统复用方法是在下一个 mini-slot 对 uRLLC 业务进行复用；在复用时刻 t_2 到达的两个不同级别的 uRLLC

业务时，根据 Lv-2 的 uRLLC 时延指标适当放宽时延约束，增大了时域复用范围，使得复用更加灵活。

6.4.2 优化问题模型

设系统总带宽为 B_0，噪声功率谱密度(power spectral density，PSD)为 n_0，一个物理帧时长为 T_0，在时频域分别包含 N_t 个 mini-slot 和 N_f 个子载波，即 mini-slot 时长为 $\Delta t=T_0/N_t$，子载波带宽 $\Delta f=B_0/N_f$。假设采用频点为 4.85 GHz 的 5G 信号，真空管磁悬浮列车运行速度 1 000 km/h，则其最大多普勒频偏 $f_{\max}^{\text{doppler}}=4\ 491\text{Hz}$，相干时间 $1/f_{\max}^{\text{doppler}}\approx 0.2$ ms，即两个 mini-slot 内的信道可视为平坦衰落。通过导频和信道估计，可求得各个 mini-RE 上的无线信道增益，记 mini-RE(t,f)的信道增益为 $h_{t,f}$。

仅存在 eMBB 业务：根据上述计算可知，真空管磁悬浮列车车地时变信道的相关时间近似为 1 个 mini-slot，因而资源调度单位为不再设 RE，而是 mini-RE。考虑基站发射功率为定值情况下最大化系统的吞吐量，采用注水功率分配算法对每个时隙对应的 N_f 个 mini-RE 分配功率。

异质业务共存：假设在第 $t_{\text{arr}}\in N^*$ mini-slot 时刻内到达 Q^{uRL}个不同类别的 uRLLC 业务，其中第 q 个业务对应的等级为 s，其允许的最大调度时延为 $d_s\Delta t$，$(d_s\in \mathrm{N}^*)$，对应的 BER 指标为 P_{req}^{s}。该等级的 uRLLC 业务映射到资源块对应的持续时长为 $N_T^s\Delta t$，$(N_T^s\in \mathrm{N}^*)$，带宽为 $N_B^s\Delta f$，$(N_B^s\in \mathrm{N}^*)$。

uRLLC 业务通过抢占的方式复用 eMBB 业务的时频资源，在复用时松弛时延约束。设存在 Q_s 个等级为 s 的 uRLLC 业务，其中第 q 个业务资源块起始时频域坐标为(t_{q0}^s,f_{q0}^s)，根据对应的时延要求和带宽约束条件，应有：

$$1\leqslant t_{q0}^s-t_{\text{arr}}\leqslant d_s,t_{q0}^s\in \mathrm{N}^* \tag{6-52}$$

$$1\leqslant f_{q0}^s\leqslant N_f-N_B^s,f_{q0}^s\in \mathrm{N}^* \tag{6-53}$$

式(6-52)表示抢占位置的时域允许范围，式(6-53)表示其在频域上不得超过系统最大带宽。其占据的时频域资源简记为 $\Omega_q^s=[t_{q0}^s,t_{q0}^s+N_T^s]\times[f_{q0}^s,f_{q0}^s+N_B^s]$。

在资源复用时，还应考虑 uRLLC 业务的 BER 指标需求。将干扰噪声简化为高斯加性白噪声 AWGN(additive white gaussian noise)，考虑 M-QAM 调制方式，其在 AWGN 信道下的 BER 与信干噪比 SINR 关系为

$$P_{\text{e}}=A_1\text{erfc}(\sqrt{A_2\hat{\gamma}}) \tag{6-54}$$

式中　erfc(·)——互补误差函数；

$\hat{\gamma}$——估计的 SINR；

A_1,A_2——与调制阶数 M 有关的函数：$A_1=(\sqrt{M}-1)/(\sqrt{M}\log_2\sqrt{M})$，$A_2=3\log_2 M/[2(M-1)]$，与估计的信道增益$\hat{h}$、噪声功率 N_0 和对位置 Ω_q^s 上 eMBB 业务分配的功率 $P_{\Omega_q^s}^{\text{eMBB}}$有关。

在计算 $\hat{\gamma}$ 时，由于信道处于时变状态，且其资源块占据一定的时长与带宽，因而其 SINR $\hat{\gamma}_q^s$ 为所有 mini-RE 的总和，即

$$\hat{\gamma}_q^s = \frac{\sum_{(t_q,f_q)\in\Omega_q^s} p_{t_q,f_q}^s \|\hat{h}_{t_q,f_q}\|^2}{\sum_{(t,f)\in\Omega_q^s} p_{t,f}^{\mathrm{eMBB}} \|\hat{h}_{t,f}\|^2 + N_{s,0}} \tag{6-55}$$

式中 $p_{t_q,f_q}^s, p_{t,f}^{\mathrm{eMBB}}$——该等级的 uRLLC 业务和 eMBB 业务在坐标为 (t_q,f_q) mini-RE 上所分配的功率，该资源块内所有噪声功率为 $N_{s,0}=n_0 N_T^s N_B^s \Delta f$；

$\hat{h}_{t_q,f_q}$——所估计的该位置对应的信道增益；

n_0——噪声功率谱密度：在非理想信道情况，通过导频估计的信道增益存在一定的误差，且误差 ε 服从均值为零、方差为 σ^2 的高斯分布，即

$$\hat{h}_{t_q,f_q} = h_{t_q,f_q} + \varepsilon \tag{6-56}$$

从式(6-54)可知，uRLLC 业务通信的可靠性主要取决于调制阶数 M 和 SINR $\hat{\gamma}$。在复用时，第 q 个 uRLLC 业务(等级为 s)的 BER 应满足：

$$P_e^s(M, \hat{\gamma}_q^s) \leqslant P_{\mathrm{req}}^{\mathrm{s}} \tag{6-57}$$

式中，$P_{\mathrm{req}}^{\mathrm{s}}$ 为等级为 s 的 uRLLC 业务的 BER 指标。

当产生随机并发的 uRLLC 业务时，考虑到 uRLLC 业务需要较高 SINR 以实现较低 BER，设定对两种异质业务采用两个独立的功率控制器分别进行功率分配。在复用时，一方面要保障各类 uRLLC 业务时延和 BER 的需求；另一方面还应考虑最小化 uRLLC 业务总功率以达到节能的目的。基于上述表述，构建如下优化问题：

$$\min_{\Omega_q^s, p_{t_q,f_q}^s} \left\{ \sum_{q=1}^{Q_s} p_q^s \right\} \tag{6-58}$$

$$\text{s. t.} \begin{cases} p_q^s = \sum_{(t_q,f_q)\in\Omega_q^s} p_{t_q,f_q}^s & (6\text{-}59) \\ \Omega_q^s \cap \Omega_{q'}^{s'} = \varnothing, q \neq q', q, q' \in \{1,2,\cdots,Q_s\} & (6\text{-}60) \\ \text{式(6-52)、式(6-53)、式(6-57)} \end{cases}$$

式中，p_q^s 表示对第 q 个 uRLLC 业务所分配的功率，q' 表示不同于 q 的其他业务。约束条件(6-60)表示任意两个 uRLLC 业务资源块的复用位置不重合。该优化问题的求解变量为每个 uRLLC 业务资源块的复用坐标 Ω_q^s 以及对应的在每个 mini-RE 上的分配功率 $p_{t_q,f_q}^s, (t_q,f_q)\in\Omega_q^s$。

6.4.3 问题求解

6.4.3.1 单 uRLLC 业务

首先考虑仅存在 eMBB 业务情况，可通过注水功率算法求得 eMBB 业务的最大吞吐

量。当存在两种异质业务时，需求解优化问题式(6-58)。待求解变量为资源复用位置 Ω_q^s 以及对应的每个 mini-RE 上对 uRLLC 业务所分配的功率，可知变量数目较多。为了简化求解复杂度，假设已知第 q 个 uRLLC 业务的总功率 p_q^s 和资源块的复用位置，则其对应的 $\hat{h}_{t_q,f_q}$ 可计算得到，每个 mini-RE 上的噪声功率和对 eMBB 业务分配的功率 $p_{t,f}^{\text{eMBB}}$ 也可求得，应求解对每个 mini-RE 分配的功率来最大化其 SINR $\hat{\gamma}_q^s$，即

$$\max_{p_{t_q,f_q}^s}\{\hat{\gamma}_q^s\} \tag{6-61}$$

$$\sum_{(t_q,f_q)\in\Omega_q^s} p_{t_q,f_q}^s = p_q^s \tag{6-62}$$

对于该优化问题，根据拉格朗日乘数法求解出每个 mini-RE 上分配的 uRLLC 功率

$$p_{t_q,f_q}^s = \frac{\|\hat{h}_{t_q,f_q}\|^2 p_q^s}{\sum\limits_{(t,f)\in\Omega_q^s}\|\hat{h}_{t_q,f_q}\|^2} \tag{6-63}$$

通过上述步骤，将每个 uRLLC 资源块中 mini-RE 上的待优化功率变量 p_{t_q,f_q}^s，$(t_q,f_q)\in\Omega_q^s$ 简化为一个待优化变量 p_q^s。至此，存在三个待优化变量：uRLLC 资源块的复用初始位置 (t_{q0}^s, f_{q0}^s) 和分配的总功率 p_q^s。

为了求解 p_q^s，在已知 SINR $\hat{\gamma}_q^s$ 条件下根据式(6-55)和式(6-63)，有：

$$p_q^s = \hat{\gamma}_q^s \frac{\left(\sum\limits_{(t,f)\in\Omega_q^s} p_{t_q,f_q}^{\text{eMBB}}\|\hat{h}_{t_q,f_q}\|^2 + N_{s,0}\right)\left(\sum\limits_{(t,f)\in\Omega_q^s}\|\hat{h}_{t_q,f_q}\|^2\right)}{\sum\limits_{(t,f)\in\Omega_q^s}\|\hat{h}_{t_q,f_q}\|^4} \tag{6-64}$$

式中，$p_{t_q,f_q}^{\text{eMBB}}$ 表示在位置 (t_q^s, f_q^s) 上所分配的 eMBB 业务功率。由式可知，p_q^s 为未知变量 (t_{q0}^s, f_{q0}^s) 的函数。对此，在业务 q 的允许时延范围内采用遍历所有资源块的方式寻求最佳位置 (t_{q0}^s, f_{q0}^s)，即

$$\sum_{(t_{q0}^s, f_{q0}^s)} \min\{p_q^s\} \tag{6-65}$$

其中约束条件为式(6-52)和式(6-53)，通过有限次 $(d_s-1)\times(N_B-N_B^s+1)$ 的搜寻，可得到复用位置，进而根据式(6-60)可求得 p_q^s。

6.4.3.2　多 uRLLC 业务

上述方案仅针对单个 uRLLC 业务，对于同时到达的多个不同等级的 uRLLC 业务资源块，一方面考虑满足各 uRLLC 业务的复用范围约束和 BER 约束，即约束条件式(6-52)、式(6-53)和式(6-57)，另一方面考虑复用时任意资源块间不会发生复用重叠，即约束条件式(6-60)。该问题为 NP-hard 难题，难以直接求得最优解，常规的方法是采用启发式算法通过多次迭代，直至搜寻到最优解(或次优解)，但这类算法所需时长过长，无法满足业务实时性要求。对此，提出一种多业务贪心算法(6-3)，步骤如下：

算法(6-3)： 多业务贪心复用算法

输入：$\hat{h}_{t,f}$，$p_{t,f}^{\text{eMBB}}$，t_{arr}

输出：p_q^s，(t_{q0}^s, f_{q0}^s)，$q \in \{1,2,\cdots,Q_s\}$

1 初始化：构造辅助矩阵 $\boldsymbol{H}_{N_T \times N_B \times 5}$，且 $\boldsymbol{H}(:,:,s)=\{\|\hat{h}_{t,f}\|^2\}$，$s=1,2,\cdots,5$；

2 for s = 5:−1:1

3 　　$V_s=\{1,2,\cdots,Q_s\}$；

4 　　while $V_s \neq \varnothing$

5 　　①$q=\text{rand}\{V_s\}$，$V_s=V_s-q$；

6 　　②根据式(6-65)计算(t_{q0}^s, f_{q0}^s)，根据式(6-64)计算 p_q^s；

7 　　根据式(6-63)计算 p_{t_q,f_q}^s，$(t_q, f_q) \in \Omega_q^s$；

8 　　③将 $\boldsymbol{H}(t,f,:)=+\infty$，其中

　　$(t,f) \in [t_{q0}^s - N_T^s + 1, t_{q0}^s + N_T^s - 1] \times [f_{q0}^s - N_B^s + 1, f_{q0}^s + N_B^s - 1]$

9 　　end

10 end

注：符号“:”表示遍历所有取值范围。

首先构造辅助矩阵 $\boldsymbol{H}_{N_T \times N_B \times 5}$，其中第三维表示等级。将第三维度视为层，等级为 s 的业务仅在第 s 层进行复用。其次，按等级由高到低的顺序逐次处理，对于等级 s 所包含的多个业务，任选其一(第 2～5 行伪代码)，进行复用处理(第 6～7 行伪代码)。将 $\boldsymbol{H}$ 所有层中 Ω_q^s 范围内的值设为$+\infty$，并将各层中可能与 Ω_q^s 产生交集区域内的值设为$+\infty$(第 8 行伪代码)。

以图 6-22 为例进行详细说明。图中第 5 层已确定了某个等级为 5 的资源块复用位置，初始位置为(6,3)，假设该等级业务的资源块尺寸为 3×3，则该等级的其他业务不能在范围[4,9]×[1,6]内进行复用。第 4 层中的资源块尺寸为 2×2，则该等级的业务不能在范围[5,9]×[2,6]内进行复用，通过限制每层复用范围的方式，来满足约束条件(6-63)，即任意两个资源块复用时不得重合。按照上述算法对所有 uRLLC 业务复用完毕后，每层的资源块坐标即为该等级业务的复用位置。

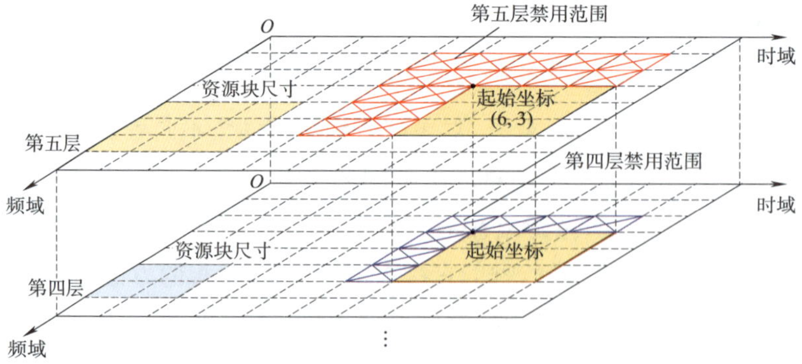

图 6-22 贪心复用策略示意图

若采用启发式群体智能优化算法，如遗传算法、粒子群算法等，其计算复杂度为非确定性多项式类型，难以在规定时间内求得所有实例的最优解，只能对迭代次数和其他参数合理取值来给出尽可能好的解。相比于这类群体智能算法，本节所提算法的计算复杂度为确定性多项式类型，为 $O(Q_sN_f\bar{d})$，其中 $\bar{d}$ 表示平均松弛时延，而传统的“即到即处理”方案计算复杂度为 $O(Q_sN_f)$，可知所提算法是以提高复杂度为代价来降低功耗。

6.4.4　仿真与分析

在真空管磁悬浮列车车地通信系统中，每个 mini-slot 时长 0.1 ms，子载波带宽 $\Delta f=180$ kHz，设定子载波数目 $N_f=500$，噪声功率谱密度为 -60 dBm/Hz，对所有等级的 uRLLC 业务均采用 16QAM 调制方式，uRLLC 业务共分为 5 个等级，各个等级其对应的资源块大小、最大松弛时延和 BER 等参数见表 6-3，其他参数指标见表 6-4。

表 6-4　仿真参数

参　数	数　值
安全等级	[1,2,3,4,5]
资源块尺寸	时域：[20,10,5,4,2] mini-slot 频域：[2,4,8,10,20]子载波
松弛时延	[30,20,15,10,5] mini-slot
BER 指标	$[10^{-3},10^{-4},10^{-5},10^{-6},10^{-7}]$
调制方式	16QAM
eMBB 功率	1 W

列车经由车载天线与管壁内侧的漏泄波导进行无线通信，该场景下存在直射径，由于管壁以及车体的反/散射造成的多径影响，可将该场景近似为莱斯信道，在每个 mini-slot 上对 eMBB 业务分配的总功率为 1 W。采用漏泄波导无线接入方式，则无线信道的大尺度衰落服从指数函数，小尺度衰落按下式进行计算。参照基于几何的随机模型，该场景下窄带信道表达式如下：

$$h=\sqrt{\frac{P_0\mathrm{e}^{-\alpha r}}{N_C d_{\mathrm{TR}}^2}}\cdot\left[\sqrt{\frac{K}{K+1}}\mathrm{e}^{\mathrm{j}2\pi\left(f_D^{\max}\cos\varphi_0-\frac{d_{\mathrm{TR}}}{\lambda}\right)}+\frac{1}{\sqrt{N_I(K+1)}}\sum_{i=1}^{N_I}c_i\mathrm{e}^{\mathrm{j}2\pi\varphi_i}\cdot\mathrm{e}^{\mathrm{j}2\pi f_D^{\max}\cos\varphi_i}\right] \tag{6-66}$$

式中　P_0——发射功率，设为 1 W；

K——莱斯因子，设为 10 dB；

N_C——划分的窄带数目，设为 10；

R——当前波导缝隙至初始缝隙间的距离，设为 100 m；

α——沿着波导方向的功率衰减因子，设为 0.03；

d_{TR}——车载天线距最近缝隙的距离，设为 0.5 m。

式中括号第一项为直射分量，φ_0 表示电波辐射方向与运行方向夹角，设为 45°，频点 f_c 为 4.85 GHz，$\lambda=c/f_c$ 为波长，c 表示真空中的光速。式中第二项表示散射物均匀地分布在终端附近，N_I 为散射点数目，相位 φ_i 服从$[0,2\pi)$间的均匀分布，c_i 为服从正态分布的随机变量。考虑到高速移动对信道的影响，因而附加了多普勒相移，$f_D^{\max}$表示最大多普勒频偏，设列车运行速度为 1 000 km/h，则 $f_D^{\max}$为 4.49 kHz。利用式(6-66)生成若干信道数据来模拟导频估计的信道，对二维信道采用三次插值的方式获取各个 mini-RE 处的信道增益。设 uRLLC 业务到达服从均值为 50 mini-slot 的泊松过程，每次同时到达 30 个不同等级的 uRLLC 业务，其中各个级别的业务随机均匀出现。

将“即到即处理”方案记为方案 1；将松弛时延约束方案记为方案 2；将未采用注水功率分配算法的松弛时延约束方案记为方案 3。图 6-23 为某时刻方案 1 和方案 2 复用结果图。图中黑白背景色表示不同时刻、频率位置处的信道增益(dB)，其中白色表示高增益，黑色表示低增益。不同等级的 uRLLC 业务被分配到不同尺寸的资源块，即不同颜色的矩形块。纵向黄色实线和虚线分别表示 uRLLC 到达时刻以及允许的最大资源调度范围(包含资源块的时长)，横向黄色实线表示允许的调度范围。以图 6-23(a)为例，在第 2017 个 mini-slot 时刻，到达了共 30 个不同类别的 uRLLC 业务，对于传统的即到即处理方案，其在下一 mini-slot 立即对所有业务进行复用，复用时仍以式(6-61)为目标函数进行位置和功率的求解，各个资源块对应位置如图 6-23(a)所示。图 6-23(b)展示了松弛时延约束下的复用结果，与图 6-23(a)相比，Lv-1 至 Lv-4 的 uRLLC 业务可复用的时域范围更宽，可选择信道增益较高的区域复用以避开信道条件较差的区域，因而灵活性更强，能一定程度上摆脱信道深衰落的影响。

图 6-24 所示为不同等级的 uRLLC 业务随着列车逐渐远离初始波导缝隙时所耗平均功率曲线，图中 5 条不同颜色实线表示采用方案 2 时不同位置上各等级 uRLLC 的平均功率曲线，黑色虚线表示采用方案 1 时在不同位置上所消耗的功率。从图可知，较高的等级所要求的 BER 更为苛刻，因而需要消耗较高的功率实现较低的 BER。其次，在信道条件较好的时刻中(如 mini-slot：1～1 500)，方案 1 与方案 2 所耗功率基本一致；但在信道条件较差的时刻(如 mini-slot：2 000～3 500)，方案 2 所耗功率比方案 1 要少。为了更加清晰地展示两种方案所耗功率间的关系，本节将该段漏泄波导均分为 4 段，并统计每段内各等级业务所耗总功率。

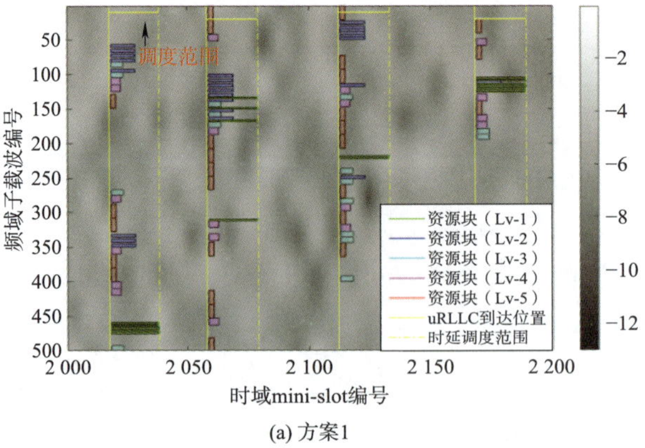

(a) 方案1

图 6-23

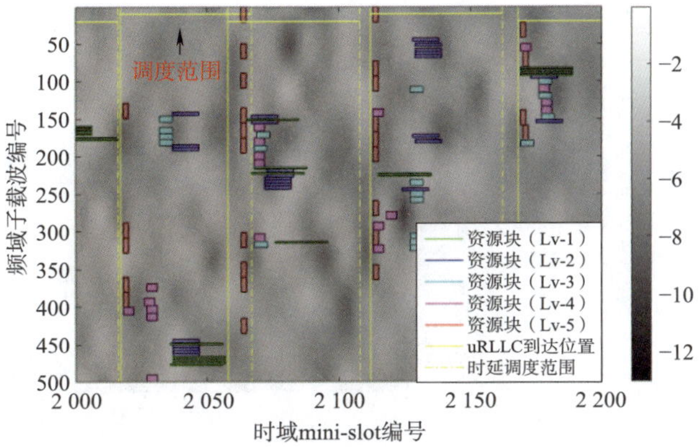

(b) 方案2

图 6-23　复用示意图

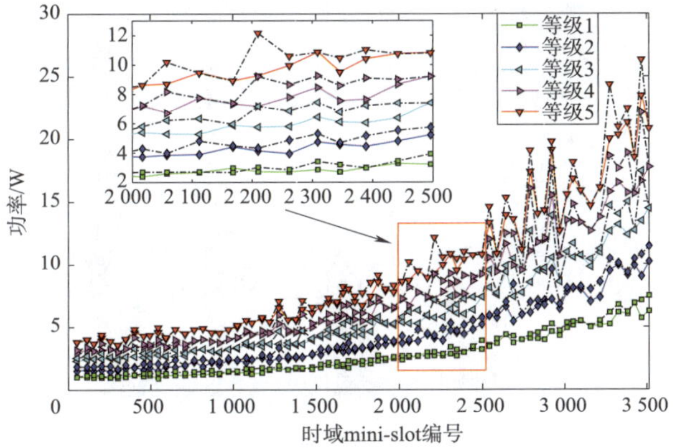

图 6-24　不同时刻各等级业务所耗功率图

图 6-25 对比了两种方案在不同的波导段内各等级业务所消耗的总功率。图中 5 条不同颜色的柱状图表示方案 2 在不同波导段所消耗的功率，上方额外叠加的青色柱状图表示方案 1 所需的额外功率。与图 6-24 反映的趋势一致，在信道条件较差的波导段内（如第 4 段），传统的方案 1 需要更多的功率来满足 uRLLC 业务的 BER 需求。

此外，本节还对比了块内功率均分策略（方案 3），即在资源块内进行功率分配时，不采用式（6-63）的分配方案，而是将功率均匀分配到各个时频域坐标上。图 6-26 对比了方案 2（注水功率分配方法）与方案 3 两种方案中，5 类等级业务在不同波导段内所耗功率结果。5 类不同颜色柱状图表示方案 1 结果，叠加的青色柱状图表示方案 3 所需的额外功率。可知，在相同波导段内采用方案 3 时低等级业务所需的额外功率较高，这是由于相比于频域衰落，真空管磁悬浮列车车地无线信道在时域的变化更为剧烈，导致在一个时域较长的资源块（即低等级业务），信道变化较为明显，因而采用方案 2 更为节能。其次，对于相同等级的业务，在信道状态较差的波导段内，方案 3 所消耗的额外功率也更高。

SINR 影响着 uRLLC 业务资源复用状况，而信道状态与噪声也将影响着 SINR。真空

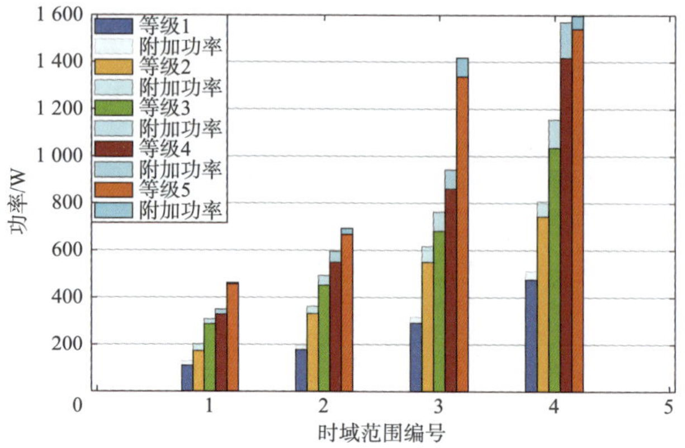

图 6-25　各等级业务在不同波导段内所耗功率对比图

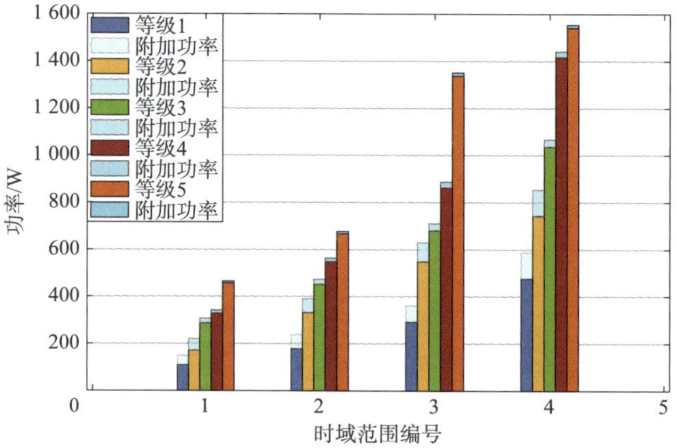

图 6-26　所提方案与块内均分功率对比图

管磁悬浮列车自身产生的噪声影响着 SINR，因而本节仿真了不同噪声 PSD 条件下 uRLLC 业务所消耗的功率。图 6-27 所示为三个不同时刻（第 764、7 527、2 210 个 mini-slot）时，不同噪声 PSD 条件下各类别 uRLLC 业务所耗的平均功率。5 条不同颜色实线表示第 764 个 mini-slot 时刻不同噪声 PSD 下的各等级 uRLLC 业务所耗功率曲线，而虚线和点画线分别表示第 1 527 和第 2 210 个 mini-slot 时刻结果图。从图可知，随着 PSD 以分贝形式增长，SINR 急剧下降，因而需要消耗更多的功率来满足 uRLLC 的 SINR 需求。在高噪声 PSD 条件下，低等级业务所需功率远低于高等级功率。同样的，当 PSD 为－53 dBm/Hz 时，三个不同时刻上等级 1 业务所需功率分别为 2.37 W、4.22 W、6.77 W，等级 5 业务所需功率分别为 9.17 W、14.55 W、22.66 W。

此外，还对比了基于 PSO 的启发式求解方案。针对某个特定列车位置处所有 uRLLC 业务待求解的复用坐标，将所有业务的时频坐标视为一个粒子的维度，根据公式（6-66）可计算出对应的功耗，采用粒子群算法求解粒子的最佳位置，即所有业务的复用位置。仿真硬件平台配置如下：内存为 12 GB、CPU 主频为 2.6 GHz，型号为 Intel(R) Core(TM) i7-9750H

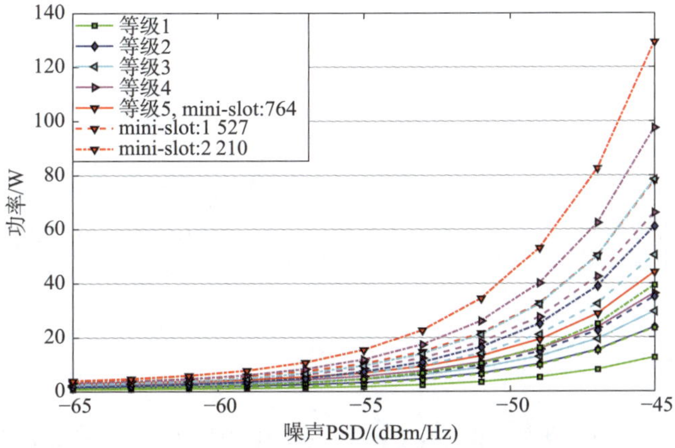

图 6-27　不同噪声 PSD 条件下所耗的平均功率图

CPU,仿真平台为 Matlab R2021a。仿真时粒子群种群数目设为 100,迭代次数为 500。表 6-5 对比了三种不同方案的耗时和总功耗,4 类算法总功耗对比为:方案 1<方案 3<PSO 算法<方案 2,其中 PSO 算法的总功耗低于方案 2,这是由仿真中种群数目和迭代次数较少所导致。图 6-28 进一步对比了 PSO 求解方案和方案 2 在不同位置、不同等级业务的功耗,与图 6-25、图 6-26 中的方案 1 和方案 3 相比,PSO 算法功耗均低于两方案,且方案 2、3 在低等级下附加功耗较高,而 PSO 算法在不同等级业务上附加功耗较为均匀。

表 6-5　不同方案性能对比

方　　案	耗时/s	总功耗/kW
方案 1(即到即处理)	3.5	13.91
方案 2(松弛时延约束)	20.2	12.88
方案 3(块内功率均分配)	20.2	13.69
PSO 算法	872.6	13.34

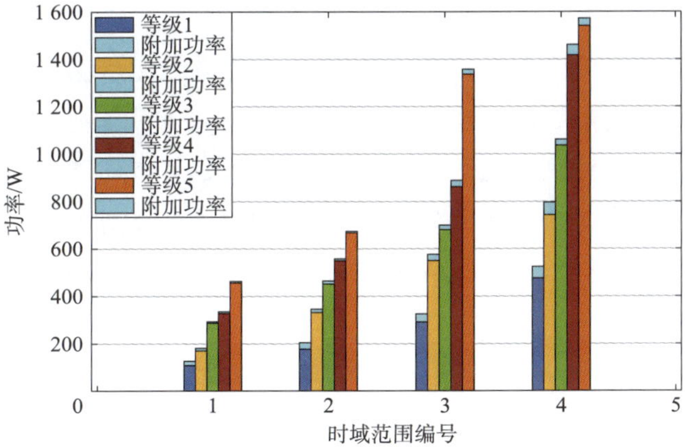

图 6-28　所提方案与 PSO 算法平均功耗对比图

第7章 真空管磁悬浮列车发展展望

7.1 真空管磁悬浮列车车地通信发展展望

真空管磁悬浮列车是未来轨道交通的重要发展方向。纵观整个轨道交通的发展历程，车地无线通信系统是列车安全、高速平稳运行的关键，在业务调度、保障运输安全等方面起着至关重要的作用。真空管磁悬浮列车安全和高效地运行，需要可靠和稳定的无线通信作为支撑。与轮轨高铁相比，真空管磁悬浮列车车地之间的通信数据量更大，同时实时性要求更高。一方面，列车运行、安全监控、维护等实时运行控制信息需要传送到地面上以满足路网对列车实时状态的监测与控制；另一方面，以旅客为主体的移动多业务信息，也需要在车地之间实时交互。现有的无线通信系统对于真空管磁悬浮列车车地通信中严重多普勒效应和频繁的越区切换等问题难以提供有效的技术支撑，为了保障列车安全、高效地运行，需要针对真空管磁悬浮列车车地无线通信系统架构展开研究。然而，在运行场景上真空管磁悬浮列车与现行轮轨高铁有很大不同，真空管磁悬浮列车运行场景主要有两大特点：极高地运行速度和特殊的真空密闭运行环境（密闭、受限和狭长的金属管道），为真空管磁悬浮列车车地通信带来了很多问题。因此，在真空管磁悬浮列车与地面之间建立高速稳定的无线链路将是一项具有挑战性的任务。

本书结合真空管磁悬浮列车运行场景的特点，对真空管磁悬浮列车综合承载业务需求、无线信道传播特性、无线接入架构技术物理层无线接入技术和车地通信资源管理技术开展了研究。目前真空管磁悬浮列车的研究仍处于探索阶段，因此本书前瞻性地对真空管磁悬浮列车车地通信关键技术进行了研究分析，针对真空管磁悬浮列车的特点，分析了真空管磁悬浮列车车地通信特点并提出了一些解决方案。在本书的研究基础之上，还有如下方向可以继续探索：

(1)本书提出一种具有法向辐射特征的漏泄波导，需要采用−1次空间谐波来产生周期性辐射。在仿真中并没有考虑周期性漏波结构中存在的“开阻带效应”，在实际情况中，需研究开阻带抑制方法，来实现高效的法向辐射。此外，为了满足多频段上同时抑制开阻带的需求，需要研究非均匀周期优化技术，通过采用优化算法（包括凸优化、迭代 FFT、随机优化等)，在多个频段内实现在一定长度范围内的辐射波为“近似等相位面”，从而满足在多频段上同时抑制开阻带的要求。

(2)进一步探索漏泄波导无线接入方案电波衰落模型。可采用基于波导模式分析(管道中的模式)、射线追踪、时域有限差分法(FDTD)和商用电磁仿真软件相结合的高效混合算法，分析金属管道中由漏泄波导系统辐射的电磁波在漏波透镜系统和车载直放站(车载中继站和车载直放站车地电波传播特性一致)系统中的传播特性，建立适用于研究这一问题的新的一体化分析模型。

(3)集中式云接入架构的资源迁徙代价最小化。列车在接入架构中运行时会穿越多个集中式云处理端，造成通信资源的动态迁徙。在列车运行线路已知(即经由的 RRH 顺序是已知的)、各个前程链路容量一定条件下，进一步研究接入架构中节点间的分配关系，使得集中式云处理端间的无线资源迁徙的代价最小。

(4)针对突发性运行业务与乘客互联网业务的复用传输，需要进一步研究下行资源抢占 DCI 信令 PI 的设计，及时告知乘客其资源被占用信息。同时需要更好地权衡 PI 的负载及相应指示精度的动态变化，可以有效提升突发性运行业务与乘客互联网业务复用效率。

(5)针对业务需求分析，本书仅基于已有的无线通信技术，结合真空管磁悬浮列车运行特点和轮轨通信的需求进行相关通信数据指标分析，而未对实际业务到达模型进行相关研究，在今后的研究方向中，对真空管磁悬浮列车实际业务到达过程进行分析，结合多样化的业务特点以及真空管磁悬浮列车通信系统特性采用统计建模理论，利用泊松过程近似集总异步周期业务到达情况，构建出符合真空管磁悬浮列车业务到达模型。

(6)针对车地无线通信资源迁移，本书仅研究了单条真空管线路场景下的资源迁徙与调度问题。然而，在一些中转枢纽区域(如大型车站等)，必有多条真空管线路纵横交织的场景，因而这将是未来的研究方向。其次，在研究过程中，仅仅假设 RRH 与 BBU 池的位置是已知的，对该新型 RRH-BBU 映射关系，如何实现真空管线路周边的 RRH 和 BBU 池的部署与规划也是未来的一个重要研究方向。

(7)对真空管磁悬浮列车超高速移动时通信承载业务，以及相应的业务数据类型、传输速率、误码率、丢包率、延时等各种参数指标，进行科学系统地调研与分析，给出定性结论和定量的结果。

(8)针对漏波透镜系统模型，研究波导的传输模式损耗的形成机理，探索减小传输损耗、实现远距离波导传输的方法以及漏波结构与金属管道一体化加工设计方法等，并开展对电磁透镜介质材料与具体结构的研究，确定出电磁透镜的相对介电常数，并形成直观的表面结构单元的模型。

(9)从网络层面，研究基于 RoF 架构的移动小区免切换资源优化方案，列车跨越不同的 RAU 时，会存在资源迁徙调度问题，因而需研究合理的资源调度方案来最小化资源迁徙代价。

7.2 真空管磁悬浮列车发展难点分析与展望

7.2.1 真空管磁悬浮列车发展难点分析

在人类的发展历程中，对速度都有不断的追求。从时速 20 km 的马车，到时速 60 km 的蒸汽火车、时速 300 km 的高铁、时速 500 km 的磁悬浮列车，科技让人类对速度的追求化为现实。而现在，真空管磁悬浮列车是实现这一追求的新起点。真空管磁悬浮列车时速可达 1 000 km，是继轮船、汽车、火车、飞机之后的新一代交通工具，也将是世界上最快的地面交通工具，它融合了属于航空航天的技术和地面轨道交通的技术，通过超导磁悬浮和低真空管道实现超高速的"近地飞行"，一跃成为地表最快的车。

真空管磁悬浮列车具有自己的优势和劣势，其中最大的优势就是速度。超高的速度会大幅减少旅行的时间，更多的货物和乘客可以在同一天往返。除了改善民生外，也将促进业务发展。真空管磁悬浮列车将使用太阳能并将旅行者的交通排放量减少 90%至 95%。根据真空管磁悬浮列车的白皮书，真空管磁悬浮列车将依靠风能和太阳能磁铁运行，这些磁体可以控制列车的运动并在必要时停止它们。真空管磁悬浮列车系统将产生比列车使用的更多的能量。太阳能电池板将安装在管道的顶上，为其运行提供恒定的电力。但是各个方面还存在许多问题。

①列车的应用及其加速是一项从未付诸过实践的技术，需要经过大量的试验验证才能成熟。

②系统的实际能量需求不明确。降低管道内气压并放弃制造真空或近似真空环境是正确的发展方向，也是将能量需求保持在最低水平的有效措施。但管道上安装的太阳能电池板所产生的电能可能仍无法完全满足该系统的能量需求。

③尽管白皮书中考虑到系统的地震安全性，但紧急制动系统的有效性还有待验证。根据白皮书，该系统在检测到首轮地震波时会立即触发紧急制动。然而，即使在以极高的减速度实施紧急制动的情况下，真空管磁悬浮列车也需要至少 15 s 的紧急停车时间，并向前行进至少 2 km，这将不利于保证乘客和货物的安全。

④由于空气压缩机的作用，列车和管道中会产生和积累大量热量，这些积聚的热量会带来其他问题。

⑤对乘客和行李质量相关的列车净载重预估过低。

⑥目前，各真空管磁悬浮列车公司在其管道上没有设置或者仅设置极少的紧急出口，也没有完备的安全和应急理念和措施。对以上两方面进行完善都将显著增加真空管磁悬浮列车系统的总成本，从而降低其经济性。

⑦整个系统需要密切监控和维护。技术故障，电力不足或故障等原因都会导致严重后果。

⑧真空管道是狭窄、密封的，旅客乘坐的时候行动也受到限制，真空管磁悬浮列车的加速和减速比一般高速列车更快一些，这可能让旅客感到不适。

⑨在真空管磁悬浮列车系统运营的过程中，由于热胀冷缩和真空管道的密封性，轨道的连接处等可能会出现问题。

基于上述的问题，针对管理与电力供应、建筑规划、经济效益三个方面进行分析。

①运行管理与电力供应。真空管磁悬浮列车由直线电动机驱动，直线电动机安装在站点前后以及真空管中每隔 110 km 处，用于加速或制动。列车上安装的高功率空气压缩机和鼓风机会从车头处吸入空气，并在列车下方形成气垫，从而将列车抬升起来，以提高其运行速度。真空管磁悬浮列车运行控制可由自动运行控制系统来完成，可以使列车在极高车速下、在圆曲线和缓和曲线处与真空管壁保持安全间距(包括垂直和横向间距)，确定列车的可靠位置以及监控列车的纵向制动曲线。但即使在正常情况下，同时对单条真空管道中多列车的允许加速度、最大速度、减速度和从主信号机到危险点的最短允许距离进行可靠的连续控制，并对电力供应系统、管中温度和气压进行监控，也是一项颇具技术性的挑战。而且，对于紧急情况下的技术故障，线路侧牵引系统、沿线变电站和压缩机的供电故障，列车自动运行控制系统的功能故障等，目前还没有确定的控制处理方法。

另外，列车在紧急制动时需保持极高的连续减速度，这一点目前很难实现。在进行列车间隔控制时，即使使用最先进的信号系统，也必须遵守绝对制动距离限制，以使车辆在危险点前及时停车。若在线路支线或站点前实施以相对制动距离为基础的列车间隔控制，则可能导致不允许的越行。因此，将直线电动机牵引系统集成到真空管道结构中的设计可能难以保证每个管道区段的安全。

②建筑规划。真空管磁悬浮列车的速度极高，因此其线路的竖曲线半径必须非常平缓，纵向坡度改变时需要较长的坡道，而且水平曲线半径必须非常大，以保证乘客舒适的乘车体验。此外，若水平曲线半径较小，则列车高速驶过曲线时，车辆和驱动磁铁固定装置会承受非常高的侧向加速度。而要对与车辆质量和速度相关的外轨超高，驱动磁铁、支撑磁铁和导向磁铁之间的气隙以及真空管磁悬浮列车与真空管内壁之间的气隙进行自动控制和安全监测极其困难。在厚约 3 cm 的巨大钢制管道中制造和保持真空是巨大的技术挑战。如何对各个管段之间的伸缩缝(如焊缝、电缆管路开口、气压隔板和紧急门等)进行密封，并使之能够承受温度变化造成的材料应力，是保持管内真空的关键问题。

③经济效益。真空管磁悬浮列车线路的经济性取决于其成本与收入。真空管磁悬浮列车线路的成本包括：融资、土地购置、通行权、基础设施建设(包括供电、安全和通信设施在内)成本；车辆研发、测试和采购成本；规划和运营(人员、能源、管理、车间、备件、租赁等)成本；合同、特许权、保险等。其收入包括票务收入、广告收入、技术使用费等。

真空管磁悬浮列车基础设施的建设成本主要取决于真空管和站点的数量、线路长度、地下和地上线路占比，使用的供电、运行控制和安全系统。

7.2.2 真空管磁悬浮列车技术发展现状与展望

近年来，世界各国都在研发真空管磁悬浮列车，例如美国的 Virgin Hyperloop One 和 Hyperloop Transportation Technologies；荷兰的哈特超级高铁；加拿大的 Transpod 以及西班牙项目 Zeleros。启动这样一个创新项目需要多种技术高效、安全地实施和组合。真空管磁悬浮列车的实现基于其他行业的技术进步，还需要使用自动化工具将各种列车与实时控制系统连接起来。在基础设施方面，系统必须去除空气并将压力保持在最佳水平，并且要始终确定列车位置的控制和通信机制，这些机制能够在发生事故时做出精确反应。目前，真空管磁悬浮列车研究中心网络目前正处于规划阶段。

目前，我国已拥有世界上运行速度最快的轮轨式高速列车和磁悬浮列车，因此，我国研发运行速度更高的真空管磁悬浮列车有其必然性，真空管磁悬浮列车未来有很好的发展前景。真空管磁悬浮列车一旦商业运营，对优化我国资源配置，改善地区经济不平衡，形成“超级城市群”“一小时经济圈”都具有重要意义，这也必将有力地推动我国经济的高速发展。真空管磁悬浮列车的时速如果达到 1 000 km，对我国“1 小时经济圈”经济拉动不可限量。另一方面，真空管磁悬浮列车是电磁力热强耦合的高技术集群产业，发展它不仅仅是把项目做成，还能带动一大批技术和产业。真空管磁悬浮列车是未来轨道交通的重要发展方向，因此，针对真空管磁悬浮列车的研究，对于我国抢占轨道交通技术制高点，引领发展支持超高速的未来轨道交通技术，确保我国在轨道交通技术领域的领先地位具有非常重要的意义。

参考文献

[1] 邢朋凯. 我国高铁网络的形成及发展演化[J]. 当代经济，2017(3):28-30.

[2] 韩柏涛，刘留，裘陈成，等. 真空管道高速飞行列车综合承载业务需求分析[J]. 铁道学报，2019,41(7):66-76.

[3] 沈志云．关于我国发展真空管道高速交通的思考[J]. 西南交通大学学报，2005(2):133-137.

[4] 金茂菁，黄玲．超高速真空管道交通技术发展现状与趋势[J]. 科技中国，2018(3):3.

[5] XI J，CHEN G Q，CHEN B，et al. Exergy-based assessment for waste gas emissions from Chinese transportation[J]. Energy Policy，2009，37(6):2231-2240.

[6] 李瑞妮. 高速磁悬浮列车用直线同步电机特性研究[D]. 北京：北京交通大学，2021.

[7] 吴祥明．高速磁浮上海示范线的建设[J]. 同济大学学报(自然科学版)，2002(7):814-818.

[8] GOU J S. Development status and global competition trends analysis of maglev transportation technology based on patent data[J]. Urban Rail Transit，2018，4(3).

[9] 中岛洋，王渤洪．日本磁悬浮铁路的开发现状[J]. 大功率变流技术，1994(4):1-5.

[10] 卞吉．我国第一台载人磁浮列车制成[J]. 现代物理知识，1995(4):45.

[11] 单子晓张．磁悬浮列车向我们驶来[J]. 科学时代，1996(2):42-43.

[12] 林一平．我国磁浮列车研制取得重大进展[J]. 交通与运输，2017(3):4.

[13] 岳海霏. 我国首条自主研发磁悬浮铁路即将开通“追风者”列车多项成果达到国际领先水平[J]. 科技中国，2015(12):2.

[14] 邓自刚，刘宗鑫，李海涛，等．磁悬浮列车发展现状与展望[J]. 西南交通大学学报，2022，57(3):455-474.

[15] GKOUMAS K. Hyperloop academic research: A systematic review and a taxonomy of issues[J]. Applied Sciences，2021，11(13): 5951.

[16] KHAMIS A，ABDELFATTAH S，DONIA M. A hyperloop testbed for professional and educational training and experimentation[C]. 2022 IEEE International Conference on Smart Mobility，2022: 1-7.

[17] 佚名. 沈志云院士提出真空管道高速交通设想[J]. 西南交通大学学报，2005，40(1):68.

[18] DENG Z，ZHANG W，ZHENG J，et al. A High-Temperature Superconducting Maglev-Evacuated Tube Transport (HTS Maglev-ETT) test system [J]. IEEE Transactions on Applied Superconductivity，2017，27(6):1-8.

[19] 卢春房. 中国高铁技术发展展望：更快、智能、绿色[J]. 科技导报，2018，36(6):1.

[20] ZHOU D，CUI C，ZHAO L，et al. Running stability of a prototype vehicle in a side-suspended HTS maglev circular test track system[J]. IEEE Transactions on Applied Superconductivity，2016，27(1):1-7.

[21] 赵立峰，杜怡东，潘熙锋，等．真空管道高温超导侧挂磁悬浮旋转运动系统的改进[J]. 稀有金属材料与工程，2019，48(4):5.

[22] ZHOU D，ZHAO L，KE C，et al. High-Tc superconducting maglev prototype vehicle running at

160 km/h in an evacuated circular track[J]. IEEE Transactions on Applied Superconductivity, 2018, 28(4):1-4.

[23] DENG Z G, ZHANG W H, WANG L, et al. A high-speed running test platform for high-temperature superconducting maglev[J]. IEEE Transactions on Applied Superconductivity, 2022, 32.

[24] ZHANG J C, LIU L, WANG K, et al. A cache-based pre-downloading scheme for HSR communication using C-RAN[C]// The 8th IET Conference on Wireless, Mobile & Multimedia Networks. 2019: 55-59.

[25] 陈锐标．隧道内高铁无线信号覆盖方案分析[J]. 电脑与电信,2013(8):41-43.

[26] ZHOU T,TAO C,SALOUS S,et al. Measurements and analysis of angular characteristics and spatial correlation for high-speed railway channels[J]. IEEE Transactions on Intelligent Transportation Systems,2018,19(2).

[27] AI B,CHENG X, KURNER T, et al. Challenges toward wireless communications for high-speed railway[J] IEEE Transactions on Intelligent Transportation Systems,2014,15(5):2143-2158.

[28] YAN L. Development and application of the maglev transportation system[J]. IEEE Transactions on Applied Superconductivity, 2008, 18(2):92-99.

[29] DIAZ ZAYAS A, GARCIA PEREZ C A, GOMEZ P M. Third-generation partnership project standards: for delivery of critical communications for railways[J]. Vehicular Technology Magazine IEEE, 2014, 9(2):58-68.

[30] 刘留,裘陈成,刘叶,等．真空管道高速飞行列车车地无线通信技术[J]. 北京交通大学学报,2019,43(1):11.

[31] 刘留,裘陈成,李铮,等．真空管道高速飞行列车车地宽带无线通信关键技术的思考[J]. 铁道学报,2019,41(1):65-73.

[32] SESIA S, TOUFIK I,BAKER M. LTE: The UMTS Long Term Evolution: From theory to practice[M]. Hoboken:Wiley Publishing, 2009.

[33] HE R S, AI B, WANG G P, et al. High-speed railway communications: from GSM-R to LTE-R[J]. IEEE Vehicular Technology Magazine, 2016, 11(3):49-58.

[34] ZHU X Q,CHEN S Z,HU H J,et al. TDD-based mobile communication solutions for high-speed railway scenarios[J]. IEEE Wireless Communications,2013,20(6):22-29.

[35] 刘留. 高速移动条件下宽带无线接入关键技术的研究[D]. 北京:北京交通大学,2010.

[36] 刘留,陶成,陈后金,等．高速铁路无线传播信道测量与建模综述[J]. 通信学报,2014,35(1):115-127.

[37] QIU C C, LIU L, HAN B T, et al. Broadband wireless communication systems for vacuum tube high-speed flying train[J]Applied Sciences,2020,10(4):1379.

[38] 章嘉懿. 高速铁路宽带无线接入网络架构与性能分析研究[D]. 北京:北京交通大学, 2014.

[39] 王金贵. 漏泄电缆在地铁 CBTC 信号系统中的应用[J]. 铁路通信信号工程技术, 2010,7(5):54-57.

[40] ISHIZU K, KURODA M, HARADA H. Bullet-train network architecture for broadband and real-time access[J]Proceedings-IEEE Symposium on Computers and Communications, 2007,241-248.

[41] AGUADO M, ONANDI O, AGUSTÍN P S, et al. WiMax on rails[J]. IEEE Vehicular Technology Magazine, 2008, 3(3):47-56.

[42] 章嘉懿，谈振辉，于晓溪，等. 高速铁路公众宽带通信接入体制与关键技术综述[J]. 铁道学报，2012，34(1):46-53.

[43] LANNOO B,COLLE D,PICKAVET M, et al. Radio-over-fiber-based solution to provide broadband internet access to train passengers. [J]. IEEE Communications Magazine, 2007,45(2):56-62.

[44] ZHAO H L, ZHU L, JIANG H L, et al. Design and performance tests in an integrated TD-LTE based train ground communication system[C]// Proceedings of 17th International IEEE Conference on Intelligent Transportation Systems,2014: 747-750.

[45] ZHONG Z D, AI B,ZHU G, et al. Review of the development of dedicated mobile communications for high-speed railway[M]. Berlin:Springer-Verlag, 2018.

[46] 陈皓，王军，陈瀚 . TETRA 无线网络在地铁应用方面的规划方法研究[J]. 自动化与仪器仪表，2011(2):33-35.

[47] 熊洁，虞凯 . TD-LTE 技术在朔黄重载铁路中的应用[J]. 铁路通信信号工程技术，2015,12(1):20-24.

[48] ZHU L, YU F R, NING B, et al. Cross-layer handoff design in MIMO-enabled WLANs for communication-based train control (CBTC) systems [J]. IEEE Journal on Selected Areas in Communications, 2012, 30(4):719-728.

[49] KHAYAT A, KASSAB M, BERBINEAU M, et al. LTE based communication system for urban guided-transport: A QoS performance study [C]//International Workshop on Communication Technologies for Vehicles, 2013: 197-210.

[50] 顾向锋，孙寰宇 . 轨道交通车地通信 TD-LTE 综合业务承载研究[J]. 铁道标准设计，2015,59(11):110-113.

[51] 邓紫阳 . EUHT 在城市地铁车地无线通信系统中的应用[J]. 铁路通信信号工程技术，2018,15(7):40-45.

[52] SHARIF H, HEMPEL M, BANERJEE S. A survey of wireless communication technologies & their performance for high speed railways[J]. Journal of Transportation Technologies, 2016, 06(1): 15-29.

[53] 闫莉. 高铁 5G 网络架构及无线资源管理研究[D]. 成都:西南交通大学，2018.

[54] 范平志，马征，陈庆春，等 . 高移动性宽带无线通信网络重点理论基础研究 2012 年度报告[J]. 科技创新导报，2016,13(11):170-171.

[55] 金连友. 外军宽带数据链发展综述[J]. 无线电通信技术，2008(3):32-34.

[56] 孙利刚. 机间数据链设计与仿真[D]. 西安:西安电子科技大学，2010.

[57] 张仿琪. 毫米波无线通信系统在高速磁浮交通中的应用[D]. 上海:复旦大学，2011.

[58] 吴祥明. 磁浮列车[M]. 上海:上海科技出版社，2003.

[59] 周民立 . 上海磁浮线车地无线通信技术特点分析[J]. 城市轨道交通研究，2010,13(12):26-29.

[60] ZHANG J, LIU L, LI Z, et al. Two novel structures of broadband wireless communication for high-speed flying train in vacuum tube[C]// Wireless and Optical Communications Conference, 2019:1-5.

[61] WANG K, LIU L, HAN B T, et al. High-speed railway communication based on dynamic mapping of BBU-RRH using cloud radio access network[C]// IEEE International Conference on Computer and Communications, 2019: 901-905.

[62] QIU C C, LIU L, LIU Y, et al. Key technologies of broadband wireless communication for vacuum tube high-speed flying train[C]// Vehicular Technology Conference, 2019: 1-5.

[63] HAN B T, LIU L, ZHANG J C, et al. Research on resource migration based on novel RRH-BBU mapping in cloud radio access network for HSR scenarios[J]. IEEE Access, 2019, PP(99):1-1.

[64] HE R,CHEN W, AI B, et al. On the clustering of radio channel impulse responses using sparsity-based methods[J]. IEEE Transactions on Antennas & Propagation, 2016, 64(6):2465-2474.

[65] LIN S Y, ZHONG Z D, CAI L, et al. Finite state Markov modelling for high speed railway wireless communication channel[C]//IEEE Global Communications Conference,2012: 5421-5426.

[66] CICHON D J, ZWICK T, WIESBECK W. Ray optical modeling of wireless communications in high-speed railway tunnels[C]// IEEE Vehicular Technology Conference, 1996,1:546-550.

[67]GUAN K, ZHONG Z D, AI B, et al. Deterministic propagation modeling for the realistic high-speed railway environment[C]// IEEE Vehicular Technology Conference, 2013:1-5.

[68] WANG C X, GHAZAL A, AI B, et al. Channel measurements and models for high-speed train communication systems: A survey[J]. IEEE Communications Surveys & Tutorials, 2016, 18(2):974-987.

[69] GHAZAL A, WANG C X, AI B, et al. A nonstationary wideband MIMO channel model for high-mobility intelligent transportation systems[J]. IEEE Transactions on Intelligent Transportation Systems, 2015, 16(2):885-897.

[70] WU S B, WANG C X, AGGOUNE E, et al. A general 3D non-stationary 5G wireless channel model [J]. IEEE Transactions on Communications, 2018, 66(7):3065-3078.

[71] SUN Z, AKYILDIZ I F. A mode-based approach for channel modeling in underground tunnels under the impact of vehicular traffic flow[J]. IEEE Transactions on Wireless Communications, 2011, 10(10):3222-3231.

[72] LIU Y, WANG C X, LOPEZ C F, et al. 3D non-stationary wideband tunnel channel models for 5G high-speed train wireless communications[J]. IEEE Transactions on Intelligent Transportation Systems, 2020:21(1):259-272.

[73] WANG H, YU F R, ZHU L, et al. Finite-state markov modeling for wireless channels in tunnel communication-based train control systems[J]. IEEE Transactions on Intelligent Transportation Systems, 2014,15(3):1083-1090.

[74] GUAN K, PENG B, HE D P, et al. Measurement, simulation, and characterization of train-to-infrastructure inside-station channel at the terahertz band[J]. IEEE Transactions on Terahertz Science and Technology, 2019, 9(3):291-306.

[75] PEDERSEN T, STEINBOCK G, FLEURY B H. Modeling of reverberant radio channels using propagation graphs[J]. IEEE Transactions on Antennas & Propagation, 2012, 60(12):5978-5988.

[76] DEGLI-ESPOSTI V, FUSCHINI F, VITUCCI E M, et al. Measurement and modelling of scattering from buildings[J]. IEEE Transactions on Antennas & Propagation, 2007, 55(1):143-153.

[77] TIAN L, DEGLI-ESPOSTI V, VITUCCI E M,et al. Semi-deterministic radio channel modeling based on graph theory and ray-tracing[J]. IEEE Transactions on Antennas & Propagation, 2016, 64(6): 2475-2486.

[78]LIU L. Position-based modeling for wireless channel on high-speed railway under a viaduct at 2. 35 GHz [J]. IEEE Journal on Selected Areas in Communications, 2012, 30(4):834-845.

[79] ALMERS P, TUFVESSON F, MOLISCH A F. Measurement of keyhole effect in a wireless multiple-input

multiple-output (MIMO) channel[J]. IEEE Communications Letters, 2003, 7(8):373-375.

[80] LUO W T, FANG X M, CHENG M, et al. Efficient multiple-group multiple-antenna (MGMA) scheme for high-speed railway viaducts[J]. IEEE Transactions on Vehicular Technology, 2013,62(6): 2558-2569.

[81] ZHOU T, TAO C, LIU L. LTE-assisted multi-link MIMO channel characterization for high-speed train communication systems[J]. IEEE Transactions on Vehicular Technology, 2019, 68(3): 2044-2051.

[82] GAO X, EDFORS O, RUSEK F, et al. Massive MIMO performance evaluation based on measured propagation data[J]. IEEE Transactions on Wireless Communications, 2015, 14(7):3899-3911.

[83] GRAY N, MCDONAGH S, O'SHEA R, et al. Decarbonising ships, planes and trucks: An analysis of suitable low-carbon fuels for the maritime, aviation and haulage sectors[J]. Advances in Applied Energy, 2021.

[84] GUO Z W, SHEN Y, WAN S H, et al. Hybrid intelligence-driven medical image recognition for remote patient diagnosis in internet of medical things. [J]. IEEE Journal of Biomedical and Health Informatics, 2021.

[85] AKSENOV N A. Maglev: As a new stage of high-speed transport development[J]. Transportation Systems and Technology, 2017, 3(1):24-34.

[86] BI H B, SHANG W L, CHEN Y Y, et al. GIS aided sustainable urban road management with a unifying queueing and neural network model[J]. Applied Energy, 2021, 291(1):1-15.

[87] YANG Z, SHANG W L, ZHANG H, et al. Assessing the green distribution transformer manufacturing process using a cloud-based q-rung orthopair fuzzy multi-criteria framework[J]. Applied Energy, 2022, 311.

[88] SHANG W L, CHEN J Y, BI H B, et al. Impacts of COVID-19 pandemic on user behaviors and environmental benefits of bike sharing: A big-data analysis[J]. Applied Energy, 2021, 285(1):1-14.

[89] LIU L, QIU C C, LI Z, et al. Thoughts on key technologies of broadband wireless communication for high-speed vacuum pipeline flying train[J]. Journal of the China Railway Society, 2019, 41(1):65-73.

[90] YANG Y, ZHOU T, TAO C. A 3-D wideband cooperative massive MIMO GBSM for high-speed railway communication systems[C]//2020 IEEE Global Communications Conference. 2020.

[91] SHANG W L, GAO Z Y, DAINA N, et al. Benchmark analysis for robustness of multi-scale urban road networks under global disruptions[J]. IEEE Transactions on Intelligent Transportation Systems, 2023, 24(12): 15344-15354.

[92] SHANG W L, CHEN Y Y, OCHIENG W Y. Resilience analysis of transport networks by combining variable message signs with agent-based day-to-day dynamic learning[J]. IEEE Access, 2020, 8: 104458-104468.

[93] JANZEN R. TransPod Ultra-high-speed tube transportation: Dynamics of vehicles and infrastructure [J]. Procedia Engineering, 2017, 199:8-17.

[94] WEI B, LI Z, LIU L, et al. Field distribution characteristics of leaky-wave system in the vacuum tube for high-speed rail[C]//International Symposium on Antennas, Propagation and EM Theory, 2018.

[95] WANG C X, BIAN J, SUN J, et al. A survey of 5G channel measurements and models[J]. IEEE

Communications Surveys and Tutorials, 2018, 20(4):3142-3168.
[96] HUSSAIN S,BRENNAN C. Efficient preprocessed ray tracing for 5G mobile transmitter scenarios in urban microcellular environments[J]. IEEE Transactions on Antennas and Propagation, 2019.
[97] MA Z F, AI B, HE R S, et al. A wideband non-stationary air-to-air channel model for UAV communications[J]. IEEE Transactions on Vehicular Technology, 2020, 69(2): 1214-1226.
[98] LIU Y,WANG C,LOPEZ C, et al. 3D non-stationary wideband circular tunnel channel models for high-speed train wireless communication systems[J]. Science China Information Sciences,2016,60(8): 1-13.
[99] TAVSANOGLU A,BRISO C, CARMENA-CABANILLAS D,et al. Concepts of hyperloop wireless communication at 1 200 km/h: 5G, Wi-Fi, propagation, doppler and handover[J]. Energies, 2021, 4.
[100] ALI W, WANG J, ZHU H,et al. An expedited predictive distributed antenna system based handover scheme for high-speed railway[C]//IEEE Global Communications Conference, 2017.
[101] XU Y J, YU K, LI L,et al. A 3D Non-stationary MmWave channel model for vacuum tube Ultra-High-Speed train channels[C]//IEEE Wireless Communications and Networking conference,2021: 1-6.
[102] WANG L H, AI B, YANG J Y,et al. Vehicular channel in urban environments at 23 GHz for flexible access common spectrum application[J]. International Journal of Antennas and Propagation, 2019,3: 1-13.
[103] XIONG L, YAO Z Y, MIAO H Y,et al. Vehicle-to-vehicle channel characterization based on ray-tracing for urban road scenarios[J]. Wireless Communications and Mobile Computing, 2021.
[104] ASAD S,YAN X,ALI R K, et al. Statistical Characteristics of 3D MIMO Channel Model for Vehicle-to-Vehicle Communications[J]. Wireless Communications and Mobile Computing,2022.
[105] HASAN S,MOHAMADREZA Z,ROOHOLLAH T. Acoustic insulation characteristics of sandwich composite shell systems with double curvature: The effect of nature of viscoelastic core[J]. Journal of Vibration and Control,2023,29(5-6).
[106] WAFA H,OSAMA A,BASEM S, et al. Hyperloop communications: challenges, advances, and approaches[J]. IEEE Open Journal of the Communications Society,2021,2:2413-2435.
[107] 汪淳. 高速列车宽带无线通信的快速越区切换算法[D]. 武汉:中南民族大学, 2011.
[108] ZHANG R, XIA W W, YAN F, et al. A Single-Site Positioning Method Based on TOA and DOA Estimation Using Virtual Stations in NLOS Environment[J]. China Communications, 2019,16(2): 146-159.
[109] 张毅,徐昌庆,万群. 移动网络定位研究进展[J]. 导航定位与授时, 2019,6(2):1-11.
[110] SOH W S, KIM H S. QoS provisioning in cellular networks based on mobility prediction techniques [J]. IEEE Communications Magazine, 2003,41(1):86-92.
[111] CAMP T, BOLENG J, DAVIES V. A survey of mobility models for Ad Hoc network research[J]. Wireless Communications & Mobile Computing, 2002,2(5):483-502.
[112] PARK M H, HONG J H, CHO S B. Two-stage user mobility modeling for intention prediction for location-based services[C]//Intelligent Data Engineering and Automated learing,2006.
[113] 高华. 大中型会议筹备问题的多目标规划模型构建及分析研究[D]. 成都:电子科技大学, 2011.

[114] LIANG B, HAAS Z J. Predictive distance-based mobility management for multidimensional PCS networks[C]//IEEE/ACE Transactions on Networking, 2003,(5):718-732.

[115] WONG E, HAJEK B. Stochastic processes in engineering systems[J]. Journal of Vibration and Acoustics, 1988, 110(3).

[116] DENG J L. Introduction to grey system theory[J]. The Journal of Grey System, 1989,1(1):191-243.

[117] 池自英，池彭军. 新陈代谢离散灰色预测 MDGM(1,1)模型及其应用[J]. 数学的实践与认识，2009，39(1):26-30.

[118] GUAN K, HE D, AI B, et al. 5-GHz obstructed vehicle-to-vehicle Channel Characterization for Internet of Intelligent Vehicles[J]. IEEE Internet of Things Journal, 2019, 6(1):100-110.

[119] GUAN K, AI B, PENG B, et al. Towards realistic high-speed train channels at 5G millimeter-wave band — Part Ⅱ: Case study for paradigm implementation[J]. IEEE Transactions on Vehicular Technology, 2018.

[120] LUO W T, ZHANG R Q, FANG X M. A CoMP soft handover scheme for LTE systems in high speed railway[J]. EURASIP Journal on Wireless Communications and Networking, 2012, (1):1-9.

[121] CHECKO A, CHRISTIANSEN H L, YAN Y, et al. Cloud RAN for mobile networks-A technology overview[J]. IEEE Communications Surveys & Tutorials, 2015, 17(1):405-426.

[122] KARIMI O B. Seamless wireless connectivity for multimedia services in high speed trains[J]. IEEE Journal on Selected Areas in Communications, 2012, 30(4):729-739.

[123] SNIADY A, SOLER J. An overview of GSM-R technology and its shortcomings[C]// International Conference on Its Telecommunications. 2012:626-629.

[124] ZHOU Y Q, PAN Z G, HU J L, et al. Broadband wireless communications on high speed trains[J]. Proceedings of the 20th Annual Wireless and Optical Communications Conference, 2011.

[125] GUAN G, LI G K, THOMAS K, et al. On millimeter wave and THz mobile radio channel for smart rail mobility[J]. IEEE Transactions on Vehicular Technology, 2017,(7):5658-5674.

[126] ZHOU T, TAO C, SALOUS S, et al. Channel sounding for high-speed railway communication systems[J]. IEEE Communications Magazine, 2015, 53(10):70-77.

[127] BOULOS K, HELOU M E, LAHOUD S. RRH clustering in cloud radio access networks[C]// International Conference on Applied Research in Computer Science and Engineering,IEEE, 2015.

[128] CHEN Y S, CHIANG W L, SHIH M. A dynamic BBU-RRH mapping scheme using borrow-and-lend approach in cloud radio access networks[J]. IEEE Systems Journal, 2018,12(2):1632-1643.

[129] COX C. An Introduction to LTE: LTE, LTE-Advanced, SAE and 4G Mobile Communications [M]. Hoboken:Wiley Publishing, 2012.

[130] DJOJO M A, KARYONO K. Computational load analysis of Dijkstra, A*, and Floyd-Warshall algorithms in mesh network[C]// 2013 IEEE International Conference on Robotics, Biomimetics, & Intelligent Computational Systems,2013: 104-108.

[131] SUN R C,LIU P Y, LIU L, et al. The study of C-RAN application on broadband wireless access for high-speed railway[C]//International Conference on Wireless Communications, 2015.

[132] PAPADIMITRIOU I G, Papazoglou C, Pomportsis S A,et al. Optical switching: switch fabrics, techniques, and architectures[J]. Lightwave Technology,2003,21(2):384.

[133] JACKSON D R, OLINER A A. "Leaky-wave antennas" in Modern Antenna Handbook[M]. Hoboken: Wiley Publishing, 2008.

[134] LI Z, WANG J H, CHEN M, et al. New approach of radiation pattern control for leaky-wave antennas based on the effective radiation sections[J]. IEEE Transactions on Antennas & Propagation, 2015,63(7):2867-2878.

[135] WANG J H. Research on the radiation characteristics of patched leaky coaxial cable by FDTD method and mode expansion method[J]. IEEE Transactions on Vehicular Technology, 2008,57(1):90-96.

[136] 胡宇义. 一种C波段平面透镜天线的研究[D]. 哈尔滨:哈尔滨工业大学, 2017.

[137] TYMCHENKO M, GOMEZ-DIAZ J S, LEE J, et al. Gradient nonlinear pancharatnam-berry metasurfaces[J]. Physical Review Letters, 2015,115(20):1-5.

[138] PFEIFFER C, GRBIC A. Cascaded metasurfaces for complete phase and polarization control[J]. Applied Physics Letters, 2013,102(23):1-4.

[139] WANG Z B, CHEN J C, XUE M L. Terahertz lenses based on nonuniform metasurfaces[J]. Optics Communications, 2015,338:585-589.

[140] 赵宇楠, 许戎戎, 刘昊, 等. 透镜天线技术在深空探测领域的应用研究[C]//中国宇航学会深空探测技术专业委员会第九届学术年会,2012.

[141] 尤肖虎, 潘志文, 高西奇, 等. 5G移动通信发展趋势与若干关键技术[J]. 中国科学: 信息科学, 2014,44(5):551-563.

[142] LIENARD M, DEGAUQUE P, BAUDET J, et al. Investigation on MIMO channels in subway tunnels[J]. IEEE Journal on Selected Areas in Communications,2003,21(3):332-339.

[143] AI B, MOLISCH A F, RUPP M, et al. 5G Key technologies for smart railways[J]. Proceedings of the IEEE, 2020, 108(6):856-893.

[144] 丁远,王楚锋. 5G NR无线技术演进策略[J]. 通信电源技术,2019,36(5):172-174.

[145] TARANETZ M, BLAZEK T, KROPFREITER T, et al. Runtime precoding: Enabling multipoint transmission in LTE-advanced system-level simulations[J]. IEEE Access, 2015, 3:725-736.

[146] COMSA I S, AYDIN M, ZHANG S, et al. Scheduling policies based on dynamic throughput and fairness tradeoff control in LTE-A networks[C]//Annual IEEE conference on local computer networks,2014: 418-421.

[147] TUN Y K, ZAW C W, HONG C S. Downlink power allocation in virtualized wireless networks[C]// 19th Asia-Pacific Network Operations and Management Symposium,2017: 346-349.

[148] BAIRAGI A K, TRAN N H, SAAD W, et al. Bargaining game for effective coexistence between lte-u and wi-fi systems[C]. //IEEE/IFIP Network Operations and Management Symposium,2018: 1-8.

[149] BAIRAGI A K, TRAN N H, HONG C S. A multi-game approach for effective co-existence in unlicensed spectrum between LTE-U system and Wi-Fi access point[C] //International Conference on Information Networking,2018: 380-385.

[150] ALSENWI M, ELSAYED H, ELGHONEIMY M. Optimization of channel selection in cognitive heterogeneous wireless networks[C]//11th International Computer Engineering Conference, 2015: 38-43.

[151] HE R S, ZHONG Z D, AI B, et al. Measurements and analysis of propagation channels in high-speed

railway viaducts[J]. IEEE Transactions on Wireless Communications, 2012, 12(2): 794-805.

[152] FOKUM D T, FROST V S. A survey on methods for broadband internet access on trains[J]. IEEE Communications Surveys & Tutorials, 2010, 12(2): 171-185.

[153] ZHAO Y S, LI X, LI Y, et al. Resource allocation for high-speed railway downlink MIMO-OFDM system using quantum-behaved particle swarm optimization[C]// IEEE International Conference on Communications, 2013.

[154] CHECKO A, CHRISTIANSEN H L, YAN Y, et al. Cloud RAN for mobile networks-A technology overview[J]. IEEE Communications Surveys & Tutorials, 2015, 17(1): 405-426.

[155] ZHOU T, TAO C, LIU L, et al. High-speed railway channel measurements and characterizations: A review[J]. Journal of Modern Transportation, 2012, 20(4): 199-205.

[156] ZHU H L. Radio resource allocation for OFDMA systems in high speed environments[J]. IEEE Journal on Selected Areas in Communications, 2012, 30(4): 748-759.

[157] LIU L, BI S Z, ZHANG R. Joint power control and fronthaul rate allocation for throughput maximization in OFDMA-based cloud radio access network [J]. IEEE Transactions on Communications, 2015, 63(11): 4097-4110.

[158] PARK S H, SIMEONE O, SAHIN O, et al. Joint decompression and decoding for cloud radio access networks[J]. IEEE Signal Processing Letters, 2013, 20(5): 503-506.

[159] ZHAO Z Y, PENG M G, DING Z G, et al. Cluster content caching: An energy-efficient approach to improve quality of service in cloud radio access networks[J]. IEEE Journal on Selected Areas in Communications, 2016, 34(5): 1207-1221.

[160] TAO M X, CHEN E, ZHOU H, et al. Content-centric sparse multicast beamforming for cache-enabled cloud RAN[J]. IEEE Transactions on Wireless Communications, 2016, 15(9): 6118-6131.

[161] DAI B B, LIU Y F, YU W. Optimized base-station cache allocation for cloud radio access network with multicast backhaul[J]. IEEE Journal on Selected Areas in Communications, 2018, 36(8): 1737-1750.

[162] AHMED K, HRANILOVIC S. C-RAN uplink optimization using mixed radio and FSO fronthaul[J]. IEEE/OSA Journal of Optical Communications and Networking, 2018, 10(6): 603-612.

[163] TALEB H, HELOU M E, LAHOUD S, et al. Multi-objective optimization for RRH clustering in cloud radio access networks[C]. IEEE International Conference on Computer and Applications, 2018: 85-89.

[164] PENG M G, WANG C, LAU V, et al, Fronthaul-constrained cloud radio access networks: insights and challenges[J]. IEEE Wireless Communications, 2015, 22(2): 152-160.

[165] YAMAKAMI T. A zipf-like distribution of popularity and hits in the mobile web pages with short life time [C]. International Conference on Parallel and Distributed Computing, Applications and Technologies, 2006: 240-243.

[166] GUAN K, AI B, PENG B, et al. Towards realistic high-speed train channels at 5G millimeter-wave band—Part I: Paradigm, Significance Analysis, and Scenario Reconstruction[J]. IEEE Transactions on Vehicular Technology, 2018.

[167] YOU J, ZHONG Z D, DOU Z Z, et al. Wireless Relay Communication on High Speed Railway: Full

Duplex or Half Duplex? [J]. China Communications,2016,(11):14-26.

[168] XU S F, ZHU G, AI B,et al. A survey on high-speed railway communications: A radio resource management perspective[J]Computer Communications, 2016, 86(15):12-28.

[169] LIANG H. Efficient on-demand data service delivery to high-speed trains in cellular/infostation integrated networks[J]. IEEE Journal on Selected Areas in Communications, 2012, 30(4): 780-791.

[170] WANG K Z, YANG K, MAGURAWALAGE C. Joint energy minimization and resource allocation in C-RAN with mobile cloud[J] IEEE Transactions on Cloud Computing, 2018, 6(3):760-770.

[171] LI S C, ZHU G, LIN S Y,et al. Energy-efficient power allocation in cloud radio access network of high-speed railway[C]//IEEE Vehicular Technology Conference, 2016.

[172] YANG J Y,AI B,SALOUS S, et al. An efficient MIMO channel model for LTE-R network in high-speed train environment[J]. IEEE Transactions on Vehicular Technology,2019,68(4):3189-3200.

[173] PATIL P,YU W. Generalized compression strategy for the downlink cloud radio access network[J]. IEEE Transactions on Information Theory,2019,(10):6766-6780.

[174] YAN L,FANG X M,HAO L, et al. Safety-oriented resource allocation for space-ground integrated cloud networks of high-speed railways[J]. IEEE Journal on Selected Areas in Communications,2020,38(12):2747-2759.

[175] DAS S,RUFFINI M. A variable rate fronthaul scheme for cloud radio access networks[J]. Journal of Lightwave Technology,2019,37(13):3153-3165.

[176] ABDELRAHMAN A S, SAYEED J, YOUSSEF M Z. Hyperloop Transportation System: Analysis, Design, Control, and Implementation [J]. IEEE Transactions on Industrial Electronics, 2018, 65 (9): 7427-7436.

[177] YIN H, ZHANG L, ROY S. Multiplexing URLLC traffic within eMBB services in 5G NR: Fair scheduling [J]. IEEE Transactions on Communications, 2021, 69(2): 1080-1093.

[178] KASSAB R, SIMEONE O, POPOVSKI P. Coexistence of URLLC and eMBB services in the C-RAN uplink: An information-theoretic study [C]// IEEE Global Communications Conference, 2018:1-6.

[179] MADYAN A S, NGUYEN H T, BENNIS M, et al. eMBB-URLLC resource slicing: A risk-sensitive approach [J]. IEEE Communications Letters, 2019, 23(4): 740-743.

[180] ESSWIE A A, PEDERSEN K I. Capacity optimization of spatial preemptive scheduling for joint URLLC-eMBB traffic in 5G new radio [C]//IEEE Globecom Workshops, 2018: 1-6.

[181] 裘陈成，刘留，王凯，等. 真空管道高速飞行列车业务复用研究[J]. 北京交通大学学报,2021,45(2):95-104.

[182] LIEN S Y, SHIEH S L, HUANG Y M, et al. 5G New Radio: Waveform, Frame Structure, Multiple Access, and Initial Access [J]. IEEE Communications Magazine, 2017, 55(6): 64-71.

[183] CHO K, YOON D. On the general BER expression of one- and two-dimensional amplitude modulations [J]. IEEE Transactions on Communications, 2002, 50(7): 1074-1080.

[184] PAN Y T, ZHENG G X, OESTGES C. Characterization of polarized radio channel with leaky coaxial cable in a tunnel-like environment [J]. IEEE Antennas and Wireless Propagation Letters, 2017, 16: 2803-2807.

高速铁路基础研究与技术创新丛书

第一期(16 册)

(一)基础理论与基础技术系列

高速铁路散体道床宏细观力学行为 赵春发　翟婉明　张　徐　著

ISBN 978-7-113-28857-0

高速铁路线路系统动力学 龙许友　时　瑾　王英杰　编著

ISBN 978-7-113-28997-3

高速铁路弓网关系研究 韩通新　著

ISBN 978-7-113-28941-6

(二)动车组系列

高速列车轻量化设计 李　明　伊召锋　米莉艳　等编著

ISBN 978-7-113-28972-0

(三)供电系列

高速铁路受电弓 韩通新　编著

ISBN 978-7-113-28975-1

高速铁路接触网检测技术 韩通新　著

ISBN 978-7-113-28961-4

(四)工程设计系列

高速铁路桥梁抗震设计 陈兴冲　张永亮　编著

ISBN 978-7-113-28964-5

高速铁路轨道工程 BIM 正向设计软件开发及实践 姚　力　刘大园　董凤翔　等编著

ISBN 978-7-113-28934-8

(五)工程施工与组织系列

高速铁路桥梁 BIM 技术研究与实践 盛黎明　苏　伟　刘延宏　宋树峰　编著

ISBN 978-7-113-28938-6

高速铁路岩溶路基边坡变形与稳定 白明洲　师　海　田　岗　等编著

ISBN 978-7-113-28880-8

高速铁路工程地质灾害超前预报图形判别和解译　　李　忠　郝娜娜　等编著

ISBN 978-7-113-28935-5

（六）通信与列控系列

高速铁路宽带无线信道测量与建模技术　　周　涛　何睿斯　艾　渤　编著

ISBN 978-7-113-28930-0

（七）测量与检测系列

（八）高铁运营与经济系列

高速铁路社会效益研究——基于时空经济分析　　李红昌　夏璇璇　著

ISBN 978-7-113-28942-3

（九）现代信息技术系列

高速铁路物联网技术　　史天运　孙　鹏　张惟皎　陈瑞凤　编著

ISBN 978-7-113-29029-0

（十）安全·健康·维护系列

高速铁路道砟飞溅机理及防治　　高　亮　石顺伟　殷　浩　著

ISBN 978-7-113-28906-5

高速列车多目标均衡综合节能技术　　张　雷　李　明　司志强　等编著

ISBN 978-7-113-28976-8

第二期（23 册）

（一）基础理论与基础技术系列

高速列车空气动力学数值模拟——基于 STAR-CCM+软件

李　明　李　田　戴志远　等编著

ISBN 978-7-113-30059-3

高速铁路沿线地面沉降研究与防治　　李国和　黄大中　尚海敏　王少林　编著

ISBN 978-7-113-30176-7

高速铁路路基智能填筑技术　　王同军　闫宏业　杨　斌　尧俊凯　等著

ISBN 978-7-113-30047-0

季冻区高速铁路路基服役性能与孕灾风险研究

叶阳升　蔡德钩　毕宗琦　李善珍　等著

ISBN 978-7-113-29934-7

高速铁路隧道内附属设施气动效应及安全性研究

彭立敏　杨伟超　施成华　雷明锋　著

ISBN 978-7-113-30104-0

高速铁路钢轨打磨理论与技术　　王文健　郭　俊　周　坤　著

ISBN 978-7-113-30061-6

高速列车动态性能正向设计　　周劲松　宫　岛　孙文静　著

ISBN 978-7-113-30050-0

高速列车自动驾驶控制理论　　宿　帅　李开成　唐　涛　袁　磊　等编著

ISBN 978-7-113-30147-7

高速铁路行车调度与控制一体化　　唐　涛　宿　帅　孟令云　阴佳腾　编著

ISBN 978-7-113-30112-5

高速铁路无砟轨道结构水泥基材料理论与技术

龙广成　曾晓辉　马昆林　谢友均　著

ISBN 978-7-113-30056-2

（二）动车组系列

高速列车空气动力学设计技术　　丁叁叁　著

ISBN 978-7-113-30055-5

（三）供电系列

高速铁路电力牵引供电工程智能建造技术

胡志华　陈建明　奚金柱　吴命利　等编著

ISBN 978-7-113-30205-4

（四）工程设计系列

现代铁路枢纽规划设计　　许佑顶　高丰农　吴学全　李传勇　等编著

ISBN 978-7-113-27468-9

高速铁路隧道底部结构动力响应特性及设计方法

彭立敏　施成华　黄　娟　丁祖德　著

ISBN 978-7-113-30133-0

（五）工程施工与组织系列

高速铁路工程勘察技术创新与实践　　陈则连　著

ISBN 978-7-113-30189-7

高速铁路工程质量系统管理(第2版)　卢春房　等著

ISBN 978-7-113-30108-8

高速铁路路基沉降分析与控制技术　宋绪国　郭帅杰　编著

ISBN 978-7-113-30154-5

深埋高速铁路地下车站施工关键技术　杨新安　马明杰　李路恒　罗　驰　编著

ISBN 978-7-113-30001-2

高速铁路施工组织创新与实践　魏　强　编著

ISBN 978-7-113-30136-1

高速铁路路基沥青混凝土防水封闭结构　蔡德钩　闫宏业　楼梁伟　石越峰　等著

ISBN 978-7-113-30033-3

(六)通信与列控系列

高速铁路信号系统雷电防护技术研究　向念文　徐宗奇　阳　晋　编著

ISBN 978-7-113-30135-4

(七)测量与检测系列

(八)高铁运营与经济系列

(九)现代信息技术系列

智能高速铁路图像大数据分析技术及应用　李　平　李　瑞　赵　冰　编著

ISBN 978-7-113-30134-7

(十)安全·健康·维护系列

高速列车横风效应及气动安全控制动力学　毛　军　柳润东　郗艳红　著

ISBN 978-7-113-30028-9

第三期(18册)

(一)基础理论与基础技术系列

高速铁路桥梁抗风技术　何旭辉　邹云峰　敬海泉　等著

ISBN 978-7-113-31329-6

高速铁路智能选线理论与方法　蒲　浩　宋陶然　李　伟　张　洪　著

ISBN 978-7-113-31670-9

(二)动车组系列

高速列车风阻制动技术　田　春　周嘉俊　马天和　吴萌岭　编著

ISBN 978-7-113-31648-8

高速列车制动防滑控制基础理论与试验技术 田 春 朱文良 马天和 吴萌岭 编著

ISBN 978-7-113-31585-6

高速铁路轮轨廓形设计及应用 沈 钢 陈迪来 编著

ISBN 978-7-113-31307-4

高速列车辅助供电系统 张立伟 姜东杰 徐海大 编著

ISBN 978-7-113-31574-0

高速列车被动安全系统技术理论 丁叁叁 编著

ISBN 978-7-113-31996-0

(三)供电系列

高速铁路供电系统电磁暂态分析与防护 刘明光 刘 铁 编著

ISBN 978-7-113-31249-7

(四)工程设计系列

(五)工程施工与组织系列

寒区高速铁路隧道低温影响与工程对策 马志富 田四明 杨昌贤 王志杰 等编著

ISBN 978-7-113-31456-9

高速铁路路基边坡生态防护技术与实践 叶阳升 蔡德钩 魏少伟 吕 宋 著

ISBN 978-7-113-31741-6

(六)通信与列控系列

真空管磁浮高速飞行列车车地无线通信技术 刘 留 艾 渤 编著

ISBN 978-7-113-31382-1

(七)测量与检测系列

高速铁路运营监测技术 赵 斗 张冠军 王长进 梁 永 编著

ISBN 978-7-113-31182-7

高速铁路精密工程测量技术 王长进 刘 成 张冠军 石德斌 编著

ISBN 978-7-113-31519-1

铁路工程地质遥感技术创新与应用 刘桂卫 著

ISBN 978-7-113-31354-8

(八)高铁运营与经济系列

高速铁路列车开行决策理论与技术 周文梁 史 峰 徐光明 等著

ISBN 978-7-113-31563-4

(九)现代信息技术系列

高速铁路数据中心设计技术 杨德修 樊 艳 赵 耀 崔校玉 编著

ISBN 978-7-113-31126-1

(十)安全·健康·维护系列

绿色高速铁路技术 蒋 辉 编著

ISBN 978-7-113-31460-6

高速列车驾驶人因安全保障理论及方法 方卫宁 唐 涛 等著

ISBN 978-7-113-31311-1